UNA DOBLE TAREA

Últimos títulos publicados en esta colección:

L. Martínez, *Vegetarianos con más ciencia*
A. Ellis, *Cómo no estropear tus relaciones*
Dr. D. Ramsey, *Comer para vencer la depresión y la ansiedad*
K. Neff, *Autocompasión fiera*
F. Dolto, *La causa de los adolescentes*
E. Vora, *La anatomía de la ansiedad*
J. Siaud-Facchin, *¿Demasiado inteligente para ser feliz?*
A. Sánchez, *¿Qué pasa con la nutrición?*
A. Jha, *La nueva ciencia de la atención*
T. Pazos, *Este libro te hará vivir más (o por lo menos mejor)*
M. Velasco, *Criar con salud mental*
B. Levy, *Rompe los límites de la edad*
E. Bullmore, *La inflamación de la mente*
Dr. R. Molina, *Tus microtraumas*
I. Marín, *Jugar*
S. C. Hayes, *Una mente liberada*
A. Soler y C. Roger, *La gran guía de la crianza*
F. Midal, *¿Soy hipersensible?*
A. Payàs, *El mensaje de las lágrimas*
G. Atlas, *Herencia emocional*
J. Axe, *Remedios ancestrales*
W. Suzuki, *La buena ansiedad*
J. Wu, *Hola, sueño*
L. Damour, *Desenredadas*
J. M. Martínez Selva, *La nueva ciencia de la mentira*
L. Castellanos, *Inteligencia bondadosa*
J. Brewer, *Comer sin hambre*
E. J. Langer, *El cuerpo consciente*
K. Neff, *Sé amable contigo mismo*
H. Hirsch, *Descubre tu tipo de menopausia*
Z. Segal y N. Farb, *Mejor en todos los sentidos*
T. Baró, *La gran guía del lenguaje no verbal*
C. Nord, *El cerebro en equilibrio*
M. Williams, *Mindfulness más profundo*
S. Perlmutter, R. Maccoun, y J. Campbell, *Pensamiento crítico para el tercer milenio*
S. Nolen-Hoeksema, *Mujeres que piensan demasiado*
Dra. C. Means, *Energía vital*
D. D. Burns, *Autoestima en 10 días*
L. Damour, *La vida emocional de los adolescentes*
C. Fleck, *Validación*
T. Pazos, *Crecer sin envejecer (o casi)*
L. Martínez, *Vegetarianos con más ciencia*
M. Greger, *Comer para no envejecer*
A. Payàs y C. Berenguer, *Una doble tarea*

ALBA PAYÀS PUIGARNAU
CRISTINA BERENGUER

UNA DOBLE TAREA

Vivir el duelo y cuidar de los hijos tras la pérdida de un ser querido

PAIDÓS Divulgación

1.ª edición, noviembre de 2025

Paidós es un sello editorial de Editorial Planeta, S. A.
Avda. Diagonal, 662-664
08034 Barcelona, España
www.paidos.com
www.planetadelibros.com

ISBN: 978-84-493-4466-4
Maquetación: Toni Clapés
Depósito legal: B. 19.226-2025
Impresión y encuadernación: Liberdúplex, S. L.
Impreso en España - *Printed in Spain*

PEFC
PEFC/14-38-00305
Certificado PEFC
Este libro procede de bosques gestionados de forma sostenible y fuentes controladas
www.pefc.es

Sería muy fácil reprocharle a mi madre la manera en que me falló en reconocer y acompañarme en mi duelo por la muerte de mi padre. Sería muy fácil culparla por no haberme ayudado a mantener su recuerdo vivo. Pero lo más importante, lo más profundo, es que hizo lo que tenía que hacer: se quedó y sobrevivió, y no dejó que su soledad, su pena y su enfado tiñeran sus sentimientos y cuidados hacia mí.

Adulto en duelo de niño (2 años).
Suicidio del padre

El peor duelo no es una muerte, el peor duelo es aquello que más necesitaste como niño y nadie pudo ni supo darte.

Elisabeth Kübler-Ross

SUMARIO

AGRADECIMIENTOS

Este libro no habría sido posible sin la generosidad de nuestros pacientes, padres y madres en duelo, que compartieron con nosotras sus esfuerzos por mantener a salvo su hogar mientras afrontaban, al mismo tiempo, el impacto de su pérdida. Les agradecemos inmensamente su honestidad al abrirnos su corazón a los aspectos más duros de su experiencia, compartiendo tanto los fracasos como los logros, con el propósito no solo de ayudarse a sí mismos en el camino del duelo, sino también de poder ayudar a padres que estuvieran atravesando la misma situación. Gracias a estas historias valientes y heroicas transmitidas en el trascurso del proceso terapéutico, hemos podido dar forma al material que compone esta obra.

Entre ellas queremos mencionar especialmente a Núria, Missus, Pilar y Cristina –así como a nuestra querida amiga Montse–, que además han contribuido con su lectura y revisión del manuscrito a que encontráramos un tono de respeto y sensibilidad que a su vez nos permitiera ofrecer información clara y veraz sobre lo que podría ayudar o no a los hijos –incluidas las posibles consecuencias positivas y negativas señaladas por la investigación– y, al mismo tiempo, poder hacerlo desde la comprensión profunda de que cada familia, en su dolor, lo está haciendo lo mejor que puede en ese momento.

También a nuestros alumnos del programa de Certificación en Intervención en Duelo, muchos de ellos adultos que fueron niños o adolescentes en duelo, y cuyas historias dan voz a la perspectiva de los hijos poniendo de relieve la importancia de su visibilidad. Su insistencia en la necesidad de publicar este material (originalmente parte del contenido del programa de formación), señalando lo útil que habría sido que sus padres hubieran tenido acceso a esta información, ha sido una de las razones que nos impulsó a escribir este libro.

De forma anónima, sus testimonios se hacen presentes a lo largo de estas páginas poniendo voz a esos niños y adolescentes en duelo, y haciendo de contrapunto a la de los padres, recordándonos el delicado equilibrio entre las necesidades de unos y las limitaciones para proveerlas de los otros, y ayudándonos a penetrar en el misterio del sufrimiento de la familia en duelo, que es la razón y el corazón de este libro.

Con especial gratitud a: Aurora, Alfonso, Beatriz, Begoña, Edward, Elena, Gabriela, Gaby, Jessica, Nuria, Oriol, Ricardo, Rita, Sofia, Thais y Virginia.

A nuestros compañeros de profesión Àngels Miret y Marcelino Cabrera, cuya atenta revisión nos ha aportado una valiosa mirada desde la perspectiva del terapeuta de duelo, confirmando la utilidad de este libro como guía práctica en la intervención en familias en duelo. Y a Nuria Masgrau, cuyo apoyo –mucho más allá de lo logístico– nos ha permitido encontrar la calma y el sosiego necesarios para dedicarnos plenamente a este manuscrito.

Nuestro agradecimiento también a nuestro editor, Sergi Soliva, por su acompañamiento durante todo el proceso de elaboración. Sus aportaciones y su mirada sensible en la edición y maquetación han asegurado la calidad final de esta obra.

Finalmente, a nuestras familias, que nos han sostenido (y soportado) en este tiempo de dedicación exclusiva con su infinita paciencia y su apoyo incondicional. Con especial cariño a mis compañeros de viaje Narcís y Ana; a mis hijos, Lau, Dani y

Biel, y la comunidad del Pinós (A. P.); a Miki, compañero de vida y aventuras, por estar siempre disponible; a mis padres, Quim y Rosa, por el compromiso con la vida, y a mi hermana, Alba, por su incondicionalidad (C. B.).

INTRODUCCIÓN

Uno de los errores que, como joven e inexperta terapeuta de duelo, cometí y que recuerdo aún de forma vívida, ocurrió durante un taller residencial para personas en duelo (A. P.). En un momento dado, debía atender a una joven participante de unos veinticinco años que, según lo que constaba en su ficha de inscripción, asistía por la muerte de un hermano de cinco años en un trágico accidente doméstico ocurrido cuando ella tenía ocho.

En la presentación ante el grupo –de unas treinta personas–, compartió brevemente las circunstancias de aquel fallecimiento y luego guardó silencio. Queriéndola ayudar a explorar su duelo, la animé a hablar de sus recuerdos más significativos con su hermano. Recuerdo aún su mirada sonriente, y al mismo tiempo de cierta sorpresa, y sus palabras: *«Mi duelo no es la muerte de mi hermano, cosa que lamento mucho, por supuesto. En realidad, no recuerdo nada de él. Mi duelo es que me quedé sin padre y sin madre. Mi familia se hundió y con ella mi infancia. Eso es lo que me ha marcado. Por eso estoy aquí».*

Han pasado más de veinticinco años desde esa experiencia, en la que comprendí que lo que llamamos una *pérdida secundaria* –la afectación del entorno de cuidadores que, inmersos en su propio dolor, dejan de estar disponibles para el niño o el adolescente– podía convertirse, en algunos casos, en la *pérdida principal*. De hecho, en el ejemplo de esta joven, esa fue LA única pérdida, una pérdida cuyo impacto resultó ser más devastador que la propia muerte del ser querido.

Después de haber acompañado a muchos padres, unos esforzándose, en medio de su dolor, por mantenerse disponibles, y otros reconociendo su incapacidad para hacerlo, fuimos testigos, con el paso de los años, de las consecuencias que esta diferencia dejaba en sus hijos. Unos lograban enfrentarse a la vida con los aprendizajes y las fortalezas surgidos de esa experiencia, mientras que otros cargaban con consecuencias difíciles, negativas, que emergían en la adolescencia y al entrar en la vida adulta. A ello se sumó la experiencia derivada de acompañar en consulta a adultos que, habiendo sido niños en duelo, acudían para explorar las consecuencias catastróficas que aquellas vivencias habían dejado en su vida.

Paralelamente fueron apareciendo publicaciones de expertos clínicos e investigadores que ya advertían sobre la importancia del ambiente familiar en la evolución del duelo en niños y adolescentes. Entre ellos, debemos mencionar de manera especial al pionero Atle Dyregrov, quien fue nuestra mayor inspiración en aquellos primeros años.

Todo esto nos llevó a considerar que el impacto en el ambiente familiar a raíz de la muerte de un ser querido —ya fuera un padre, una madre o un hermano— debía ser entendido como una pérdida en sí misma que el niño o adolescente también debe afrontar. Para diferenciarla de la *pérdida del ser querido*, decidimos darle un nombre propio: la *pérdida colateral.*

Vivir un duelo es una experiencia muy dolorosa para cualquier persona, pero su impacto es mucho mayor si ocurre en etapas tempranas, cuando aún no hemos desarrollado plenamente nuestra identidad ni contamos con los recursos emocionales y cognitivos necesarios para afrontar una situación traumática. El impacto del duelo en los hermanos —o de otros traumas—, así como la invisibilidad de sus necesidades, se han convertido en un objeto de investigación relevante en las últimas décadas. Los estudios longitudinales señalan que la afectación del entorno, y en particular del ambiente familiar responsable de brindarle los cuidados necesarios, es el factor que más determina la evolución del duelo. Las consecuencias negativas de un duelo mal elaborado pueden emerger años más tarde y marcar de manera profunda la vida emocional, intelectual, física e interpersonal del adulto.

Por todo ello, la intervención familiar es un elemento central de nuestro modelo de trabajo. Aunque en muchos casos acompañamos únicamente a uno de los miembros –generalmente a quien solicita la ayuda–, nuestra mirada terapéutica incluye siempre a toda la familia. Hemos desarrollado estrategias y métodos específicos para apoyar a parejas en duelo –o distintos miembros de la familia– en la gestión de sus maneras de afrontarlo, que muy a menudo entran en colisión, considerando en todo momento el impacto que estas tienen en los demás y también proporcionándoles recursos que les permitan estar más presentes para los que quedan.

A lo largo del tiempo hemos ido recopilando materiales que utilizamos en las sesiones, incluyendo tanto recursos psicoeducativos –que constituyen la base de este libro– como intervenciones intrapsíquicas que nos permiten ayudar a los adultos a manejar y regular mejor su propio dolor. Todos estos métodos tienen el objetivo de facilitar que puedan estar más presentes, emocional y físicamente, para atender las necesidades de los miembros más vulnerables y dependientes de la familia.

Algunos padres llegan a la consulta después de la pérdida de la pareja o de un hijo y nos dicen: *«Mi prioridad son mis hijos, que ellos estén bien; necesito que me ayudes a asegurar que mis hijos estarán bien».* Y, a pesar del dolor que experimentan, logran mantenerse relativamente estables para garantizar un espacio sanador en sus familias. Otros, en cambio, comparten con honestidad: *«No puedo con mis hijos; lo que desearía ahora es que me los quitaran de encima. No me siento capaz de atenderlos. Solo puedo estar en mi dolor»*. Y, sin darse cuenta, proyectan en ellos su enfado, su cansancio o incluso sus ganas de desaparecer.

¿Por qué estas reacciones tan distintas? La respuesta a esta pregunta es compleja y seguramente intervienen muchos factores: las circunstancias del fallecimiento, el tipo de vínculo con la persona fallecida, la cohesión y el nivel de seguridad en la familia antes de la pérdida, el apoyo disponible del entorno y, por supuesto, los modelos de afrontamiento que cada uno recibió en su propia infancia.

Algunos de nosotros crecimos en hogares inseguros, sin contar con adultos de referencia que fueran capaces de atender a nuestras necesidades emocionales. Estos déficits del pasado pueden dificultar aún más la posibilidad de estar disponibles con la calma y la presencia que nuestros hijos necesitan. Al fin y al cabo, se trata de dar algo que tal vez nunca recibimos. No tenemos un modelo de adulto de referencia en el que apoyarnos. Por el contrario, quienes vivieron en un entorno estable, afectuoso, y con sus necesidades emocionales atendidas, seguramente estarán en mejores condiciones de ofrecer ese cuidado a los demás. Estos factores internos, más arcaicos, suelen tener mayor peso que las circunstancias externas contemporáneas al duelo presente.

En todo caso, y siguiendo la línea que nos señala Atle Dyregrov, la intervención debe ser lo más temprana posible. No podemos esperar a que aparezcan señales de que el duelo de nuestros hijos se está complicando para empezar a actuar. El trabajo preventivo es fundamental, y en este sentido nos gustaría que este libro pudiera servir como material de apoyo tanto para padres y cuidadores como para los profesionales que los acompañan.

Esta guía es el resultado de nuestra experiencia acompañando a padres y formando a profesionales, así como de la generosidad de muchas familias que han compartido con nosotras sus vivencias.

Su propósito es ofrecerte una orientación clara, sistemática y práctica sobre cómo responder a las necesidades de tus hijos en duelo. Nuestra intención es ayudarte a comprender qué ocurre internamente en ellos, cómo se expresa su dolor, qué señales pueden indicar que necesitan apoyo adicional y qué estrategias puedes implementar para sostenerlos emocionalmente mientras cuidas de ti.

Nos gustaría destacar tres ideas fundamentales contenidas en este material y que esperamos resulten de especial utilidad para los terapeutas y educadores:

- **La pérdida colateral es una pérdida en sí misma.** Diferenciarla de la pérdida del ser querido nos ayuda a planificar nuestras intervenciones de una manera más efectiva. Por ejemplo, la pérdida colateral debe atenderse de forma prioritaria: la primera ayuda que los cuidadores necesitan es acceder a recursos para reducir su impacto en los hijos. El duelo por la pérdida del ser querido puede atenderse más adelante, o incluso, si los niños son muy pequeños (entre 0 y 4 años), años después.
- Para restablecer la seguridad en el hogar el terapeuta debe considerar **seis áreas específicas de intervención –Modelo de los 6 Focos–** descritas en detalle en este libro.
- **La ayuda terapéutica para los padres debe brindarse en tres niveles:** a) atención a su duelo individual, b) atención a cómo el duelo y las distintas maneras de afrontarlo afectan a sus relaciones de pareja, con los hijos, familia extensa, etc., y c) proveerlos de recursos interpersonales psicoeducativos e intrapsíquicos para reducir y atender el impacto de la pérdida colateral de los hijos.

Hemos procurado que el texto sea fácil de leer, con un lenguaje directo y evitando términos excesivamente clínicos. A lo largo de los capítulos hemos intercalado numerosos testimonios que ilustran las distintas formas de vivir la pérdida colateral: desde la mirada del niño, la experiencia de las dificultades de los padres o cuidadores, o la reflexión del adulto que recuerda su infancia desde la distancia de los años. Con ello buscamos ofrecer una visión más completa de la complejidad de esta pérdida, reflejando las necesidades de cada miembro y cómo, en ocasiones, estas entran en conflicto. Reconocer esta realidad nos subraya la importancia de acompañar sin juzgar, con respeto por cada vivencia.

Este es un libro que habríamos deseado tener nosotras mismas cuando el duelo sacudió a nuestras familias, *aunque dudamos de si hubiéramos sido capaces de leerlo, al menos en los primeros tiempos*. Pero habríamos agradecido saber que estaba ahí como referencia: una guía que nos podría haber ayudado a crear ese espacio seguro en nuestros hogares.

Tal vez este sea tu caso, por eso es muy importante que, antes de adentrarte en este manual, leas el apartado «Antes de leer este libro». Las recomendaciones que ahí te damos son esenciales para un buen uso del material que ofrecemos.

Una de las cosas más difíciles de aceptar como padres es que nuestros hijos van a sufrir y que no siempre los vamos a poder proteger de este sufrimiento. Las pérdidas forman parte de su experiencia vital, lo que les toca experimentar en su vida. Y, por más que leamos, busquemos asesoramiento y nos esforcemos en tratar de evitar o al menos de aliviar su dolor, no lo lograremos del todo. Debemos aceptar que, en algunos momentos, los veremos sufrir sin poder hacer nada por ellos. Y aceptar también que esto, aunque sea doloroso para un padre o madre o cuidador, forma parte de su crecimiento y maduración como personas.

Lo verdaderamente importante es que podamos diferenciar el sufrimiento evitable, este añadido colateral que puede tener consecuencias negativas, incluso catastróficas, en sus vidas, del sufrimiento inevitable, el que acompaña naturalmente toda pérdida de un ser querido, que puede ayudarlos a crecer y desarrollarse como personas.

Esperamos que este libro te ayude a avanzar en este camino.

Alba Payàs
Cristina Berenguer

ANTES DE LEER ESTE LIBRO

EL MOMENTO ADECUADO PARA TI

Si estás atravesando una etapa de duelo con gran intensidad emocional, afrontando cambios importantes y preocupaciones acerca del futuro, puede que leer este libro te resulte difícil: tu capacidad de concentración es escasa y las fuerzas las destinas a sobrevivir al día a día. Si lo intentas, pero sientes que no puedes, no pasa nada: date tiempo. Guárdalo y vuelve a él más adelante, cuando notes que dispones de un poco más de calma y energía para recibir esta información y asimilarla de forma adecuada.

CUANDO HAY OTRAS CRISIS URGENTES QUE ATENDER

Si en este momento tu familia atraviesa circunstancias especialmente difíciles —como una grave desestructuración, la presencia de adicciones, una situación de pobreza extrema, conflictos familiares intensos o cualquier forma de maltrato—, es importante priorizar la atención inmediata a estas realidades. Buscar ayuda profesional y recursos de apoyo para afrontarlas será siempre el primer paso, pues solo así será posible disponer de un entorno suficientemente seguro y estable desde el cual aplicar las orientaciones que aquí proponemos.

UN MANUAL DE CONSULTA, NO NECESARIAMENTE UN LIBRO PARA LEER DE UN TIRÓN

Este no es un libro que necesariamente tengas que leer de principio a fin —aunque para algunos de vosotros quizá esta sea una buena opción—. Tómalo como un manual al que acudir cuando tengas una duda concreta o enfrentes una situación específica. Hemos preparado un sumario detallado para que puedas encontrar con facilidad el tema que te interesa. Por ejemplo, si tu hija está muy enfadada, si no sabes cómo ayudarla a mantener vivo el recuerdo del ser querido o si la muerte fue traumática y no sabes cómo explicársela cuando pregunte, podrás ir directamente a las páginas donde abordamos esos temas.

QUÉDATE CON LO QUE TE SIRVA

En estas páginas hablamos de diferentes realidades: la pérdida de una pareja, la de un hijo y otras circunstancias que afectan a la familia de manera distinta. Muchas recomendaciones te resultarán útiles; otras quizá no encajen con tu experiencia o situación. Este libro está pensado para diversos escenarios de duelo: toma lo que se ajuste a tu historia, circunstancias del fallecimiento, edad y situación de tus hijos, y deja lo demás.

UN RECURSO QUE SE APOYA CON LA TERAPIA

Este manual está pensado para ayudarte a acompañar a tu familia. Sin embargo, para cuidarlos a ellos, debes tener un apoyo para ti.

Nuestra mayor recomendación es que, si te es posible, combines la lectura con un acompañamiento terapéutico especializado en duelo. Llevar este libro a terapia puede ser una buena idea: un profesional podrá ayudarte a adaptar las sugerencias a tu contexto, a priorizar lo más urgente y a implementar los cambios que mejor se ajusten a tu familia.

EL MENSAJE DE LAS LÁGRIMAS: UN COMPLEMENTO DE LECTURA PARA TU PROPIO PROCESO

Otra recomendación para cuidarte a ti es la lectura de *El mensaje de las lágrimas: Cómo vivir la pérdida de un ser querido* (Paidós). Combinando la lectura de los dos libros podrás, por una parte, tener más pistas sobre cómo sostenerte en tu propio duelo, mientras que, en paralelo, este manual te ofrecerá herramientas para apoyar a tus hijos y a tu familia.

UN RECURSO PARA EDUCADORES Y TERAPEUTAS

También es un libro útil para profesionales que trabajan con familias en duelo: educadores, psicólogos, orientadores o terapeutas. El modelo multifocal que proponemos ayuda a identificar las áreas en las que puede haber carencias que afecten al desarrollo emocional de los hijos. El material que ofrecemos da estructura a las intervenciones y permite organizar el acompañamiento de los padres y cuidadores de manera progresiva, centrándose en los aspectos con mayores necesidades y ofreciendo recursos prácticos para afrontarlas.

TAMBIÉN DIRIGIDO AL PÚBLICO GENERAL

Aunque no hayas vivido una pérdida significativa en tu familia, este libro puede ayudarte como persona que acompaña y cuida de los demás. Tener información sobre el impacto del duelo en la familia te preparará para acompañar mejor si llega el momento. Leer este libro también contribuye a romper el tabú de la muerte. Mostrar a las personas que te rodean un modelo de adulto que habla de forma natural sobre las pérdidas y el duelo puede darles confianza para abrirse, compartir sus dificultades y recibir tu asesoramiento.

DEFINICIONES Y USO DEL LENGUAJE

Para garantizar una lectura clara, coherente y respetuosa, y evitar interpretaciones erróneas, a continuación presentamos cómo se emplean en este libro ciertos términos clave. Este apartado sirve como referencia para todo el manual y responde a la voluntad de ofrecer un lenguaje inclusivo, accesible y aplicable a distintas realidades familiares.

Pérdida

Aunque el contenido de este libro se centra en *la pérdida por muerte* de un padre, madre, hermano o hermana, muchas de las orientaciones aquí presentadas son aplicables a otras pérdidas significativas: la enfermedad grave de un ser querido o la propia, una separación o divorcio, o situaciones derivadas de catástrofes o experiencias traumáticas.

Duelo

En este libro entendemos el *duelo* como el conjunto de procesos somáticos, emocionales, cognitivos, conductuales y sociales que una persona atraviesa tras una pérdida. El término se utiliza para describir tanto la vivencia subjetiva de la pérdida con sus síntomas, como las adaptaciones necesarias para integrarla en la vida.

Ser querido

Se entiende por *ser querido* toda persona significativa para el niño o adolescente. Aunque los ejemplos utilizados suelen referirse a padre, madre y hermano, también pueden aplicarse a otros vínculos significativos, como son, entre otros: padrastro, hermanastro, abuelo, tío, primo, amigo o compañero de clase. Este término puede incluir también a un animal de compañía con el que el menor mantenga un vínculo afectivo especial.

Familia

El término *familia*, tal y como se emplea en este libro, abarca todos los modelos familiares. Por razones de simplificación, hemos utilizado muchos ejemplos basados en el modelo tradicional (padre, madre e hijos), pero por *familia* nos referimos también a unidades monoparentales, homoparentales, familias extensas (tíos, tías o abuelos que ejercen de cuidadores principales), familias reconstituidas (padrastros, madrastras, hermanastros), así como hijos biológicos, adoptivos o en acogida.

Padres

La expresión *padres en duelo* la empleamos de manera inclusiva para referirnos a cualquier persona adulta cuidadora responsable de un niño o adolescente en duelo, con independencia de su sexo, identidad de género, orientación sexual o tipo de vínculo. Este concepto abarca, por ejemplo, a parejas del mismo sexo, madres o padres adoptivos, abuelos o tíos que ejercen funciones parentales. Esta simplificación responde a la necesidad de mantener la fluidez del texto y evitar fórmulas excesivamente extensas que dificulten la lectura.

Niños y adolescentes

Los términos *niño o adolescente en duelo* se emplean para referirse a menores de cualquier género. Puntualmente, y para visibilizar esta diversidad, utilizamos formulaciones en femenino.

En este manual se considera:

- **Niño:** desde el nacimiento hasta los trece años.
- **Adolescente:** desde los trece hasta los diecinueve años.
- **Adulto joven:** a partir de los veinte años.

En algunos apartados ofrecemos orientaciones diferenciadas por franjas de edad; en otros, las recomendaciones son generales y deberás adaptarlas a tu contexto específico.

A lo largo del texto, las simplificaciones terminológicas tienen como único objetivo facilitar la lectura y la comprensión. En ningún caso pretenden excluir, invisibilizar o restar validez a otras realidades familiares, culturales o personales.

Capítulo 1

LA DOBLE TAREA DE CUIDAR DE LOS HIJOS Y VIVIR EL DUELO

NO CONSIGO ATENDERLOS COMO MERECEN

Hacer de madre y vivir tu duelo

Ahora mismo estoy atravesando el momento más difícil de mi vida.

Mi marido, padre de mis tres hijos, ha fallecido de forma violenta e inesperada. Tenía solo 36 años.

Nada me preparó para esto. Me encuentro sola con tres niños pequeños, y el miedo me envuelve por completo. Me aterra el futuro. Todo parece demasiado grande, inabarcable, y esa incertidumbre no hace más que aumentar mi angustia. A esta sensación de desamparo se suma una tristeza inmensa que me ahoga y me deja completamente hundida. Siento el dolor de perder a mi compañero, pero también el de ver a mis hijos sin su padre. Me parte el alma pensar que crecerán sin conocerlo, sin recordarlo siquiera.

Vivo estos días como si estuviera atrapada en una especie de niebla. Me esfuerzo por mantener la casa en pie: el orden, los horarios, la limpieza, lo económico. Sé que esa parte la sostengo. Pero no tengo claro que esté dándoles a mis hijos el apoyo emocional que necesitan. Me duele pensarlo, pero creo que no lo estoy haciendo bien. Mi propio dolor me impide ver con claridad lo que ahora ellos necesitan. Hay momentos en que los percibo como una carga, y luego me siento culpable por ello. Me abruma todo. Me desborda.

Mi hija mayor se está haciendo adulta de golpe. La veo intentando no molestar, ayudándome en todo lo que puede. Mi hijo, el del medio, está lleno de rabia; la manifiesta con su mal humor y salidas de tono, y yo no sé cómo manejarlo. La pequeña..., ella apenas está empezando a entender el mundo, y siento que ya no tiene a la madre afectuosa que yo era. Me cuesta incluso verla a ella con claridad. Cuando su padre murió, también murió una parte de mí. Solo queda esta versión de mí misma: triste, tensa, agotada.

Tengo la sensación constante de no estar a la altura. Me cuesta darle a cada uno el tiempo y el espacio que necesita. A veces lo único que deseo es evadirme, desaparecer, no enfrentar esta carga que me pesa tanto. Y sé que no les estoy ayudando a expresar su dolor. No porque no sepa que lo tienen, sino porque estoy tan atrapada en el mío que simplemente no consigo atenderlos como merecen.

Blanca (34 años). Madre de tres hijos. Pérdida del esposo.

Yo no tuve infancia

> *Cuando tenía 8 años, mi hermano pequeño, que tenía 5 años, murió como consecuencia de un accidente doméstico. Yo a mi hermano no lo recuerdo mucho, era muy pequeño. Mi duelo no es por mi hermano, aunque siento mucho que muriera. Mi duelo es que yo tuve que vivir con una madre a la que recuerdo siempre triste, y que tuve que ocuparme de ella. Yo no tuve una infancia ni una adolescencia feliz. Nunca más hubo celebraciones, mi casa se convirtió en un lugar sin alegría. Creo que esto es lo que más me ha marcado.*
>
> *Alicia. Adulta en duelo de niña (8 años). Muerte de un hermano.*

Probablemente, si estás leyendo este libro ahora es porque estás afrontando como padre o madre una situación de duelo o pérdida importante en tu familia. Estás preocupado por tus hijos y deseas hacerlo lo mejor posible para ellos. Pero, a la vez, estás quizá cansado, abrumado también por el dolor de lo sucedido. **¡Qué difícil tarea es la de ser padre o madre en duelo!**

¡Tener que prestar tu atención a estos hijos que te necesitan, en un momento en el que lo que tú desearías es poder abandonarte a tu tristeza, estar a solas pensando y recordando a tu ser querido y, por supuesto, no tener que estar pendiente de obligaciones de cuidado que en este momento te superan!

Quizá también ya ha pasado un cierto tiempo, te encuentras mejor, vas recuperando las energías y, desde la distancia que te da poder manejar mucho mejor tu dolor, deseas revisar qué estás haciendo bien y qué podrías mejorar para asegurarte de que tus hijos progresan en su duelo.

Este libro está destinado a ti, padre o adulto de referencia de niños o adolescentes que han sufrido alguna pérdida importante en sus vidas y a los que deseas ayudar a crecer con el mínimo impacto, al mismo tiempo que te cuidas a ti mismo.

Quizá has oído hablar de la expresión *mitos del duelo*. Se refiere a creencias que circulan alrededor de la experiencia de duelo y que son verdades aceptadas socialmente –mientras no estás en duelo, claro–, pero que no responden a la realidad, o al menos no a toda la realidad. Por ejemplo, que «el tiempo lo cura todo», que «al dolor hay que distraerlo no pensando en lo sucedido», o que la mejor manera de sobrellevar un duelo es «no hablar de ello para no hacerles daño», o que «el primer año es el peor». Otro de los mitos más extendidos es el de que los niños no necesitan hacer el duelo, que «están distraídos y parece no afectarles», que lo llevan bien y no debemos preocuparnos por ellos.

Estos mitos se fundamentan en una visión a corto plazo de los efectos del duelo en los niños y adolescentes, y en un desconocimiento sobre cómo ellos afrontan el dolor de la pérdida, que es distinto de cómo lo afrontamos los adultos. Es verdad que vemos a menudo cómo se distraen con otras cosas, los vemos jugar la misma tarde del funeral, o salir con los amigos a divertirse la semana siguiente. Pudiera parecer como si la muerte del ser querido no fuera con ellos. Pero eso que nos muestran no es toda la realidad: mucho de lo que les sucede en verdad no es mostrado exteriormente.

Los niños y los adolescentes tienen muchos más recursos para evitar el dolor que los adultos: posponer la asimilación del trauma es una defensa adaptativa para ellos, pero **las consecuencias de**

este dolor evitado, no elaborado, surgen más adelante, a veces muchos años después, por lo que el reto al que te enfrentas es extremadamente difícil.

¿UN RETO CASI IMPOSIBLE?

Ante la tempestad

> *Me siento como en medio del mar ante una tempestad con dificultades para estar a flote yo misma y a la vez teniendo que asegurar que el resto de mi familia también lo esté.*
>
> *Julia (36 años). Muerte del esposo.*
> *Madre de dos niños de 3 y 5 años.*

Tus hijos harán el duelo en un entorno de cuidadores, principalmente vosotros, los padres o el padre o madre superviviente, sobre los que deben apoyarse; pero que también estáis en duelo y vuestra disponibilidad va a estar afectada. Tienes poca energía para responder a sus necesidades, ayudarlos a afrontar esta situación y darles el extra de atención que necesitan en estos momentos. Por otra parte, también es posible que sientas que no dispones ni de los conocimientos ni de las habilidades para dar este apoyo.

Quizá esta es tu primera experiencia de duelo, por lo que te encuentras desprovisto de herramientas para afrontar y asimilar lo que te está sucediendo. Y si tuviste una experiencia de duelo en la infancia, quizá el modelo de afrontamiento de tu familia no fue adecuado para ti. Todo esto puede hacer que te sientas perdido, navegando en medio de una tempestad, teniendo que sostenerte a ti mismo, mientras debes sostener a los demás miembros de tu familia. **Poder dedicar la misma calidad de atención a tus hi-**

jos y manejar a la vez tu duelo va a parecerte una «misión imposible».

Tus hijos van a vivir el impacto de un «efecto colateral de tu duelo», como un añadido más a su experiencia de pérdida. No solo han perdido al padre o madre o hermano que ha muerto, sino que, además, deberán afrontar una serie de cambios en el ambiente familiar que en algunos casos pueden intensificar o incluso complicar sus respuestas de duelo, como vemos en el ejemplo de Alicia, al inicio de este capítulo.

En su caso, el estrés psicológico, emocional y físico que vivió su madre afectó de forma negativa al ambiente familiar y a la calidad de la atención que ella recibió, y las consecuencias de estas carencias han resultado ser más graves en su vida que la propia muerte de su hermano. Es decir, este impacto de estrés causado por la falta de disponibilidad afectiva y práctica de los cuidadores –que llamamos «pérdida colateral»– se convirtió para Alicia en su pérdida principal.

Pero si, a pesar del dolor que estás viviendo, consigues que el ambiente familiar sea cálido, con una comunicación abierta, y un ambiente de seguridad y confianza, vas a favorecer que el duelo de tus hijos evolucione mucho mejor. (Para profundizar, puedes leer un resumen de los estudios recientes que respaldan esta conclusión en el Apéndice B.1: «La importancia del entorno familiar en la evolución del duelo de niños y adolescentes»).

Y esto es en lo que nos gustaría poder ayudarte con este libro.

No podemos cambiar el hecho de la muerte ni sus circunstancias, pero sí podemos ayudar a nuestros hijos e hijas a vivir el duelo de la mejor manera posible fortaleciendo sus capacidades y favoreciendo un ambiente de apoyo en la familia.

¿QUÉ ES LO QUE LO HACE TAN DIFÍCIL?

Cuando sientes tanto dolor, especialmente las primeras semanas, incluso los primeros meses, es posible que **los aspectos prácticos de los cuidados del hogar te resulten difíciles**. Seguir con las rutinas del día va a ser una tarea agotadora: estás cansado, vives un vaivén emocional, es posible que por la noche no duermas bien, y mantener los horarios de levantarse, preparar el desayuno, acompañarlos al colegio te resulta un sobreesfuerzo. Y si has perdido a tu pareja, aún va a resultar más complicado: donde antes erais dos para manejarlo todo, ahora te enfrentas a la dura realidad de estar solo. Al morir tu pareja, te ves en la necesidad de cambiar las rutinas: ha habido una reasignación en los roles y ahora te toca a ti llevarlos al colegio, u ocuparte de la compra o de la cocina. O, si habéis tenido que cambiar de lugar de residencia, sus rutinas se verán también alteradas: sus horarios, quién los atiende a ciertas horas del día, las actividades extraescolares, las actividades de fin de semana.

Además, es posible que **te resulte difícil mantener la disciplina en estos momentos**: al fin y al cabo, el dolor es tan intenso para todos que relajar las normas puede parecer una buena idea, al menos durante un tiempo. No les riñes si han hecho algo que no deberían y, si no te hacen caso cuando les das una indicación, renuncias a insistir o a ponerte serio.

Si lo que vives es un vaivén emocional, quizá en algunos momentos te sientas capaz de seguir con este rol de autoridad, empujarlos a hacer las tareas del hogar o del colegio que les corresponden y exigirles que mantengan estas responsabilidades, pero en otros momentos te encuentras tan agotado que renuncias a ejercer este papel porque no te sientes capaz, no tienes esa energía para poner límites y acompañarlos. Entonces tu modelo de autoridad, tu manera de ofrecer unas normas de disciplina efectivas no es consistente, y esto confunde a tu hijo, que puede no entender exactamente qué se espera de él o, como sucede en algunos casos, puede aprovecharse, consciente o inconscientemente, de esa inconsistencia y acabar llevando a cabo conductas no adecuadas.

Ahí podría estar desempeñando un papel importante tu enfado. Es natural que estés muy enojado por lo que ha sucedido y, de manera inconsciente, tal vez lo expreses claudicando de tu rol de cuidador. Al fin y al cabo, como compartía un padre en la consulta:

«¿Para qué seguir ejerciendo de padre, si la vida me lo puede quitar todo en cualquier momento?».

Para otros padres, la respuesta es lo contrario: reaccionan siendo más rígidos en las normas. Es posible que, desde emociones como el miedo a que pase otra catástrofe, a no hacerlo bien, o si has perdido a tu pareja y ahora estás solo al cuidado de tus hijos, **te estés esforzando en que tus hijos no noten la falta del otro progenitor, y entonces te vuelvas más estricto**.

Además, el duelo irrumpe en la familia produciendo un «efecto cascada» Por ejemplo, al morir tu pareja, puede que debas tomar decisiones importantes, como **traslados de domicilio o cambios de escuela**. También puede darse el caso de que estés afrontando **problemas financieros o económicos**. Si estás en esta situación, esto será un estresor añadido a todo lo que ya estás afrontando, y esta preocupación seguramente la vas a transmitir a tus hijos, sea compartiendo las dificultades económicas de forma directa con ellos, sea indirectamente, cuando te ven nervioso e irritable al no poder responder adecuadamente a todo lo que se te viene encima.

El duelo también afecta a tu vida social e interpersonal. Puede ser que ahora te sientas incapaz de realizar esas salidas de fin de semana que antes hacíais. La situación familiar ha cambiado: tu hijo o tu pareja no están, ¿qué sentido tiene esta actividad de ocio o social? Además, encontrarte con los amigos de la familia puede ser doloroso; al fin y al cabo, ellos están todos y vosotros no: falta una persona y no te sientes capaz de afrontar este encuentro, una auténtica confrontación con tu realidad actual.

Las celebraciones y los encuentros familiares dejan de tener sentido sin tu ser querido. Igual has decidido que ya no celebraréis la Navidad –u otras festividades religiosas–, al menos la próxima, ni ningún aniversario. Este aislamiento social, que a ti te protege de sentir más dolor, va a afectar a tus hijos, ya que quedan privados de unas actividades que son especialmente importantes. Pero tú no puedes; simplemente, es demasiado para ti.

Mis hijos como una carga

Me gustaría que todo el mundo me dejara en paz, no tener ninguna obligación y poder estar así, sin hacer nada, sola con mi dolor. En este momento llego a desear que no estuvieran mis hijos, porque los veo como una carga.

Me reclaman una atención que no puedo darles y me siento irritada y me descargo con ellos.

Luego me siento culpable de estos sentimientos.

Julia (36 años). Muerte del esposo.
Madre de dos niños de 3 y 5 años.

Otro aspecto de los cuidados de tus hijos que se ve afectado al estar tú en duelo es tu disponibilidad para acompañarlos en la parte emocional. **Sus necesidades afectivas pueden verse comprometidas debido a que estás viviendo un estrés tan intenso que te impide reconocerlas.** Toda la energía y el tiempo que normalmente dedicabas a atenderlos ahora están invadidos por tu dolor: solo encuentras alivio pensando en él –tu hijo o tu pareja fallecidos–, recordándolo y sintiendo la añoranza de lo que ya no podrá ser; o los recuerdos sobre las circunstancias de su muerte que te inundan y te dejan mental y físicamente extenuado, o quizá estás tan enojado por lo sucedido que este enfado no te permite atenderlos. Y estas emociones intensas y naturales te impiden verlos. Vives una especie de «ceguera de duelo», porque hay tanto dolor dentro de ti que no eres capaz de ver y responder a las necesidades de los que dependen de ti.

Casi sin darte cuenta, empiezas a pasar menos tiempo con ellos que antes, y la calidad de este tiempo es más baja. Incluso puedes sentir la necesidad de distanciarte emocionalmente de ellos porque su contacto te recuerda lo que ya no tendrás más de tu ser querido. Lo que haces es mostrarte más frío, así no te van a pedir lo que en este momento no te sientes en condiciones de ofrecer. Quizá te ven cansado o de mal humor, y puedes acabar diciendo unas palabras negativas o actuando con indiferencia, por ejemplo, no abrazándolos, ni besándolos, ni jugando como lo hacías antes. O, si tienes varios hijos, no puedes dedicarle atención individual a cada uno de ellos.

Es decir, no estás en condiciones de darles todo aquello que un padre o una madre (o un cuidador) ofrece para que el niño se sienta querido y valorado de forma única e individual.

Y tiene mucho sentido que ocurra esto, porque **estás cansado, agotado. Estás en duelo, y manejar tu propio dolor y simultáneamente atender a sus demandas te sobrepasa.**

Cuidarlos a ellos es mi única motivación para estar yo bien

No me gusta nada cuando la gente me dice «suerte que tienes a los niños» o «ahora tienes que ser fuerte por ellos», pero es verdad que mis hijos me obligan a estar en la vida. Ellos no entienden qué ha pasado, son demasiado pequeños. Cuidarlos a ellos es mi única motivación para estar yo bien. Por las mañanas me toca levantarme de la cama y hacer las tareas de la casa. Y no sé lo que habría hecho si no los hubiera tenido a ellos. Creo que me hubiera abandonado. Recuerdo que mi primer impulso fue huir, pero luego fue mucho más fuerte el deseo de protegerlos.

Pilar (36 años). Muerte del esposo. Madre de tres niños.

Para otros padres –como cuenta Pilar en su testimonio– es posible que la situación sea la inversa: pueden distanciarse emocionalmente de su dolor y dedicarse totalmente a cuidar de sus hijos. A veces el instinto paternal puede empujarte a estar más centrado en la atención al resto de la familia que en atender tus propias necesidades de duelo.

Entonces **tus hijos pueden ser un acicate para mantenerte en pie, y cuidarlos y atenderlos es una motivación para seguir viviendo**.

Aunque el dolor nos invada, si logramos que en casa se respire amor, confianza y una comunicación abierta, estaremos dándoles a nuestros hijos el apoyo que necesitan para atravesar su duelo sintiéndose acompañados, comprendidos y seguros.

Seguramente te has visto reflejado en alguno de estos ejemplos. Si es así, recuerda que lo que te sucede a ti ¡es absolutamente normal!

Darte cuenta de la importancia que los cambios en tu manera de cuidar a tus hijos y en el ambiente familiar pueden tener en ellos quizá te ayude a intentar mejorar algunas cosas. Y esperamos que este libro se convierta en tu guía en este camino.

¿En qué clase nos han enseñado a responder al duelo? Hemos pasado años de nuestra vida en formación, sea en la escuela primaria, secundaria o en la universidad, y nadie nos ha enseñado qué hacer cuando perdemos a un ser querido. En muchos currículos de carreras como Psicología, Enfermería, Medicina, Pedagogía o Trabajo Social ni siquiera hay alguna asignatura sobre cómo vivir el duelo.

¡Estás haciendo lo que puedes con los recursos que tienes!

Quieres lo mejor para tus hijos, pero te faltan energía, conocimientos y quizá el apoyo necesario para ti misma, tal y como nos describe muy bien Blanca en el testimonio que has leído al inicio del capítulo.

¡Qué importante que ahora estés aquí leyendo este libro y dedicando un poco de tu tiempo para poder hacer lo mejor para ellos!

Capítulo 2

LA IMPORTANCIA DEL APOYO DE LOS PADRES

ME CONVERTÍ EN EL PILAR DE LA FAMILIA

La adolescente rescatadora

Cuando murió mi hermana, mis padres quedaron destrozados, especialmente mi madre. Recuerdo oírla llorar por los rincones de la casa, y con cada lamento suyo, sentía que el corazón se me rompía. Tenía una necesidad imperiosa de que estuviera bien, o como mínimo de que estuviera menos mal. Quería sacarla de su tristeza, de ese agujero gris en el que se había metido. Necesitaba sentir que ella seguiría estando, que, aunque el mundo se desmoronara, podría contar con ella como un ancla, como una tabla de salvación.

Durante mucho tiempo temí que mi madre no pudiera, o no quisiera, seguir viviendo. Temía que no encontrara las fuerzas para sobrevivir. Y pensaba: Si yo no le proporciono algo de alegría de vivir, ¿quién lo va a hacer?

Ella hablaba constantemente de mi hermana, y yo la escuchaba pacientemente, tratando de distraerla de su dolor. La seguía a todas partes, casi como si la vigilara para ver cómo estaba. Aunque solo tenía 15 años, sentía que debía ser su apoyo, escuchando todas sus inquietudes. Siempre estaba pendiente de cómo solucionar los problemas que surgían en la familia.

Para no darle más preocupaciones, me portaba muy bien, tanto en casa como en la escuela. Estudiaba mucho, sacaba buenas notas y, si tenía un problema, trataba de resolverlo sola, porque sabía que no podía contar con nadie que me ayudara. Tenía que hacerme la fuerte. Y si necesitaba llorar, lo hacía escondida, en algún rincón, para que nadie me viera.

Además, tuve que hacer de madre de mi hermano pequeño. Mi otro hermano, que era adolescente, vivió el duelo encerrado en su habitación, con la música a todo volumen, y empezó a ir mal en la escuela. Mi padre se aisló; no podía contar con él. Su vida se limitaba al trabajo, la comida, la siesta, la cena y la cama. Solo quedaba yo.

Recuerdo esa etapa de mi vida como si la hubiera vivido en piloto automático, sin permitirme estar mal, porque de alguna manera me impuse ser el pilar de la familia.

Manuela. Adulta en duelo de niña (15 años).
Muerte de la hermana.

Han pasado tantas horas solos en casa...

Siento que ahora —después de un año desde la muerte de mi marido—, cuando he podido resolver todos los temas económicos y de la empresa que quedaron pendientes, tengo más tiempo para dedicarles a mis tres hijos. Durante todo este año me ha sido imposible llevarlo todo bien. Sola y con tantos problemas, se me ha hecho una montaña. No he podido atenderlos bien..., han pasado tantas horas solos en casa...

Verónica. Madre en duelo.
Tres hijos de 12, 14 y 15 años.

Atender a tus hijos en este momento es, sin duda, un gran reto. No solo estás afrontando tu propio dolor –sea por la pérdida de tu pareja, de una hija o de un hijo–, sino que, además, tienes que sostener a tu familia y responder a sus necesidades, más otros aspectos indirectos que la muerte de tu ser querido haya podido desencadenar, como muy bien nos explica Verónica.

El dolor puede hacer que te cueste estar presente emocionalmente. Ves a tus hijos ausentes o tristes. Te formulan preguntas difíciles a las que no sabes cómo responder. No tienes conocimientos sobre lo que es adecuado, y temes decir o hacer algo equivocado que pueda herirlos aún más. Otras veces, aunque sabes cómo deberías actuar, simplemente no tienes la energía ni el ánimo para hacerlo.

Es posible también que, como ellos suelen tener dificultades para expresar con claridad lo que sienten, estés interpretando sus necesidades a través de las tuyas. Por ejemplo: si lo que te ayuda en este momento es «no hablar del tema y distraerte con otras cosas», probablemente tratarás de hacer lo mismo con ellos si te piden atención. Pero quizá ellos necesiten justamente lo contrario: hablar, recordar y compartir sus sentimientos. O al revés: tal vez tú necesites recordar a tu ser querido y compartir tus sentimientos, pero lo que ellos desean es un respiro emocional, un tiempo de descanso y un espacio contigo para ir de compras, jugar, reír o hacer juntos cosas que os distraigan.

Todas estas reacciones tuyas, absolutamente normales, pueden hacer sentir a tus hijos que no cuentan con tu apoyo, o que este es insuficiente, o que no tienen ese espacio de seguridad que necesitan, lo que puede dificultar su experiencia de duelo. Por el contrario, si, a pesar del dolor, logras mantener una relación cálida con tus hijos y brindarles cuidados con cariño y firmeza, estarás construyendo un hogar emocionalmente seguro. **Este refugio será un apoyo muy valioso para ayudarlos a vivir su duelo de una forma más saludable, incluso en los momentos más difíciles.**

Quizá ahora estés pensando:

«Sí, bien, palabras muy bonitas, eso de mantener un hogar con cuidados de calidad, pero ¿cómo lo hago, si no tengo fuerzas ni para mí mismo? ¿Por qué no llevo a mis hijos directamente al psicólogo para que los ayude a hacer el duelo? ¿No sería mejor?».

EL CUIDADOR APOYADO PUEDE APOYARLOS A ELLOS

Si tienes la fortuna de contar cerca de ti con una buena unidad especializada en duelo en la familia, no lo dudes, acude lo antes posible. Allí os atenderán tanto de forma individual como en grupo familiar, y tus hijos encontrarán a otros niños o adolescentes con quienes compartir y aprender maneras saludables de vivir el duelo. Lamentablemente, no hay muchas unidades de estas características, y a menudo la única opción es llevar a tus hijos a un psicólogo que los atienda individualmente.

Pero nadie los conoce mejor que tú. Y con nadie tienen un vínculo tan fuerte como contigo. La terapia puede resultar útil en algunos casos muy complejos, pero en la mayoría no será necesaria.

La mejor ayuda –la más significativa y eficaz– es la que tú puedes ofrecerles. Vosotros, los padres y cuidadores, sois los principales facilitadores del duelo de vuestros hijos.

Con la información adecuada que resuelva tus dudas, herramientas claras y accesibles, y algunos ajustes en tu forma de actuar y acompañar, el ambiente familiar puede mejorar mucho. Verás que muchas de las propuestas que encontrarás en este libro son relativamente fáciles de aplicar. Otras no tanto.

Si lo que sugerimos tiene sentido para ti, pero no te ves capaz de aplicarlo, te animamos a pedir ayuda.

Si tú, padre o cuidador, recibes lo antes posible el apoyo necesario para gestionar mejor tu dolor, puedes estar más presente para tus hijos. **Y cuanto antes tengas esta ayuda, mejor, para así poder minimizar el impacto de la pérdida colateral.** (Para profundizar y conocer los estudios realizados a lo largo de estas últimas décadas, te recomendamos leer el Apéndice B.3: «Los padres como cofacilitadores y la importancia de la intervención precoz»).

Pedir apoyo no es un signo de debilidad, sino una muestra de compromiso con el bienestar propio y el de los hijos. Es normal que te plantees llevar a tu hijo al psicólogo, pero antes es mucho mejor que busques asesoramiento para ti.

Un buen terapeuta de duelo te ayudará a encontrar las fuerzas y los recursos para apoyarlos a ellos y a la vez te orientará para que puedas sobrellevar tu pérdida acompañándote en el camino de recuperar la esperanza y la ilusión por la vida y todo lo que aún te queda. Y cuanto antes puedas hacerlo, ¡mejor para tu familia!

Si los niños y adolescentes tienen problemas serios que afectan a su comportamiento o a sus emociones debido a un ambiente familiar complicado, no podemos esperar meses para intervenir. Actuar a tiempo, con una intervención temprana realizada a través de los padres (con la ayuda de la familia extensa y, si es necesario, con el apoyo de profesionales), puede marcar la diferencia y evitar el impacto negativo en los hijos.

CAUSAS DE MALESTAR EN LOS HIJOS: MODELO DE LOS 6 FOCOS

Los veo agitados y lloran mucho

Estaba muy preocupada por cómo mis hijos están viviendo la muerte de su padre. Los veo agitados y lloran muy a menudo. Me ha ayudado mucho darme cuenta, en la sesión de terapia, de que lo que realmente les está afectando no es la muerte en sí, sino el hecho de que este mes hemos cambiado las rutinas porque yo no me siento capaz de estar en casa con ellos. Cada mañana nos levantamos y vamos a pasar el día con alguna de mis amigas. Regresamos por la noche, con el tiempo justo para meternos en la cama. Ahora me doy cuenta de que su malestar proviene de estos cambios que están experimentando. Hemos estado explorando maneras de que yo pueda recuperar la energía necesaria para, cuanto antes, retomar las rutinas y ofrecerles la estabilidad que necesitan.

Irene. Muerte del esposo (un mes después del fallecimiento). Dos hijos de 4 y 6 años.

Hacer de padre cuando estás inmerso en tu duelo puede ser complicado, no solo porque tu disponibilidad afectiva y física se ve mermada, sino también porque el impacto de la pérdida y la confrontación con la muerte que están viviendo tus hijos los ha cambiado.

¿Cómo podemos responder con sensibilidad a sus nuevas necesidades cuando estas también son desconocidas para nosotros?

Queremos ayudarlos y hacer lo que esté en nuestras manos para que el golpe sea lo menos traumático posible. Para ello, necesitamos comprender las distintas maneras en que responden al duelo, identificar cuáles son normales y favorecen un buen duelo, cuáles son desadaptativas y llevan a complicaciones, y también entender qué es lo que las causa.

El Modelo de los 6 Focos (M6F) que os proponemos describe el impacto del duelo en niños y adolescentes a partir de seis aspectos de su vivencia que actúan como fuentes de malestar o estrés.

Este modelo nos ayuda a diferenciar las fuentes relacionadas con el duelo por la pérdida del ser querido de las asociadas al duelo por la pérdida colateral o afectación del entorno.

Pérdida colateral:

1. La afectación del funcionamiento diario.
2. La afectación de la red social.
3. La afectación emocional de los cuidadores.

Pérdida del ser querido:

4. Las circunstancias de la muerte.
5. La ruptura del vínculo afectivo.

Intersección de ambas pérdidas:

6. La crisis de identidad y del sentido de vida.

Es interesante hacer esa diferenciación porque nos va a permitir identificar qué áreas de su experiencia generan mayor malestar, y así podemos acompañarlos de manera mucho más específica. Por ejemplo, puede darse el caso de que el malestar de tu hijo no provenga directamente de la ausencia de su ser querido, sino que lo que le está afectando principalmente es el impacto sobre la calidad de los cuidados que recibe del entorno. Este sería el ejemplo de Irene y lo que descubrió en su sesión de terapia. Cuanto mayores sean los hijos, más pesará la parte del duelo por la ausencia del ser querido. Si ya son adultos jóvenes, la pérdida colateral les va a afectar mucho menos, porque van a tener más recursos para manejar el impacto en el ambiente familiar.

Pérdida colateral

La afectación del funcionamiento diario

Si, tras la muerte del ser querido, el ambiente en el hogar ha cambiado mucho –las rutinas se alteran, no se mantienen los horarios, hay cambios drásticos en la distribución de roles y responsabilidades o aparecen áreas de negligencia en las que se descuidan aspectos como la alimentación, la higiene o el mantenimiento de los límites–, los niños se harán preguntas como:

«Si mamá no está bien, ¿quién me va a cuidar a mí?».

O llegarán a conclusiones del tipo:

«Si no cuido yo a mis hermanos, nadie lo hará».

Esta inestabilidad del entorno puede generarles un estado de alerta en el que se muestran hipervigilantes hacia todo lo que ocurre a su alrededor.

La afectación de la red social

Tus hijos necesitan sentir que sus vínculos con vosotros, con la familia extensa, con sus amigos y compañeros de escuela o instituto siguen siendo fuertes y confiables. Una red interpersonal sólida les da la seguridad de que no están solos y de que pueden seguir contando con sus figuras de referencia en estos momentos difíciles.

Si, por las razones que sean, el ambiente familiar propicia un aislamiento social —se suspenden las celebraciones familiares o religiosas, o ellos perciben distanciamiento de sus compañeros y amigos—, pueden responder retrayéndose, rechazando el contacto o convirtiéndose en niños solitarios. Mantener una red social de calidad les proporcionará un entorno en el que pueden encontrar el apoyo que tanto necesitan.

La afectación emocional de los cuidadores

El estado emocional de los adultos de los que dependen les puede afectar de dos maneras. Por una parte, al veros a vosotros mal y no recibir suficiente atención, los niños o adolescentes pueden sentir que sus necesidades no están reconocidas, o que no tienen permiso para expresarse: si nadie habla del tema, pueden interpretar que no es adecuado hablar del ser querido. Y si muestran alguna emoción que no es atendida, pueden vivirlo como una invalidación, o incluso con culpa por sentir lo que sienten. En estos casos pueden llegar a sentirse invisibles y responder replegándose o desconectándose emocionalmente.

Por otra parte, pueden experimentar estrés al pensar que deben hacerse cargo de las emociones de los adultos. Ver a su entorno de adultos cuidadores muy afectados puede hacerles sentir una profunda impotencia, por no saber ni poder ayudar. En cierta forma, vosotros sois el modelo de referencia de cómo hay que vivir estas situaciones de pérdida, y vuestro estado emocional tiene un gran impacto en el suyo.

Pérdida del ser querido

Las circunstancias de la muerte

Posiblemente esta sea la primera experiencia de muerte de tus hijos. No conciben cómo esto puede haber sucedido. Si son muy pequeños, quizá no entienden el concepto de muerte, o no comprenden que es algo irreversible, o desconocen lo que ocurre con el cuerpo. Si son ya mayores, puede que lo que les cause confusión y malestar es carecer de información para entender las causas de la muerte o cómo fueron sus últimos momentos. Se preguntan:

«¿Cómo ha muerto? ¿Por qué ha muerto? ¿Me voy a morir yo también? ¿Tú también puedes morirte?».

La ruptura del vínculo afectivo

La ausencia del ser querido –ya sea un hermano o uno de los padres– les despierta añoranza. Recordar lo que han vivido juntos y saber que nunca más volverá a ser igual es una experiencia muy difícil para ellos. Si ha muerto un padre, han perdido una figura de referencia significativa: alguien que ejercía un rol importante en los cuidados, la guía, y la presencia en lo cotidiano. La ausencia física y emocional de la persona puede despertar en ellos culpa, enfado, irritabilidad o ansiedad –lo que llamamos estrés de separación–. Dependiendo de su edad, también puede surgir el deseo de morir como una manera de «reunirse» con él o ella. Entonces se hacen preguntas como:

«¿Quién va a ser mi mamá ahora? ¿He hecho algo malo? ¿No podemos ir adonde está?».

Intersección de ambas pérdidas

La crisis de identidad y del sentido de la vida

Nuestro hogar es el caldo de cultivo en el que construimos nuestras creencias básicas –nucleares– sobre el sentido de la vida, nuestra identidad y las cosas que consideramos importantes en la vida. La muerte sacude el ambiente familiar, amenazando esta estructura de creencias y la escala de valores. Los niños y adolescentes pueden sentir que la base de seguridad que nutre su sentido vital se ha roto. Esto puede llevarlos a responder con sentimientos de vacío, desesperanza o desinterés hacia el futuro.

Entonces, pueden preguntarse:

«¿Quién soy yo ahora, sin mi ser querido? ¿Tiene sentido la vida si en cualquier momento alguien puede morir?».

Y para encontrar respuestas a estas preguntas y aliviar este malestar existencial, miran a su alrededor y buscan apoyo en vosotros: padres, familia extensa, amigos, escuela, comunidad, quienes constituís su red de cuidados. Y, en gran medida, las respuestas que van a darse a estas preguntas existenciales, acerca del sentido de sus vidas y de su identidad, van a depender de la calidad del apoyo que pueda ofrecerles este entorno.

RESTAURAR LA SEGURIDAD EN EL HOGAR DESPUÉS DEL DUELO

Mi madre no estaba en condiciones de atenderme

Recuerdo que, después de la muerte de mi padre, yo estaba muy confusa. Mi madre no estaba en condiciones de ocuparse de mí, y tampoco de ella misma. Tampoco se hablaba del tema. El silencio, creo, era lo que más me confundía. Oscuridad y silencio, y un sentimiento de abandono, es lo que recuerdo más. Nadie me explicó lo que había sucedido. Recuerdo que, un día, en el colegio un chico me dijo: «Tu papá ha muerto en un accidente de coche». Me dejó en shock, *pero se lo agradecí. Las maestras le riñeron. Recuerdo que buscaba información a escondidas: fotos, cartas, algo que me ayudara a entender lo que había sucedido.*

Rebeca. Adulta en duelo de niña (9 años). Muerte del padre.

Cuando un ser querido muere, la sensación del hogar como «espacio seguro» puede verse amenazada. El ambiente cambia radicalmente: el ser querido ya no está, y su ausencia impacta emocionalmente en cada miembro de la familia. Es posible que, debido a este impacto, las rutinas se alteren, y cambien los roles y las responsabilidades. A veces también pueden instalarse muros de silencio como mecanismo de autoprotección emocional. Tú, su figura de referencia, también estás sufriendo y no puedes ofrecer estabilidad a tus hijos. Ellos pueden sentir que los adultos que los cuidan no están en condiciones de protegerlos, ni siquiera de sostenerse emocionalmente a sí mismos. Y tal vez entonces sientan que son ellos los que deben protegerlos en lugar de ser ellos los protegidos.

Frente a estos cambios, tus hijos pueden sentirse expuestos a un entorno muy inestable, que no logran comprender y que, en lugar de ofrecer contención, les genera confusión, incrementando su sensación de vulnerabilidad y su ansiedad. El hogar, la red social o la familia extensa les resultan espacios menos seguros, justo en el momento en el que más los necesitan.

Los niños y adolescentes necesitan sentir que su mundo sigue siendo, en lo posible, estable y predecible.

Cuando acabas de vivir una experiencia traumática como es la muerte de un ser querido, una de las consecuencias importantes es la pérdida de la sensación de seguridad: el mundo –tu hogar, tu vida y tus relaciones– se ha convertido en un lugar inestable e impredecible.

Y una de las condiciones para empezar a recuperarse de un trauma es que la percepción de seguridad pueda restablecerse. Esto significa poder estar tú bien, o al menos lo suficientemente bien como para poder reconstruir un entorno familiar y social que resulte predecible y confiable. Para tus hijos, sentir esta seguridad de nuevo dependerá tanto de elementos externos –las personas que los cuidan, las rutinas y la estabilidad– como de recursos internos –volver a sentir confianza en sí mismos, su autoestima y la capacidad de manejar emociones difíciles.

Restablecer la seguridad incluye saber que tú estás fuera de peligro, que el entorno es estable y que las personas que para ti son significativas también están a salvo.

Y por un entorno estable nos referimos a aquel en el que las necesidades físicas y emocionales van a ser atendidas de manera consistente. Sentirse a salvo es una de las necesidades fundamentales de todo ser humano. ¿Y qué es lo que sientes cuando has perdido la sensación de seguridad después de un trauma? Experimentas síntomas de ansiedad, hipervigilancia, fatiga y dificultades para regular tus emociones, hasta te duele el cuerpo físicamente. Es como si todo en ti estuviera en estado de alerta, incluso sabiendo racionalmente que ya no hay un peligro real.

Muchas de las cosas que describimos pueden aplicarse a tus hijos y a ti mismo en lo que vivís ahora, ¿verdad?

Y te preguntarás:

«¿Qué puedo hacer para garantizar un ambiente sano a mis hijos? ¿Cómo puedo restablecer esta seguridad en mi hogar?».

Las cosas que tú puedes hacer para aumentar su sensación de seguridad son muchas –siempre y cuando te sientas capaz de llevarlas a cabo y recibas la ayuda necesaria para ello–. Te lo explicaremos en los próximos capítulos.

Utilizando la categorización que hemos presentado antes, que nos parece muy clara a la hora de ayudarte en este camino, definimos seis focos de seguridad.

1. La afectación del funcionamiento diario.
   Seguridad física: garantizar un entorno estable y predecible
2. La afectación de la red social.
   Seguridad interpersonal: facilitar una red social de calidad
3. La afectación emocional de los cuidadores.
   Seguridad emocional: tu modelo de vivir el duelo
4. Las circunstancias de la muerte.
   Seguridad mental: ayudarlos a entender las circunstancias de la muerte

5. La ruptura del vínculo afectivo.
   Seguridad emocional: facilitar el duelo de tus hijos
6. La crisis de identidad y del sentido de la vida.
   Seguridad existencial: transformar la crisis de la identidad y del sentido de la vida

Cada una de estas formas de seguridad es esencial en el proceso de duelo infantil y adolescente.

Como cuidador, tu acompañamiento atento, incluso en medio de tu propio dolor, puede marcar una diferencia profunda en su manera de afrontar la pérdida y en su recuperación a largo plazo.

En los siguientes capítulos te enseñaremos algunas propuestas para poder mejorar la seguridad de tus hijos en cada una de estas áreas. Estas propuestas incluyen cambios en tu actitud y manera de estar y también cosas que puedes decir y hacer. Verás que algunas de ellas son cuestiones prácticas que puedes implementar sin demasiado esfuerzo; otras tienen mucho sentido, pero no tendrás la energía ni la motivación para aplicarlas. Otras simplemente no responden a tu situación, o no se ajustan a la edad de tus hijos, o son muy adecuadas, pero no para este momento de tu duelo, sino para más adelante.

Recuerda que no hay una única manera de vivir el duelo, que las situaciones familiares y personales son muy distintas entre ellas.

Adapta lo que sientas que es correcto para ti y desestima lo demás... ¡Y pide ayuda si la necesitas!

Tener apoyo para ti mismo es también apoyar a tus hijos: la atención y los cuidados que les vas a ofrecer van a ser de mucha más calidad.

Capítulo 3

EXPRESIONES DE DUELO EN NIÑOS Y ADOLESCENTES

CONDUZCO A GRAN VELOCIDAD

El adolescente rebelde

Me siento muy irritado y ando todo el día así, discutiendo con los amigos, con mis padres..., y ya me empieza a preocupar. Cuando cojo la moto me gusta conducir a gran velocidad, y ya me han puesto varias multas por exceso de velocidad. Es que no paro. No puedo estar así, tranquilo y relajado.

Al principio voy tranquilo, pero al salir de la ciudad, cuando se acaba la zona de más tráfico, no sé qué me pasa..., pero de pronto ya me veo a cien por hora. Siento que me voy tensando, me sudan las manos, el corazón me late a toda velocidad... Empiezo a acelerar. No me doy cuenta, pero ya estoy yendo muy rápido. Y sigo acelerando..., y entonces empiezo a relajarme, y todo fluye...

Es como si todo fuera bien. Me tranquilizo. Por un rato dejo de estar irritado. En esos momentos pienso que soy libre, que yo controlo, que no hay nada ni nadie que me pueda controlar... Soy libre...

Es que, cuando estoy en casa, me siento como un animal enjaulado. Todo es presión: mis padres, el instituto, los amigos, tener que fingir... Estoy agotado y me siento muy solo con todo esto, que me sobrepasa.

Aquí, en medio de la carretera, yendo lejos..., nadie me dice nada, nadie me exige nada..., puedo estar un rato sin pensar ni preocuparme por los demás.

Y me olvido de que mi madre está fatal, de que tiene una depresión... y de que yo no sé cómo responder. Es que es algo muy fuerte. No sé ni cómo tratarlo. No sé qué decirle, solo que la veo fatal, y todo cae sobre mí. Pero es que ver a mamá así me pone muy nervioso. Me provoca mucha angustia, mucha ansiedad. No sé qué hacer. La vida es una mierda. ¡No es justo!

Entonces..., estar ahí ese ratito, montado en mi moto, con el pie en el acelerador, en una carretera lejos de casa... me hace sentir libre de presión, libre del agobio. Es como que puedo descansar de toda esta mierda que me ha tocado vivir.

Pero, si sigo así, cualquier día me voy a pegar un tortazo con la moto. Pero mira..., ¿qué quieres que te diga?

Ya dejaré de sentir miedo. No sentiré nada. Ni tendré que tomar ninguna decisión.

Daniel (17 años). Muerte de un hermano.

Veo a mi hija bien

—¿Cómo ves a tu hija?

—Bien, es muy estudiosa y buena chica.

—Cuando dices que es buena chica, ¿puedes describir su carácter?

—Bueno, la veo algo tímida, solitaria y poco comunicativa. Pero yo creo que es la edad.

—¿Habla de su madre alguna vez?

—No, nunca.

—¿Y tú con ella?

—No, tampoco, nunca hablamos del tema. Creo que es lo mejor para ella. Así no sufre.

Xavier. Muerte de su esposa (dos años después del fallecimiento). Hija de 16 años.

Al acompañar a madres y padres en duelo, nos hemos dado cuenta de que, cuando les preguntamos cómo ven a sus hijos, suelen responder que bien, en general bien. Sin embargo, al profundizar y explorar detalladamente aspectos concretos, emerge una realidad mucho más compleja, de la que no se habían percatado.

A veces te puede resultar difícil reconocer los signos de que tus hijos no están atravesando bien el duelo. Es posible que, en ese momento, no logres identificar lo que están sintiendo, o bien lo veas pero subestimes su importancia, o interpretes sus conductas y emociones desde tu propia vivencia de duelo. Y si presentan comportamientos inadecuados, puede que no tengas claro si debes atribuirlos al duelo o a las conductas típicas de la adolescencia.

Es lógico que, si estás atravesando un momento emocionalmente intenso —con estados de ánimo como depresión o ansiedad—, te sea más difícil identificar y valorar los signos de malestar en tus hijos. Si en el pasado has experimentado experiencias traumáticas, tu capacidad de juzgar la importancia de algunas señales en tus hijos también puede verse reducida.

Un ejemplo de esta dificultad la encontramos en el testimonio de Xavier, un padre al que le cuesta conectar con su dolor y expresarlo, y que interpreta la evitación y el aislamiento de su hija adolescente como algo normal, atribuible a esta etapa del desarrollo. Esta interpretación errónea puede llevarlo a responder de forma inadecuada, por ejemplo, minimizando o restando importancia a lo que le ocurre a su hija.

Empatizar con tus hijos intentando ver el mundo a través de sus ojos es un ejercicio difícil, especialmente cuando se está en duelo. Si has pedido apoyo profesional, tu terapeuta te ayudará a ponerte en su piel, es decir, salir de tu marco de referencia y entrar en el de ellos, lo que te permitirá identificar mejor sus preocupaciones y sus necesidades.

Como se ha descrito en el capítulo anterior, tu hijo —sea niño, niña o adolescente— está afrontando no solo el impacto del duelo por la muerte del ser querido, sino también el déficit en la atención a sus necesidades que, debido a tu propio proceso de duelo, no puedes cubrir del todo.

Si el entorno familiar, social y escolar no logra ofrecerle cuidados prácticos y emocionales, responderá con síntomas que, como madres y padres, sería útil reconocer cuanto antes, ya que son señales de que algo no va bien.

A veces, estos signos se manifiestan como respuestas emocionales claras y evidentes, incluso con verbalizaciones explícitas sobre sus necesidades. Otras veces, su duelo se expresa a través de conductas de adaptación inadecuadas o disruptivas, que no son más que intentos de manejar su propio sufrimiento y el que perciben a su alrededor, y que pueden tener consecuencias negativas en su desarrollo como personas adultas. (Para más información puedes leer el Apéndice B.4: «El impacto del duelo en niños y adolescentes: consecuencias inmediatas»).

Ser consciente de estas señales de alerta en tus hijos te permitirá responder de manera oportuna, brindándoles la ayuda que necesitan.

Los comportamientos o las emociones inadecuados que observas en tu hijo son, en realidad, su mejor intento —inconsciente— de manejar tanto su propio sufrimiento como el que percibe en ti.

Aquí te proponemos una descripción de las respuestas que pueden presentar los niños, las niñas o los adolescentes, y que agrupamos en tres categorías: **rescatador, rebelde y retirado**.

Esta clasificación –inspirada en el triángulo dramático de Stephen Karpman (Karpman, 1968; Johnson, 2009)– es una propuesta orientativa. No te lo tomes como algo concluyente: es posible que tu hijo o hija presente rasgos de cada una de estas categorías, o que, en diferentes entornos –el hogar, la escuela o la casa de los abuelos– se comporte de una u otra manera. Por supuesto, según la edad, el género, los rasgos de carácter y la dinámica familiar, estas repuestas se manifestarán de diferente forma, intensidad y duración. Esta categorización es una simplificación del abanico de posibles reacciones que los niños y adolescentes muestran ante una crisis. La experiencia humana es demasiado amplia como para encajonarla. Pero, dicho esto, esta clasificación quizá te aporte una perspectiva que te permita entenderlos y ayudarlos mejor.

Recuerda que, cuando tu hijo actúa de las formas que describiremos a continuación, lo hace de manera inconsciente. Es su mejor intento, con sus capacidades limitadas, de manejar su propio sufrimiento y el que percibe en ti. Probablemente no entiende qué le está pasando por dentro ni por qué actúa así. **Estas conductas y emociones son formas distorsionadas de expresar sentimientos como la tristeza, el miedo, la ira o la culpa.**

EL NIÑO O ADOLESCENTE RESCATADOR

Ahora eres el puntal de la casa

> *Mi padre me dijo: «Tú ahora eres el puntal de la familia». Tuve que dejar el instituto para quedarme en casa y hacer las tareas que hacía mamá: ocuparme del hogar, de mis hermanos pequeños y de mi padre.*
>
> *Yo lo hacía con gusto, creo, aunque también me recuerdo a veces muy triste y enfadada, pero luego sabía que no me podía permitir estar así.*
>
> *Sara. Adulta en duelo de niña (14 años).*
> *Muerte de la madre. Tres hermanos pequeños.*

Desde un sentimiento de tristeza o de culpa por no saber cómo responder al duelo de los padres, o sintiéndose incluso responsable de lo sucedido, o como Sara, empujado por el adulto de referencia, el niño o adolescente puede adoptar la respuesta de **«ir al rescate»**, **esforzándose en sobreproteger a los demás**, asumiendo roles de cuidado y de responsabilidad hacia otros miembros de la familia que son más propios de los adultos.

Las respuestas de rescatador –que en psicología se conocen como «parentificación»– se consideran desadaptativas cuando van más allá de una respuesta natural de empatía, cariño y cuidado, que cualquier niño o adolescente puede mostrar ante el dolor de sus hermanos o padres. Por ejemplo, un adolescente que consuela a su madre en duelo no está necesariamente siendo sobreprotector. Pero si, de forma habitual, deja de salir con sus amigos para quedarse en casa y acompañarla para que no esté sola y termina perdiendo su red social, entonces sí estamos ante una respuesta con consecuencias desadaptativas derivadas de la pérdida colateral. (En el Apéndice B.7: «El concepto de parentificación», se describe este concepto y sus implicaciones en más profundidad).

¿Cómo identificamos a un niño, niña o adolescente que va «al rescate»?

Aquí te describimos algunas de las respuestas que pueden ser señales de este patrón:

- Cuida de los padres, intentando consolarlos o ayudarlos en su duelo.
- Se ocupa de los hermanos más pequeños, asumiendo el rol de cuidador.
- Asume tareas domésticas que no le corresponden por edad.
- Se responsabiliza de trámites burocráticos o cuestiones financieras inapropiadas para su edad.
- No muestra sus necesidades para «no ser una carga más» para los adultos.

- Se esfuerza en portarse bien y en ser el hijo o la hija perfecta.
- Se hace el fuerte, escondiendo sus propios sentimientos.

Los niños y adolescentes rescatadores son muy buenos ocultando sus sentimientos para no generar más preocupaciones a sus cuidadores. Esta ocultación puede ser deliberada y consciente, *«Me esfuerzo para no llorar delante de ellos»*, o inconsciente, como una negación: *«Yo estoy bien, a mí no me pasa nada. Lo de mi mamá sí que es importante»*.

Según nuestra experiencia, existen versiones menos explícitas de ese intento de cuidar y consolar. Por ejemplo, cuando el niño se convierte en «la sombra del adulto». Ha descubierto que, cuando está cerca de mamá o papá, estos reprimen sus emociones, así que **su estrategia es no dejarlos solos, distraerlos constantemente y convertirse en su inseparable sombra**.

Otro patrón es asumir el «rol de payaso» o «el gracioso de la casa». En su intento por aliviar el dolor de los cuidadores, **el niño o niña descubre que hacer tonterías provoca risas en los adultos, y lo interpreta como una manera eficaz de ayudarlos a desconectar de su tristeza**. Aprende así a minimizar lo doloroso, a bromear y actuar de forma cómica, especialmente durante reuniones familiares, buscando hacer reír y crear una ilusión momentánea de que todo va bien, como si nada hubiera sucedido en la familia.

Todas estas respuestas que caracterizan el papel de protector-rescatador implican una inversión de los roles: quien debe ser cuidado pasa a ser cuidador. Al actuar de esta forma, los niños o los adolescentes muestran su temor a que los adultos pierdan el control, a que la vida familiar se desorganice. Hacerse cargo de tareas propias de los adultos les da la sensación de que el control y la estructura aún se mantienen. Además, pueden recibir cierta aprobación por parte de los adultos por «estar ayudando» al asumir una responsabilidad en el cuidado de la familia.

Esta aprobación los ayuda no solo a aliviar su culpa, sino también a sentirse visibles, a sentir que tienen derecho a ocupar un espacio, un derecho a existir.

Si tu hijo o hija muestra estas respuestas de forma persistente, y si al hacerlo renuncia a satisfacer alguna de sus necesidades, entonces estamos ante un patrón que afectará a su bienestar físico y emocional.

Recuerda: no hay nada malo en que un niño cuide a su hermano menor o realice tareas domésticas a una edad temprana. De hecho, puede ser algo muy positivo: estamos criando a un hijo responsable y comprometido. Pero si, mientras lo hace, experimenta una carga de responsabilidad emocional excesiva –por ejemplo, siente que de él depende el bienestar emocional del hermano, o experimenta estrés o miedo a no hacerlo bien–, o si tiene que dejar de ir a la escuela o de jugar con sus compañeros, entonces sí estamos ante unas consecuencias que afectarán a su desarrollo y sentido vital.

La respuesta de cuidar a los demás se vuelve desadaptativa cuando el coste de mantenerla implica renunciar a las propias necesidades de desarrollo.

El precio de mantener estas respuestas en el tiempo es alto, ya que generan un nivel de estrés que el niño o niña o adolescente no puede elaborar debido a su inmadurez emocional. ¿Por qué ocurre esto? Porque, para mantener esta «coraza» de «fingir que son mayores», deben ocultar su vulnerabilidad y, por tanto, desconectarse de su propio dolor, renunciar a la posibilidad de ser ellos los que reciben apoyo y dejar de lado sus necesidades sociales, emocionales, académicas para centrarse en las necesidades de los demás. El «niño espontáneo» es sacrificado en esta adaptación.

Tras este aparente comportamiento de madurez, lo que hay es una tristeza muy intensa, expresión de un duelo que no están pudiendo elaborar.

Con el transcurso de los años y al entrar en la etapa adulta, pueden darse cuenta de que se perdieron una parte importante de la vida –la infancia o la adolescencia– porque las circunstancias los obligaron a asumir unas responsabilidades propias de una etapa de desarrollo que aún no les correspondía, tal y como muy bien nos describe Sara en el testimonio que introduce este apartado.

EL NIÑO O ADOLESCENTE REBELDE

Me convertí en un delincuente juvenil

Yo tuve una infancia feliz, pero cuando murió mi padre —yo tenía 12 años— las cosas empezaron a ir muy mal en casa. Mi madre se sumergió totalmente en su dolor, quería morirse y, aunque intentaba esforzarse, era lo que transmitía. Estaba ahí físicamente, pero emocionalmente era como si nos hubiera abandonado. Recuerdo que respondí con mucha dureza. Empecé a hacer muchas burradas, muchas gamberradas. A los 14 años me convertí en un delincuente juvenil. Creo que en el fondo era una manera de intentar que se fijara en mí, de que me prestase atención. No recuerdo haber sentido dolor ni haber llorado por mi padre.

Carlos. Adulto en duelo de niño (12 años). Muerte del padre.

Otra posibilidad es que **el niño o adolescente muestre mucho enfado como una forma de protesta ante los cambios que está viviendo**. No puede manejar su propio dolor ni tolera ver el dolor de los demás. Se siente solo, incomprendido e impotente ante lo que ocurre en la familia. La retirada emocional que percibe en sus cuidadores lo lleva a sentirse rechazado, lo que despierta en él sentimientos de frustración que no sabe cómo gestionar.

Esta desregulación emocional puede tomar varias formas: puede dirigir su enfado hacia sí mismo o redirigirlo hacia los demás. Responder con rabia por lo sucedido, y por no sentirse atendido, es algo natural. Pero, en vez de mostrarlo de forma directa expresando lo que necesita o lo que echa de menos, lo tergiversa desplazándolo hacia conductas y emociones que llamamos «respuestas defensivas», contra padres, educadores, hermanos o compañeros de escuela.

¿Cómo identificamos a un niño, niña o adolescente con una respuesta «rebelde»?

Aquí describimos algunas de las respuestas que pueden ser signos de que está adoptando este patrón:

- A menudo se muestra enfadado, malhumorado e irritable.
- No acepta los límites.
- Presenta conductas de oposición, negándose a las propuestas que le hacen los adultos.
- Es descuidado con sus pertenencias y las de los demás.
- Puede pegar, gritar o descontrolarse con personas u objetos.
- Realiza actividades que suponen situaciones de peligro para sí mismo.
- Se hace daño físicamente: se autolesiona.
- En la escuela, puede acosar a sus compañeros; en casa, puede maltratar a los hermanos.
- Se aísla.

Es importante comprender que **estas respuestas de rebeldía no son más que expresiones de duelo tergiversadas**. En vez de mostrar tristeza –la emoción natural asociada a la pérdida del ser querido– muestran enfado, que les resulta emocionalmente más soportable y actúa como una tapadera de la tristeza.

Algunos adolescentes recurren a actividades que implican una amenaza para la propia vida, como conducir a gran velocidad, involucrarse en juegos peligrosos o practicar deportes de alto riesgo. Estas conductas, que en psicología se denominan «contrafóbicas», son intentos inconscientes de desafiar a la muerte. A través de ellas expresan su rabia contra la vida –*«Tú me quitaste esto, mira lo que puedo hacer yo»*–. Constituyen una manera distorsionada de expresar el dolor que sienten escondiéndolo tras una aparente indiferencia ante todo lo que les sucede. Por otro lado, la experiencia de **realizar una actividad de riesgo, con la descarga de adrenalina que supone, los ayuda a calmar la ansiedad.**

Autolesionarse o consumir drogas son otras expresiones extremas de este enfado dirigido hacia dentro que el adolescente puede mostrar. **Hacerse daño refleja el nivel de angustia que vive el niño o adolescente. En lugar de dirigir su frustración hacia el exterior, la dirige contra sí mismo.** También es una forma de liberarse de la posible culpa que está sintiendo por lo sucedido, o de su impotencia por no poder hacer nada para aliviar el sufrimiento de los demás. El nivel de dolor físico que experimenta, paradójicamente, puede calmar su dolor emocional.

Un ejemplo parecido de comportamiento defensivo es el testimonio de Daniel al inicio de este capítulo: «Me gusta conducir a gran velocidad».

Este patrón de enfado desplazado hacia los demás puede manifestarse en distintos contextos: un niño puede parecer más tranquilo en casa, pero ser agresivo en la escuela, mostrando conductas de maltrato hacia sus compañeros.

El ambiente familiar ha cambiado, quizá de forma drástica. Las rutinas ya no se sostienen, el ser querido ya no está, tú estás cansada o desbordada y tu hijo no está recibiendo la atención afectiva que tanto necesita en este momento. **Es comprensible que responda con enfado a estos cambios. Y al no saber manifestarlo de forma directa, lo desplaza hacia el entorno.**

Te ayudará mucho no malinterpretar estas conductas: tu hijo no es un «niño malo». Date cuenta de que en realidad son **manifestaciones distorsionadas de su tristeza**. Detrás de ese comportamiento disruptivo hay un profundo sufrimiento de pena, mucha soledad y una gran dificultad para manejar las emociones. El aislamiento puede ser incluso un intento de protegerte a ti, la cuidadora, de su propio enfado. Para un niño o adolescente, a veces es más fácil estar enfadado con el mundo que permitirse estar triste.

Detrás de un niño rebelde y enfadado hay un niño que se siente solo, necesita llorar y sentirse atendido.

EL NIÑO O ADOLESCENTE RETIRADO

Intentaba pasar desapercibida

Lo que recuerdo de esa época es que yo intentaba pasar desapercibida. Pasaba mucho tiempo sola en mi habitación, aprendí a jugar yo con mis cosas. Recuerdo el silencio en la casa. Mi madre parecía todo el rato ausente y mi padre no volvía de trabajar hasta muy tarde. Recuerdo que pasaba mucho tiempo mirando por la ventana. Tengo esta imagen de mí de niña. Mis padres dicen que me volví muy cerra-

da y tímida. Ahora creo, visto desde la distancia, que yo me sentía invisible y que lo que no quería era ser una carga más para ellos. Es un tiempo que recuerdo como todo muy gris.

Clara. Adulta en duelo de niña (8 años).
Pérdida del hermano.

El niño o el adolescente «retirado» responde a su duelo desde la resignación. Ante la impotencia de no saber cómo reaccionar de forma efectiva a lo que está viviendo, **intenta no ser una molestia haciéndose invisible, no pidiendo ayuda y portándose bien.** Renuncia a expresar sus necesidades para no ser un problema más para los adultos. Desde un profundo sentimiento de culpa por lo que ha sucedido, siente que no tiene ni permiso ni derecho a pedir la atención que tanto necesita.

Mientras que los dos patrones anteriores, el rescatador y el rebelde, suponen una energía de activación, ya sea para sobreproteger a los demás cuidándolos o para protestar y enfadarse contra el entorno, la respuesta de niño «retirado» implica un retraimiento de energía y una desconexión con lo que le rodea. Se trata de una forma inconsciente de claudicación, al no saber cómo responder ante una situación que le desborda.

¿Cómo identificamos a un niño, niña o adolescente en el rol de «retirado»?

Aquí describimos algunas de las señales que pueden indicar que está adoptando este patrón:

- Se muestra apático en general, parece que todo le da pereza o que nada le importa.

- Acepta pasivamente lo que se le propone, pero con desgana, sin entusiasmo.
- Pospone todas las decisiones, procrastina y muestra falta de iniciativa.
- Se muestra descuidado con su aspecto personal, su ropa y su higiene.
- Pierde interés en actividades de ocio que antes del duelo habrían sido muy motivadoras.
- Se inhibe al interactuar con los demás, le molesta tener que comunicarse y reacciona con desgana cuando se le interpela.
- Se encierra en sí mismo, abstrayéndose en un mundo de fantasías o mediante el uso excesivo de dispositivos electrónicos.
- No comunica sus emociones o, si las comunica, es desde la tristeza, la apatía y el desánimo.

Estas respuestas inconscientes **son maneras de expresar que su dolor lo lleva a desear desertar de la vida**. Es una forma de morirse en vida: no va a suicidarse —esta sería la salida catastrófica de este patrón—, pero de algún modo deja de vivir la vida plenamente. Es una forma de pseudosuicidio. Con esta deserción, se siente seguro en su soledad, porque el contacto con los demás se le hace difícil, incluso amenazador. Estar refugiado en su caparazón lo protege de tener que exponerse, de tener que compartir, de tener que dar explicaciones, de sentirse distinto.

Mantenerse encerrados en su caparazón los ayuda a sentirse protegidos: protegidos de tener que compartir y dar explicaciones, de sentirse distintos, de ver el dolor de los demás y de sentir la impotencia de no poder hacer nada por aliviarlo.

Mostrarse pasivos y conformados puede ser también una manera de manifestar la crisis de identidad que están experimentando internamente.

«¿Qué sentido tiene la vida sin el ser querido? ¿Cómo sobrevivir si el silencio invade todo el espacio familiar?».

No deben lidiar solo con la ausencia del ser querido, sino también con el vacío existencial que la pérdida ha dejado en el entorno.

Estas respuestas de tipo «niño adaptado» o conformista también pueden presentar un componente regresivo, es decir, una forma de estancamiento en etapas más tempranas del desarrollo. La angustia provocada por la pérdida, junto con la falta de una conexión emocional estable con las figuras cuidadoras, puede derivar en una regresión evolutiva impulsada por el deseo inconsciente de mantener el vínculo con la persona fallecida.

Esta necesidad de conexión puede manifestarse quedando «detenidos» en la etapa del desarrollo, en condiciones vitales similares o en patrones de comportamiento inmaduros y autolimitantes propios del momento en que el ser querido aún estaba vivo.

De alguna forma, esta regresión representa un intento inconsciente de preservar el vínculo:

«¿Para qué crecer, si ya no está?», «Si me quedo así, será como si el tiempo no hubiera pasado y quizá regresará».

Algunos padres interpretan estas respuestas regresivas como una llamada de atención, un modo de reclamar ser reconocidos. Sin embargo, en realidad su deseo es ser invisibles, desaparecer. Y de nuevo estamos ante una defensa –la pasividad y la retirada del contacto– que hace de tapadera de una posible depresión escondida.

Seguramente, al leer estas descripciones, alguna haya resonado con experiencias propias o las de personas conocidas y que no necesariamente están relacionadas con un duelo. Posiblemente tú mismo te has reconocido en algunas de ellas, sea de ahora, sea de algún momento difícil de tu infancia.

Son patrones universales: **todos hemos adoptado alguno, o partes de ellos, en algún momento de nuestra vida**. Describen maneras en que respondemos al estrés, al dolor, a la impotencia o a la culpa.

Estas respuestas pueden tener una función adaptativa: cuidar de los demás o retirarnos durante un tiempo puede ayudarnos a madurar emocionalmente, a ser más responsables, reflexivos y empáticos. La rebeldía, por su parte, nos empuja a poner límites a los demás y a nosotros mismos, y a activar la energía necesaria para tomar decisiones y promover cambios importantes en nuestra vida.

Ahora bien, **cuando estas respuestas se intensifican y persisten en el tiempo, y se estructuran en un patrón de conducta –como los que hemos descrito–, pueden impactar negativamente y tener consecuencias importantes en el desarrollo personal de tu hijo**. Por eso es tan importante que detectes a tiempo estas señales, para poder intervenir y evitar así que se consoliden como una respuesta rígida. (Para ampliar la información puedes leer el Apéndice B.5: «El impacto del duelo en niños y adolescentes: consecuencias negativas en la vida adulta», y el B.6: «El impacto del duelo en niños y adolescentes: consecuencias positivas en la vida adulta»).

Es posible que identifiques en tu hijo un patrón claro entre los tres descritos. También puede darse el caso de que observes una combinación de respuestas, es decir, un patrón mixto: en unas ocasiones tu hijo se muestra protector y en otras se retrae y se encierra en sí mismo mostrándose malhumorado y pasivo. Toma nota de lo que observes.

En los próximos capítulos te ofreceremos ideas prácticas para crear en tu hogar un ambiente que minimice el impacto del duelo y les permita a tus hijos vivir la pérdida de la manera más saludable posible, sin necesidad de recurrir a estas defensas.

RECUERDA:

- **Estas respuestas son naturales y universales y pueden tener una función adaptativa.**
- **Si se manifiestan de forma puntual, no debes preocuparte en exceso.**
- **Si se mantienen en el tiempo o se intensifican, convirtiéndose en un patrón de conducta, pueden derivar en complicaciones en el proceso de duelo.**

Capítulo 4

SEGURIDAD FÍSICA: GARANTIZAR UN ENTORNO ESTABLE Y PREDECIBLE

NO PUEDO CAERME, PORQUE ENTONCES SE CAERÍA TODO

Asumiendo responsabilidades que no tocan

Mi padre murió hace cuatro meses. Fue de repente, sin previo aviso. Un infarto fulminante. De un día para otro. De un día para siempre.

Soy la mayor de cuatro hermanos, tengo 17 años y mis hermanos 15, 13 y 10 años. Mi madre se ha quedado sola con nosotros, viuda de golpe, cargando con todo. Y yo..., yo me doy cuenta de que estoy asumiendo un rol que nadie me ha pedido. No lo hemos hablado, no lo he decidido conscientemente, pero siento que tengo que hacerlo. Que tengo que sostener algo, contener algo. Como si no pudiera caerme, porque entonces se caería todo.

No hablamos mucho de papá en casa. Al menos, no en voz alta. Ni siquiera entre los hermanos. Es como si los cuatro hubiéramos llegado a un acuerdo silencioso: mejor no remover, mejor no nombrar, no vaya a ser que mamá no lo aguante. Que se rompa. Que nos rompamos todos.

Y ahora me toca ayudar en lo que pueda, organizar lo que sea. Me ocupo de pequeñas cosas, pero también de cosas grandes. Dos de mis hermanos están empezando a ir mal en el colegio, y me he reunido con los tutores, intentando entender qué les pasa. Intentando acompañar, buscar una forma de cuidar. Por la noche, si alguno se despierta con pesadillas, soy yo la que se levanta. Voy a su cuarto e intento calmarlo. Quiero decirles que todo va bien, aunque a veces ni siquiera yo me lo creo.

He tenido que hacer gestiones..., algunas muy duras, una especialmente. Fui a cerrar las cuentas bancarias de mi padre. Aún me veo ahí, frente al mostrador, intentando decir: «Buenos días, me llamo Berta. Mi padre...». Y ya está. No pude seguir. Se me rompió la voz. Me eché a llorar sin poder evitarlo. Decirlo en voz alta es como aceptarlo, algo que hace que me cueste respirar. Darle forma con palabras hace que duela más. No estoy preparada. Lo intenté varias veces y me pasó lo mismo, temblaba y lloraba incluso antes de llegar al mostrador. Al final lo conseguí y la mujer que me atendió me dejó llorar y luego, al acabar, salió y me abrazó.

También estoy preocupada por el dinero. Mi padre era quien traía el sueldo a casa, y ahora hay que reajustarlo todo. Mi madre ha tenido que volver a trabajar, después de tantos años. La veo preocupada hablando con la abuela de estos temas. Y yo intento no ser una carga. Vigilo lo que gastamos, ahorro todo lo que puedo. Me he hecho experta en hojas de cálculo, en presupuestos, en pensar en qué podemos recortar sin que se note demasiado. Lo hago por ella. Por mis hermanos. Por mí, quizá, también. En cuanto cumpla los 18 buscaré algún trabajo para ayudar.

Estoy organizando las vacaciones de verano. Quiero que las hagamos, aunque no sean como antes. Que sigamos con nuestras tradiciones. Siento que necesitamos eso. Que, si seguimos haciendo las cosas que hacíamos con papá, es como si algo de él siguiera con nosotros. Como si nos sujetara todavía.

Berta (17 años). Muerte del padre. Tres hermanos pequeños.

Si la ropa no estaba tendida

Recuerdo que desde la escuela podía ver el jardín de mi casa.

Si veía la ropa tendida, me sentía aliviada: quería decir que mi madre se había levantado y que, a mi regreso, tendría la comida hecha y que ella se ocuparía de todo.

Si la ropa no estaba tendida, significaba que mamá estaría en la cama, la comida no estaría hecha y yo tendría que responsabilizarme de mis hermanos.

M.ª José. Adulta en duelo de niña (11 años). Pérdida del padre.

Los niños y adolescentes necesitan sentir que la vida familiar se desarrolla dentro de una estructura: hay rutinas que organizan la vida diaria, se establecen unos roles y responsabilidades para cada uno, se cumplen unas normas de convivencia y el ambiente es de calma. Mantener una estructura en los aspectos prácticos del hogar transmite a todos sus miembros una sensación de seguridad física.

En las familias en las que, por la razón que sea, no existe esta estructura e impera el caos, los niños pueden mostrar dificultades en su desarrollo no solo emocional, sino también cognitivo. Por ejemplo, muestran un bajo rendimiento escolar o dificultades con el lenguaje. También a nivel de comportamientos, responden a este ambiente de inestabilidad con agresividad, desmotivación y dificultades para descansar. (Si deseas más información, puedes leer el Apéndice B.8: «Los efectos negativos de vivir en un entorno familiar caótico y la importancia de mantener la rutina y las estructuras»).

En situaciones de crisis como la que estás viviendo ahora, garantizar la continuidad en los cuidados físicos les transmitirá una sensación de estabilidad, lo que es muy importante para su bienestar general. La «predictibilidad», es decir, saber qué esperar en cada situación, en un momento en el que emocionalmente todo es un torbellino, será un factor que favorecerá su capacidad de afrontar el duelo.

Es posible que en tu familia se haya dado la circunstancia de que un hijo pequeño haya expresado su temor respecto a algunos aspectos cotidianos como:

«¿Quién me hará el desayuno?», «¿Quién me llevará a la escuela?», «¿Quién me ayudará con los deberes?».

Estas preguntas son una señal de su necesidad de tener un entorno estable y predecible que le transmita que su integridad física no está amenazada.

En este capítulo veremos algunos de los aspectos más relevantes en los que tú puedes intervenir para facilitar que esta estructura física esté, en lo posible, preservada.

Ten en cuenta que todo lo que te explicamos son sugerencias. Recoge solo lo que veas que se ajusta a tu realidad y que te sientes capaz de realizar. Cada etapa de duelo va a tener sus necesidades distintas, y cada miembro de tu familia también necesitará cosas distintas, tú incluido. Sigue las sugerencias de las que te veas capaz y que sean adecuadas para ti. Otras las podrás implementar más adelante, cuando te veas con más fuerzas. Otras simplemente no se ajustarán a tu realidad: desestímalas.

LAS RUTINAS Y LA ESTRUCTURA DE FUNCIONAMIENTO DIARIO

¿Cómo es un día en casa? ¿Qué cosas han cambiado en la cotidianidad de la familia desde la muerte del ser querido? Cuando observas cómo transcurre el día y lo comparas con el pasado, puedes identificar qué cosas han cambiado y cuáles de ellas podrían estar afectando a tus hijos.

La estructura organizativa

Los primeros días o semanas tras la pérdida, todo puede estar patas arriba: quién hace la comida, quién va a comprar, quién se encarga de la limpieza, del orden, de llevar a los niños al colegio o de los cuidados de salud... Mantener todo esto igual va a ser muy difícil, porque seguramente el dolor te embarga y te cuesta estar presente por el estrés que estás viviendo.

Es normal, no pasa nada si durante un tiempo todo el hogar es un poco caótico. Pero, poco a poco, es importante ir recuperando esas rutinas, porque dan estabilidad y calma a los hijos. Ellos regresan del colegio o del instituto y entran en una casa donde, en la medida de lo posible, las cosas siguen funcionando. No sienten que tienen la obligación de asumir responsabilidades que no les tocan, algo que puede ser un estrés añadido para ellos.

Si lo necesitas, pide ayuda. Organiza la agenda. Busca a alguien que te eche una mano. La familia extensa o tu red social pueden ser un buen recurso: alguien que te ayude puntualmente con la comida, la limpieza, el transporte, o que se lleve a los niños una tarde para que tú puedas descansar. Seguramente muchas personas quieran ayudarte: solo tienes que pedirlo.

La escuela como espacio de apoyo

Volver a la escuela, instituto o universidad lo antes posible suele ser un cambio que los ayuda —a no ser que alguna circunstancia extraordinaria lo impida—. Reanudar las actividades escolares les transmite un mensaje muy importante: que, a pesar de todo, la vida sigue ofreciendo experiencias interesantes y hay esperanza en el futuro. La escuela es para ellos un lugar donde descansar del dolor, distraerse y estar con sus compañeros, su red de apoyo entre iguales.

Es natural que los dos o tres días posteriores al fallecimiento se queden en casa compartiendo la vida familiar, la preparación del funeral y las visitas de la familia extensa. Te necesitan en estos primeros momentos, y tú a ellos. Pero es recomendable que regresen a su rutina escolar en cuanto sea posible. ¿Cómo prepararlos para el regreso a la escuela o al instituto? Eso lo veremos en el próximo capítulo con más detalle.

Los fines de semana

Durante la semana puede ser más fácil mantener la estructura organizativa: los horarios escolares y laborales obligan a todos a seguir una rutina preestablecida e incuestionable. Llega el fin de semana y el programa está todo abierto. Es posible que no tengas ganas de hacer lo que antes hacías. La ausencia del ser querido —sea pareja o hijo— se nota más. Después de todo, el fin de semana era tiempo de familia, ¿verdad? Pero ahora esa familia se ha roto. O al menos así es como tú lo sientes. Para muchos de vosotros, los fines de semana son todo un reto.

Por eso, te recomendamos que, en la medida de lo posible, planifiques con antelación qué vais a hacer. No dejes que llegue el sábado sin tener nada previsto. Durante un tiempo seguramente necesitarás no ver a nadie porque es demasiado doloroso, pero, cuando sientas que es el momento, intenta quedar con otras familias o amigos, proponer actividades deportivas o culturales, salir a la naturaleza... Lo importante es tener un plan. Sabemos lo difícil que es esto que te sugerimos, pero intenta hacer un esfuerzo porque puede ser muy duro para tus hijos, sea cual sea su edad, despertarse el sábado y verte desanimado, sin fuerzas y sin ninguna actividad en el horizonte.

Y sí, claro que tienes permiso para cancelar planes si luego no te ves con fuerzas. Pero es mejor tener un plan y luego cambiarlo o suspenderlo que pasar todo el fin de semana sin ninguna actividad planificada, improvisando sobre la marcha.

Si se mantienen las rutinas y las necesidades físicas están atendidas —quién hace la comida, quién va a comprar, quién se encarga de la limpieza, del orden, de llevarlos al colegio o de los cuidados de salud—, ellos sienten que la estructura organizativa sigue ahí, y eso les da una sensación de continuidad y de seguridad.

LA DISCIPLINA Y LOS LÍMITES DEL HOGAR

Imagina que eres un grumete en un barco a la deriva en medio de una tempestad. Estás asustado por lo que pueda suceder y miras al capitán. ¿Qué necesitas ver en él para sentirte seguro? Si el capitán dejara de ejercer su rol, ¿te sentirías a salvo? Si, a pesar de los vaivenes, se mantuviera firme al timón, dando instrucciones claras y guiando con aparente firmeza, ¿cómo te sentirías tú? ¿Qué tono de voz te daría confianza? Probablemente una voz firme, clara, con autoridad. Pues en tu casa ocurre algo muy parecido.

Cuando pones límites claros y firmes a tus hijos, ellos se sienten más confiados. Puede que, en el momento, reaccionen con enfado o frustración, pero interiormente saben que están en un lugar seguro, porque mamá o papá están al mando. Y cuando perciben esa estructura, se relajan. Esta calma les hace bien, física y emocionalmente.

Sabemos que esto no es fácil. Estás en duelo. Si has perdido a tu pareja, estás sola o solo y probablemente no sientes dentro de ti esa firmeza. ¿Cómo vas a sentirla, después de lo que te ha ocurrido? Pero saber que a ellos los ayuda que tú marques el rumbo puede darte fuerzas: aunque papá ha muerto, mamá sigue al timón. Aunque mamá ya no está, papá sigue al mando.

No debes tener miedo a ejercer tu autoridad. Mostrar firmeza marcando y manteniendo los límites hacia sus conductas, el orden, los deberes o los horarios no es ser duro: es ofrecerles un marco de referencia en el que se sientan a salvo. Y esa sensación de seguridad que les da ver que un adulto se hace cargo de la situación les permite estar más en contacto con sus propias emociones y necesidades, porque pueden despreocuparse de tener que hacerse cargo de la organización en la familia.

Cuando muestras tu autoridad y les pones unos límites,
no estás siendo duro.
Les estás mostrando que hay un adulto a cargo.
Y esta seguridad les permite relajarse y estar más en contacto
con sus propias emociones y necesidades.

CAMBIOS DE ROL Y NUEVAS RESPONSABILIDADES

Y dejaba de jugar

> *Recuerdo estar jugando en la calle con mis compañeras de escuela y a mi padre llamándome desde la ventana. Yo dejaba de jugar y me iba a casa a ocuparme de todo.*
>
> *Pilar. Adulta en duelo de niña (14 años).*
> *Pérdida de la madre. Tres hermanos pequeños.*

Después de la pérdida de un ser querido, muchas cosas cambian en la dinámica familiar. Es normal que se produzca una reestructuración de los roles: los niños van a tener que ser más responsables, implicarse más en algunas tareas y aprender a ser más autónomos. Todos estos cambios pueden ser positivos para tus hijos porque los ayudan a madurar y crecer como personas. Pero conviene estar muy atento a si lo que se les está pidiendo no es demasiado.

Nos preguntarás: ¿cómo sabemos qué es demasiado?

Va a ser excesivo cuando «el coste» de ese cambio vaya en contra de su desarrollo y se convierta en algo dañino para ellos. Y por coste nos referimos a lo que dejan de hacer y las consecuencias emocionales de tener que asumir estas tareas.

Estamos hablando de aquellas situaciones en las que les estamos pidiendo, directa o indirectamente, que asuman ciertas labores o responsabilidades que no les corresponden por su edad. ¿Los estamos cargando, sin querer, con un peso que no deberían llevar? ¿Cargar con este peso les está causando un estrés físico o emocional que es demasiado difícil de manejar para ellos y que les podría dejar secuelas? ¿Están sacrificando experiencias fundamentales para su etapa de desarrollo por hacer cosas de adultos?

Ellos pueden, y deben, ayudar y colaborar, por supuesto que sí. **Pero lo que les causará estrés es el aspecto emocional de sentir que es su responsabilidad, que son ellos los que han de tomar la iniciativa y que lo deben hacer solos, sin un acompañamiento por parte de un adulto.**

Si es así, debes intervenir e intentar aliviarlos de esa carga. Ya sea comunicándoselo directamente:

«No hace falta que hagas esto tú solo…, lo haremos juntos» o *«Gracias por ocuparte de tu hermanito este rato. Ahora vete a jugar»*.

O, de forma indirecta, mostrando una actitud resolutiva y activa, ocupándote tú de ese menester.

En el caso de la muerte de un progenitor, a veces sucede que el hijo o la hija –especialmente si es adolescente, pero también puede pasar en niños más pequeños– siente que tiene que ocupar el lugar del padre o la madre que ya no está. De alguna forma –explícita o implícitamente–, el entorno le transmite mensajes como:

«Ahora tú eres el hombre de la casa» o *«Ahora te toca cuidar de tu hermano como lo hacía mamá»*.

Y así, sin darnos cuenta, los colocamos en un rol que no les corresponde. Lo asumen, convirtiéndose en un padre o madre sustituto, o en una versión parecida: el apoyo emocional del adulto (lo veremos más adelante).

En algunos casos, no es tanto que se le empuje de forma directa a tomar esta responsabilidad, sino que el niño o adolescente decide «ir al rescate» desde su sentimiento profundo de culpa, o desde su deseo de aliviar el dolor de los demás. Por ejemplo, empiezan a supervisar a los hermanitos pequeños, se ocupan de tareas de la casa y toman la iniciativa en aspectos de gestión. Y todo esto en detrimento de vivir experiencias relacionales, de ocio o de estudios que les corresponderían. Muchas veces lo viven con frustración, pero también con culpa. Se sienten resentidos por tener que asumir esta responsabilidad, pero a la vez piensan que no quieren ser una carga añadida y que tampoco pueden dejar de asumirla, porque alguien debe hacerlo. Y, si no es el adulto..., ¿quién?

Cuando un niño o adolescente asume ese papel de cuidador o sustituto, se ve sometido a un nivel de estrés que no puede gestionar y esto puede tener consecuencias en su presente y también en su futuro. (Para más información puedes leer el Apéndice B.5: «El impacto del duelo en niños y adolescentes: consecuencias negativas en la vida adulta»; el B. 6: «El impacto del duelo en niños y adolescentes: consecuencias positivas en la vida adulta», y el B.7: «El concepto de parentificación»).

En la medida de lo posible, es importante evitar que esto ocurra. Si ves que tu hijo o hija está asumiendo este rol —llamamos a esto «pillar a tu hijo yendo al rescate»—, procura pararlo. Transmite que tú estás bien, que puedes con ello, que no tiene que preocuparse ni hacerse cargo de nada. Agradécele lo que hace, pero ponle un límite. Recuérdale que su responsabilidad ahora es jugar, estudiar, estar con sus amigos..., vivir lo que le toca vivir. Y que tú estás ahí para lo demás.

Transmitir a tus hijos mandatos explícitos o implícitos del tipo: «Ahora tú eres el hombre de la casa» o «Ahora te toca cuidar de tu hermano como lo hacía mamá» puede causarles un estrés físico y emocional que no pueden gestionar, lo que puede tener consecuencias importantes en su desarrollo.

SEGURIDAD EN LA ATENCIÓN DE SUS NECESIDADES FÍSICAS

¿Cómo se hace una tortilla?

Yo estaba como demasiado preocupada por hacerlo bien, por cuidar de mi hermana como se suponía que debía hacerlo. Cosas básicas como: ¿cómo se hace una tortilla?, ¿cómo se calienta una sopa? Son cosas que yo, con 12 años, no sabía hacer. Hubiera necesitado que alguien me enseñara cómo se lleva una casa. Pero lo peor que recuerdo son mis miedos. Mamá tuvo que ir a trabajar fuera, y yo sentía que ella estaba cuidando de nosotras, que se estaba esforzando por traer un sueldo a casa, para que no nos faltara de nada. Pero yo pensaba: «Si ahora a mi madre le pasa algo, ¿qué va a ser de nosotras?». Ese miedo fue lo más duro. Me decía: «Vale, bien, ya se cayó un pilar, pero el otro sigue fuerte. Pero si ese otro también se va..., ¿qué hago yo?». Porque, de alguna forma, yo me sentía responsable de mi hermana. Creo que si alguien, un adulto, me hubiera preparado mentalmente, transmitiéndome seguridad, lo habría afrontado todo con menos miedo.

Trini. Adulta en duelo de niña (12 años).
Muerte del padre. Una hermana pequeña.

Dependiendo de la edad, muchos niños, sobre todo los más pequeños, pueden pensar: *«Si papá ha muerto, ¿también puede morirse mamá? ¿Quién me va a cuidar ahora?»*. La incertidumbre es una preocupación muy real para ellos. Se perciben como dependientes y necesitan saber, con certeza, que alguien va a estar ahí para cuidarlos. Es su forma de buscar seguridad.

Aunque a ti te parezca evidente, para ellos es esencial oírlo de tu voz. Necesitan que les digas cosas como: *«Estoy aquí contigo, estoy bien, voy a estar para cuidarte siempre»*. Puedes decírselo a tu hijo o hija de diez años, y será muy tranquilizador para él o ella. Seguramente estás pensando: *«Pero esto no es cierto del todo, no sabemos qué puede pasar…»*. Y es verdad, no lo sabemos. Pero en esta etapa de desarrollo —hasta los diez o doce años más o menos— lo importante es transmitirles certidumbre. Ya tendrán tiempo, cuando crezcan y cuenten con más recursos para sostenerse interiormente, de darse cuenta de que la vida es incierta e impredecible. Pero ahora mismo, en este momento en que se sienten tan vulnerables, esta afirmación —*«Voy a estar para cuidarte siempre»*— repetida con firmeza los protege de la ansiedad de no saber lo que puede ocurrir en el futuro.

Y esta seguridad no la transmites solo con tus palabras: la vas a transmitir también con tus actos del día a día. Ellos están muy atentos y, aunque intentes disimular, se enteran de todo: si te levantas tarde, si vas desarreglada, si estás preocupada, si la casa está más sucia o desordenada que antes… **Ellos lo perciben y el problema es que estos déficits, que pueden ser solo puntuales, los interpretan de forma generalizada.** No piensan: *«Mamá está pasando unos días difíciles»*, la conclusión a la que llegan es exagerada: *«Mamá estará igual de mal para siempre»*.

Por eso, en la medida de lo posible, intenta mantenerte presente y activa. No se trata de hacerlo todo perfecto, sino de enviar señales —con tus palabras y tus gestos— de que tú, a pesar de todo, sigues ahí, sosteniéndolos.

DIFICULTADES ECONÓMICAS

La niña que no daba problemas

Cuando falleció mi padre, mi madre tuvo que vender la casa y nos fuimos todos a vivir a casa de mis abuelitos. Fue un cambio muy grande. Pero recuerdo que lo más difícil para mí era que se me trans-

mitía un punto angustiante sobre que, económicamente, todo cambiaba. Me hablaban de mi padre, de su ausencia, pero también de que, por esa razón, no íbamos bien de dinero. Entonces, era como que siempre se hablaba de eso. No sé si es verdad o no, pero en mis recuerdos es así. Y luego decían: «Qué madura es la niña», porque, claro, yo procuraba no molestar ni pedir nada. Me convertí en la niña que no daba problemas ni dificultades.

Gisela. Adulta en duelo de niña (12 años).
Muerte del padre. Una hermana pequeña.

A veces —como en el ejemplo que nos ofrece Gisela—, la muerte del ser querido conlleva cambios en la situación económica de la familia. Y aunque esta sea una realidad inevitable, en la medida de lo posible —y siempre según la edad y la madurez de tu hijo o hija— es recomendable no transmitirles angustia por este tema. Pregúntate: ¿van a poder hacer algo al respecto? Seguramente, la respuesta es que no. Entonces, ¿para qué añadirles una preocupación por algo que no pueden controlar?

Si la situación económica requiere hacer ajustes que les van a afectar directamente, puede ser necesario que lo hables con ellos. Hazlo de forma clara y serena, sin mostrar una inquietud intensa que pueda asustarlos. La clave está en no transmitir miedo. Puedes decir algo como: *«Estamos reorganizando algunas cosas, pero esto es temporal. Ya estoy buscando soluciones»*.

Creemos que ser honestos con nuestros hijos significa contarles absolutamente todo. Pero eso puede ser contraproducente. Los niños y adolescentes no están preparados para cargar con preocupaciones de adultos. Ponerlos en un lugar «de igual a igual» —como si fueran nuestros confidentes— les genera una ansiedad que no saben gestionar. Un padre no debería contárselo todo a su hijo. La relación con los hijos no es recíproca: tú eres el adulto, tú eres quien debe contener. **Ellos no tienen recursos para entender completamente una crisis económica ni para resolverla.** Valora en tu caso si contárselo todo los va a ayudar o los va a abrumar.

Si lo ves necesario, por ejemplo, si tu hijo es adolescente, puedes explicarle, con un tono calmado que genere confianza, que habrá que hacer algunos ajustes: quizá no se hagan ciertos viajes o se reduzcan las compras. Pero, al mismo tiempo, asegúrale que vais a salir adelante y que sus necesidades están cubiertas.

A veces no es tanto lo que dices, sino cómo lo dices. Si compartes con tranquilidad, ellos lo recibirán con la misma calma con que tú lo expresas. Incluso querrán ayudar a su manera, sin sentir que la seguridad económica de la familia depende de ellos.

DECISIONES VITALES QUE SUPONEN UN DESARRAIGO

Después de la muerte de un ser querido —especialmente si se trata de un progenitor— puede surgir la necesidad de mudarse de casa, incluso de ciudad. A veces, la situación económica o laboral obliga a plantearlo. Otras veces, la decisión ya estaba antes sobre la mesa. Nuestra recomendación es, en la medida de lo posible, posponer cualquier decisión que suponga un desarraigo para tus hijos. Cuantos menos cambios tengan que afrontar ahora —de casa, de barrio, de escuela e incluso de país—, mejor.

¿Cuál es el lugar más seguro para tu hijo? Seguramente es su habitación, donde tiene sus cosas, sus juguetes, sus fotografías, sus recuerdos: un espacio donde puede estar tranquilo sin que nadie le moleste, en intimidad o con sus amigos. Imagínate lo que debe significar perder esto justo ahora, cuando está afrontando el duelo.

El llamado «efecto cascada» —el conjunto de pérdidas secundarias que pueden producirse cuando muere una persona significativa— puede incluir tener que dejar el hogar, mudarse a una institución (una persona mayor o una persona con discapacidad), lo que conlleva perder amistades, la red social del vecindario, e incluso la aparición de problemas de salud... Esta acumulación de cambios agrava el dolor del duelo. A veces esto resulta inevitable, son decisiones que hay que tomar irremediablemente, pero otras veces, sabiendo las consecuencias que pueden tener, es importante intentar mitigar su impacto posponiéndolas.

En el duelo de niños o de adolescentes, los dos cambios con mayor impacto suelen ser el traslado de domicilio y el cambio de escuela. Tras la muerte de uno de los padres, puede que la familia ya no pueda permitirse el alquiler o la hipoteca, o el cónyuge superviviente deba cambiar de trabajo, lo que implica un traslado. O, si se trata de la pérdida de un hijo o hija y la muerte ha ocurrido en el domicilio, los padres sientan que no pueden seguir viviendo en esa casa cargada de recuerdos. También puede suceder que el padre viudo decida que, para vivir mejor su duelo, prefiere trasladarse de lugar para no estar constantemente estimulado por los recuerdos de su pareja. En otros casos, si los progenitores estaban separados, puede que el menor tenga que mudarse de ciudad para irse a vivir con el padre o la madre que le queda.

Sabemos que hay situaciones inevitables, pero otras pueden evitarse o quizá, al menos, posponerse. Es importante ser conscientes del impacto que va a tener cada cambio en los hijos. La escuela y los amigos son su primera red de apoyo natural, después de la familia.

Mantener esa estructura —su grupo de amigos, sus profesores y su entorno conocido— los ayuda a sentir estabilidad en medio del caos. Les da seguridad.

Si no es posible evitar un cambio de esta magnitud y la decisión debe tomarse, recomendamos al menos que puedan terminar el curso escolar. Esto les da tiempo para prepararse emocionalmente y despedirse de sus compañeros.

OTRAS DECISIONES

Tengo que ser sincera, ¿verdad?

Entonces, mi hijo de 16 años encontró la factura del hotel y me preguntó. Y pensé: «¿Qué hago? Pues tengo que ser sincera con él». Y le dije la verdad: que estaba iniciando una relación con alguien que había conocido. Es una relación muy incipiente y que seguramente no llegará a nada, pero fui honesta y se lo dije. Y él se desmontó: se echó a llorar y me dijo que estaba muy enfadado, que era demasiado pronto, que cómo podía haber olvidado a papá tan rápidamente. Y que, si seguía con esta relación, se iría de casa, se iría a vivir con la abuela. Intenté calmarle, pero estuvo fatal varios días... Pero yo tenía que decirle la verdad, ¿no?

Carmen. Muerte del esposo (12 meses después del fallecimiento). Hijo de 16 años.

No puedes sincerarte con un hijo de dieciséis años que está en duelo, porque vuestra relación no es de reciprocidad. Como madre, «no tienes que ser honesta» con él, tu rol es protegerlo. Y protegerlo significa mantener esa relación incipiente en privado y no compartirla, a no ser que estés segura de que es algo firme, que será positiva para tu hijo y para ti, y que lo harás en un buen momento para él, cuando esté preparado para ver a mamá con una persona que no es papá.

En la consulta, cuando exploramos con Carmen cómo podía haberse sentido su hijo al recibir esta información, ella se dio cuenta de que su enfado era una respuesta de miedo ante la posibilidad de sentirse abandonado de nuevo, y de que necesitaba que el hogar mantuviera una estabilidad que para él aún era necesaria.

Intenta no hablar delante de ellos de todas estas posibles decisiones importantes —como cambiar de casa, de escuela, vender el piso, decidir dónde pasar las vacaciones, cambiar de trabajo o iniciar una relación—. Si has perdido a tu pareja, es posible que ahora discutas ciertas cuestiones con tus padres u otras personas de confianza, por ejemplo, el lugar de residencia. Pero no lo hagas delante de ellos: ten en cuenta que oyen y entienden mucho más de lo que nos parece.

Estas discusiones suelen tener una mayor carga emocional –las dudas, las preocupaciones o los distintos criterios–, y los hijos pueden interpretar lo que ocurre de forma distorsionada. Tal vez piensan que los adultos no se entienden entre ellos, que la situación está fuera de control, o incluso que algo de todo esto es culpa suya. Oír este tipo de conversaciones suele generarles más inseguridad que otra cosa. No los ayuda, porque todavía no tienen los recursos emocionales ni la madurez para sostener esa información ni para participar en ese proceso de toma de decisiones.

Por supuesto, si tienes un hijo adolescente maduro, puedes compartir y pedirle su opinión. Incluso puedes animarle a participar de forma activa en la toma de decisiones, pero sin cargarlo con una responsabilidad que no le corresponde. Pero, si son pequeños, lo más recomendable es evitar compartir detalles del proceso de decisión.

Toma las decisiones importantes con calma, con ayuda si la necesitas, y cuando la decisión esté clara, cuéntasela a tus hijos desde la tranquilidad y transmitiendo confianza. Explícales con palabras sencillas por qué se ha tomado y qué aspectos positivos tendrá para todos. Eso les dará seguridad.

Cada familia es distinta, y cada proceso de duelo también.

Lo que has leído en este capítulo no son reglas rígidas, sino sugerencias que pueden ayudarte a ofrecer a tus hijos un entorno físico seguro en medio de la tormenta.

Nadie espera que lo hagas perfecto. Estás atravesando tu propio duelo y, dentro de tus posibilidades, haces lo mejor que puedes con los recursos que tienes. Lo importante es que, en la medida de lo posible, puedas sostener una cierta continuidad en lo cotidiano: rutinas, cuidados, roles, autoridad.

Esta estabilidad práctica, aunque sea parcial e imperfecta, les transmite a tus hijos la sensación de seguridad física que necesitan para seguir desarrollándose a pesar de su duelo. Y recuerda que, a veces, gestos muy cotidianos y sencillos por tu parte pueden transmitirles mucha más seguridad que mil palabras.

Capítulo 5

SEGURIDAD INTERPERSONAL: FACILITAR UNA RED SOCIAL DE CALIDAD

SIEMPRE HAN ESTADO AHÍ PARA NOSOTROS

La importancia de la red social

Cuando pienso en las personas de mi alrededor, mis amigos, mis vecinos, los amigos de mis hijos, lo que me viene a la mente es que siempre, desde el primer momento, han estado ahí para nosotros.

Quizá lo que más he agradecido es que sus amigos del instituto nos hayan visitado varias veces. Hemos pasado tiempo juntos conversando sobre nuestro hijo, y en cada ocasión hemos descubierto más cosas de él que desconocíamos. Esto nos hace sentir más cerca de él. ¡Ojalá nunca dejen de visitarnos! También nos han escrito cartas contando cosas sobre él, anécdotas, sus cualidades: cómo era y qué aportó a sus vidas. También han estado muy presentes las amigas de su hermana. Iban todos al mismo instituto. Creo que para ella ha sido importante poder compartir con estas amigas. Le es más fácil hablar con ellas que con nosotros.

En el instituto y en el centro deportivo a los que él acudía, le rindieron un homenaje muy emotivo, al que nos invitaron. Lo que más me impactó y me ayudó fue ver a la gente llorar. Y lo que me sorprendió es que hubiera personas que yo no conocía llorando. Allí me di cuenta de una cosa: tanto sus amigos del instituto como nuestros amigos (míos y de mi esposa) estaban todos en duelo. Fue algo especial entender que no éramos los únicos, todos sentíamos su muerte. También descubrí que mi hijo tenía una faceta que me era desconocida. Una parte de su vida ya estaba ocurriendo fuera de nuestro hogar. Y que ellos quieran compartirlo con nosotros es algo que siempre les agradeceré. Sobre todo por su hermana: los amigos de su hermano la llaman, la invitan a estar en su grupo y quedan con ella, lo que la ayuda a sentir que no está sola con esa pena.

Francisco. Muerte de un hijo de 17 años. Hija de 15.

Mi familia ha sido siempre el apoyo más importante que he tenido

Una semana después del suicidio de mi padre regresé a la escuela. Lo que recuerdo es la sensación de que tanto los compañeros de clase como los profesores intentaban evitarme. Imagino que no sabían cómo abordar el tema y lo más fácil era fingir que no había pasado nada. Me convertí en el niño raro, lo que no me hizo la vida fácil. Recuerdo que, a partir de la muerte de mi padre, ya no deseaba ir a la escuela como antes. Por suerte, tenía un amigo más íntimo con el que siempre me sentí a gusto y con el que podía jugar, hablar y distraerme. También había una profesora que fue especialmente atenta conmigo.

Un tiempo después —no recuerdo cuántos meses habían pasado—, un compañero de clase me dijo: Tu padre se lo ha hecho él mismo. En ese momento no entendí qué quería decir. Se lo comenté a mi madre y ella me dijo la verdad. Recuerdo que pensé: ¿Por qué me ha hecho esto?

Luego, cuando empecé la secundaria, me costaba mucho socializar. Notaba que los nuevos compañeros sabían algo de lo que me había sucedido. Si alguien me preguntaba sobre mi padre, con el tiempo aprendí a hablarlo abiertamente. Pero luego tenía que estar preparado por si alguno quería saber detalles sobre cómo lo hizo, y entonces yo me sentía muy incómodo. Tardé mucho en poder relacionarme con naturalidad, especialmente cuando empecé a salir con chicas, me notaba raro. Supongo que tenía miedo de que me preguntaran, y también me sentía diferente de los demás. Luego conocí a una chica a la que le había pasado lo mismo —su madre se había suicidado— y nos hicimos muy amigos. Con ella me sentía bien.

Los que siempre fueron una gran ayuda para mí fueron mis tíos: los hermanos de mi padre y también los de mi madre. Cuando mi madre estuvo tan mal los primeros años, nos cuidaba una tía. Era muy cariñosa y tenía mucha paciencia con nosotros. Recuerdo que, por las noches, al acostarnos, se quedaba un ratito conmigo y jugábamos con la almohada.

En concreto, uno de mis tíos me tenía mucho cariño y muchas veces me acompañaba a alguna actividad nueva. A veces lo confundían con mi padre y me decían: «Ha venido tu padre a buscarte», y yo no lo desmentía. Me gustaba pensar que podría haber sido mi padre. Recuerdo que tenía algo de envidia de mis primos —sus hijos— por tenerle como padre. Hasta hoy, él es una figura importante para mí.

Mi familia ha sido siempre el apoyo más importante que he tenido.

Joan. Adulto en duelo de niño (13 años). Muerte del padre.

Los amigos me ponen triste

Los amigos me ponen triste y lo que yo quiero es evadirme un rato. Me gusta hacer cosas con gente nueva, que no me mire y piense «pobrecito». No hay nada que me haga ilusión, ni salir por las noches con los amigos, ni tomar algo con ellos, ni ir a la discoteca. Voy porque son mis amigos y sé que tengo que ir, pero no voy con ganas. Finjo que río, que estoy bien.

Quique (17 años). Muerte de la hermana.

Dicen que la riqueza de una persona se mide por los amigos que tiene. Cuando pensamos en momentos difíciles de nuestra vida, recordamos los amigos que estuvieron presentes en todo momento. ¿Cómo viviríamos sin esta red que nos sostiene? Hay amigos para pasar el rato, otros para compartir nuestras penas. Lo que le contamos a un amigo seguramente no podemos contarlo a nuestra familia más directa. Si esto es así para nosotros, ¿cómo será para nuestros hijos?

La familia extensa –primos, tíos, abuelos–, los amigos, los compañeros de escuela, los profesores y tutores de tus hijos constituyen el espacio social natural, más allá del núcleo familiar, en el que pueden compartir su dolor, sentirse comprendidos, y también descansar y distraerse con actividades de ocio o escolares que los orientan hacia la vida cotidiana fuera del duelo.

La calidad del apoyo recibido de la red social, especialmente de los amigos y compañeros, es un factor con un papel fundamental en cómo el niño o adolescente afrontará el duelo.

Pero esta red puede verse afectada negativamente por el duelo, justo cuando más la necesitan. Hay varias razones que lo explican. Algunas están relacionadas con los cambios en la dinámica familiar —o los efectos de la pérdida colateral—, que pueden limitar las oportunidades de socialización necesarias para ellos. Otras razones tienen que ver con procesos internos del propio niño o adolescente, cuya manera de relacionarse con los demás puede estar alterada como respuesta a la pérdida. Finalmente, también influyen los procesos emocionales de quienes forman parte de esa red extensa de apoyo, que pueden sentirse faltos de recursos o inseguros a la hora de acompañarlos. (Si te interesa conocer algunos de los estudios realizados sobre este tema, puedes leer el Apéndice B.9: «La importancia de la red social en el duelo infantil»).

Los niños y adolescentes dependen de su entorno para comprender y gestionar emociones intensas y desconocidas. La calidad del acompañamiento por parte de la familia extensa, sus amistades, la escuela o el instituto van a ser determinantes en cómo afrontan la pérdida.

FACTORES QUE DIFICULTAN UNA SOCIALIZACIÓN DE CALIDAD

Entre los factores que pueden dificultar una socialización de calidad sana y sostenida en el tiempo distinguimos dos grupos: los externos relacionados con la pérdida colateral, es decir, los cambios en la dinámica familiar consecuencia de tu duelo —el de los cuidadores—, y los internos de tipo emocional, referidos tanto a tu hijo como a las personas que supuestamente deberían acompañarlos.

Cambios en la dinámica familiar (pérdida colateral)

- Se han alterado o suprimido rutinas de ocio, sociales y familiares.
- Tu hijo se queda en casa para acompañarte y no dejarte solo.
- Ha asumido nuevas responsabilidades domésticas que limitan su tiempo para socializar.
- Ha habido un traslado forzoso de lugar de residencia.
- Ha habido un cambio de escuela o instituto.

Factores internos

- Las personas que constituyen su red social no saben cómo acompañar a tu hijo.
- Algunas personas se retiran o desaparecen, por no saber cómo responder.
- Tu hijo sigue socializando, pero sin compartir sus sentimientos, fingiendo que está bien.
- Se aísla porque se siente distinto de los demás.
- Rechaza formar nuevos vínculos por miedo a nuevas pérdidas.

A continuación describiremos todos estos déficits con detalle. Para los que percibes en tu hijo, lo que te recomendamos puede serte de ayuda. Otros quizá no les afecten. Debes adaptar las recomendaciones a la edad de tus hijos. Verás que algunas de las cosas que explicamos tienen sentido para niños de entre cuatro y trece años, y otras se refieren más a adolescentes.

LOS CAMBIOS EN LA DINÁMICA FAMILIAR

Dejé de salir a jugar con mis amigos

Y mamá entró en una depresión. Lo que recuerdo es regresar a casa de la escuela y saber que la comida no estaría hecha, la limpieza tampoco... Las cosas cotidianas que uno espera cuando es niño, como llegar y comer, no ocurrían. Entonces, ¿qué tenía que hacer yo? Tirar del carro. Intentar ocuparme de todo: que mi abuela estuviera bien, que mis tíos estuvieran bien, que mi mamá estuviera bien, que mi hermano estuviera bien. Como si me hubiera hecho adulta de golpe. Se acabó mi infancia. Dejé de salir a jugar con mis amigas, de ir a fiestas de cumpleaños. No más Navidades. Lo que más recuerdo de esa época es la soledad que sentía.

M.ª José. Adulta en duelo de niña (11 años). Muerte del padre.

En los primeros meses tras la pérdida es natural que no tengas ánimo para seguir el ritmo de los encuentros familiares habituales: comidas con los abuelos, reuniones con los primos, celebraciones de cumpleaños. No tienes fuerzas para estar con tantas personas pendientes de cómo estás. Algunos te preguntarán y temes generar incomodidad, o sentirla tú. También es posible que, al menos por ahora, sientas culpa por asistir a cualquier evento que implique distracción o incluso la posibilidad de disfrutar. El contraste entre tu mundo interior y el ambiente alegre puede resultar difícil de soportar.

Los encuentros familiares y sociales

Sin embargo, con el paso de los meses, es importante que retomes la participación en estos encuentros y que, en lo posible, tus hijos no pierdan sus rutinas familiares, escolares, deportivas o de ocio. Para ellos, estas actividades son esenciales: les proporcionan estabilidad, continuidad y un sentido de pertenencia. Les permiten seguir conectados con la familia extensa, los amigos, los compañeros de clase o los grupos extracurriculares.

Como hemos dicho, tíos, primos y abuelos forman parte de su red natural de apoyo. Mantener las celebraciones familiares de antes los ayuda a normalizar su vida y les ofrece la oportunidad de seguir construyendo lazos con la familia extensa y sentirse arropados por los más cercanos. Al pasar tiempo con ellos, tendrán la ocasión de expresar su afecto y también sus preocupaciones. Jugar con sus primos, pasar un rato con sus tíos o recibir el cariño de los abuelos tiene un efecto terapéutico importante.

También es bueno para ti darte cuenta del valor que tu presencia tiene en tus hermanos, padres y sobrinos. Ellos necesitan sentirse útiles y expresar, a su manera, su apoyo a todos vosotros. Dales la oportunidad.

Es importante que, en la medida de lo posible, tus hijos mantengan sus rutinas de encuentros familiares, con los amigos, las actividades deportivas y de ocio.

Es verdad que a veces sentimos que la familia nos falla durante el duelo: por su incapacidad para estar presentes cuando los necesitamos, o por sus comentarios poco empáticos —esas cosas que dicen con buena intención, pero que no nos aportan nada:

«Tienes que distraerte», «Ya verás cómo el tiempo te ayuda», «Recuerda que tienes a tus hijos, que te necesitan».

No dejes que estas muestras de poca empatía provoquen un distanciamiento entre vosotros. Recuerda que hacen lo que pueden, muchos de ellos también están sufriendo, y nadie les ha enseñado cómo acompañar y comportarse en estas situaciones. (Para cómo afrontar las fechas más significativas, como la Navidad u otras festividades religiosas o conmemorativas, en el Apéndice A: «Afrontar celebraciones: consejos para familias en duelo», te ofrecemos algunos consejos que pueden ayudarte a prepararlas).

Quedarse en casa para no dejarte solo

Si tus hijos deciden no salir de casa, evitando actividades sociales que antes disfrutaban, hay que averiguar las razones detrás de esta decisión. Tal vez están tan preocupados por ti que creen que deben quedarse para no dejarte sola; te ven abatida o triste y sienten el deber de ser tu apoyo e intentar compensar la ausencia del ser querido.

Durante un tiempo, puede que necesites más su compañía —si has perdido a tu pareja, será muy natural—, pero con el paso de las semanas es esencial transmitirles el mensaje de que, aunque tú no estés del todo bien, ellos tienen derecho a seguir con su vida. No deben sentirse culpables por divertirse o distraerse con sus amigos. Anímalos, sin presión, a restablecer sus actividades sociales y facilítales al máximo las oportunidades para que puedan hacerlo.

Recuerda que hay aspectos de tu duelo que no deberías compartir con ellos –como ellos tampoco van a poder compartir contigo todo lo que sienten–, y eso está bien: tus hijos no son tu apoyo emocional, aunque puntualmente puedan brindártelo.

Sus amigos y compañeros van a darles un acompañamiento distinto y complementario al que tú les ofreces y que es parte indispensable de su proceso de duelo. Sin esa red, la posibilidad de que su duelo se complique aumenta significativamente, como destacan numerosos estudios. (Para información adicional sobre estas investigaciones, puedes leer el Apéndice B.9: «La importancia de la red social en el duelo infantil», y el B.10: «El centro educativo como entorno de apoyo»).

Los traslados de casa y cambios de centro educativo

La red de apoyo natural de niños y adolescentes se construye principalmente en los espacios donde pasan buena parte del día: la guardería, la escuela o el instituto y el barrio. En esos entornos desarrollan vínculos afectivos importantes, con amigos, con compañeros de clase, con algunos adultos significativos, con los tutores o docentes. El centro educativo, en particular, es un espacio clave de socialización tras la pérdida. Allí pueden encontrar apoyo tanto en lo emocional, al sentirse escuchados por sus iguales, como también en la necesidad de desconexión al participar de actividades de ocio, distracción o estudios, orientadas a la vida, a salir del dolor y poner la energía en la esperanza de futuro.

Una de las decisiones más importantes que puedes tomar tras una pérdida significativa es evitar los traslados de hogar y los cambios de centro educativo durante el primer y quizá incluso el segundo año. Los cambios de lugar de residencia y de escuela implican para tu hijo la pérdida de referencias, como son sus maestros, los vínculos con los amigos y compañeros de clase, el vecindario, las rutinas, justo cuando lo que más necesita es estabilidad. También le supone un cambio de espacio vital que, para él, era conocido y seguro.

Incluso si tu hijo parece «llevarlo bien», dejar a los amigos de la escuela o del instituto y enfrentarse a un entorno nuevo implica unas rupturas adicionales que pueden despertarle ansiedad y sensación de aislamiento, al encontrarse en un ambiente totalmente nuevo donde tiene que volver a establecer nuevos vínculos.

Si el traslado es inevitable —por ejemplo, por un cambio de trabajo o por la situación económica—, es clave acompañar el proceso cuidadosamente. En el caso de cambio de escuela, mantente atento en los primeros meses: habla con los docentes para preparar la acogida, contacta con otras familias para facilitar nuevas amistades, y observa cómo responde tu hijo al nuevo entorno.

Si el cambio implica que tu hijo deba ir a vivir fuera del hogar —por ejemplo, porque empieza la universidad o ha de mudarse a casa de unos parientes durante un tiempo—, es importante que hagas un acompañamiento más cercano. Mantén un contacto regular en la medida de lo posible, programa visitas frecuentes y valora la posibilidad de que haya una figura de referencia en su nuevo entorno; por ejemplo, un amigo de la familia que le visita de vez en cuando y puede informarte de cómo lo ve.

Puedes planificar encuentros regulares por videollamada. No basta solo con escucharlo, verlo te dará una información adicional sobre cómo está. Interésate por cómo duerme, sus hábitos de alimentación, con quién se relaciona, si ha compartido su situación con alguno de sus amigos y cómo le van los estudios. Estar lejos de casa en esos momentos, tras una pérdida significativa como la de un padre, madre o hermano, puede causarle mucha ansiedad y no siempre lo compartirá contigo por miedo a preocuparte más.

Es posible que rechace tus intentos de contactar, especialmente si lo vive como un interrogatorio de control. Deja que la conversación fluya y que los detalles sobre cómo va su vida vayan apareciendo por sí solos. Más adelante (en el capítulo 7) te daremos algunas ideas para facilitar conversaciones más íntimas con tus hijos.

Muéstrate lo más sereno posible. Aunque puedes compartir algo de tu tristeza con él, evita mostrarte desbordado, pues eso le angustiaría aún más. Tu hijo necesita saber que tú también puedes sostenerte. Y si detectas posibles signos de estrés emocional, ansiedad o desánimo, responde de forma inmediata haciéndote presente.

FACTORES INTERNOS QUE AFECTAN A LA CALIDAD DE LAS RELACIONES INTERPERSONALES

Me ha tocado vivir cosas que a vosotros no os ha tocado vivir

Yo me esforzaba para que ella no viera lo mal que lo estábamos pasando todos. Fingía que estaba contento delante de ella, ponía una cara así de: «Bueno, ¡aquí no pasa nada!». Y eso de ir tantas veces al hospital. Y claro, estábamos agotados todos. Y ahora ver que todos esos esfuerzos no han servido para nada...

Y entonces me enfado, y lo descargo con el primero que pasa. Cuando me pongo así, les digo a mis amigos: «No, no me habléis». Y siempre estoy de mal humor. Ellos me dicen que me paso, pero mira, ¿qué quieres que te diga? ¡Claro que estoy enfadado! Y pienso, aunque no se lo digo: «Me ha tocado vivir cosas que a vosotros no os ha tocado vivir».

Quique (17 años). Muerte de la hermana.

Sentirse distinto: no saber cómo comunicarse

Tanto niños como adolescentes, al estar con sus compañeros, pueden experimentar un fuerte sentimiento de diferencia. *«Ya no soy como ellos»*, piensan, y esto les genera vergüenza o incomodidad.

Creen que son los únicos sin padre, madre o hermano, y que eso los hace distintos. Para no parecer vulnerables o no «molestar» con sus emociones, optan por no hablar del tema, ocultando lo que sienten y lo que han vivido.

Además, estar con amigos los enfrenta a un contraste que les resulta difícil de soportar. Si los demás lo pasan bien, se divierten, juegan o bromean, pueden sentir enfado por interpretarlo como una falta de empatía —como muy bien expresa Quique en su testimonio—. Quizá también crean que la manera apropiada de vivir el duelo es «haciéndose el fuerte», y entonces se esfuerzan en demostrar que son capaces de manejarlo sin tener que recurrir a la ayuda de nadie, aunque por dentro se estén desmoronando.

Aislamiento

Cuando estar en grupo se convierte en una amenaza emocional, muchos adolescentes deciden aislarse como forma de protegerse. Se alejan para no sentir que son los raros, para no inspirar compasión, para no tener que dar explicaciones. Otra razón por la que se aíslan es el miedo a que los demás no comprendan o invaliden su experiencia, por ejemplo, actuando como si nada hubiera pasado, o no acogiéndolo cuando necesita expresar su pena.

Cuando tengo ganas de llorar, me escondo

Cuando estoy con ellos y tengo ganas de llorar, me lo aguanto. No quiero dar la lata con mis cosas. Además, me da miedo cómo puedan reaccionar, que me digan algo que no me gusta o se rían de mí y no le den importancia. Me escondo en un rincón a estar solo un rato.

Quique (17 años). Muerte de la hermana.

También puede suceder que tu hijo se aísle porque teme crear vínculos de amistad que luego podría perder, reviviendo así el dolor. Si la muerte de vuestro ser querido ha sido traumática, accidental o súbita, es probable que se haya enfrentado a la imprevisibilidad de la vida: *las personas pueden morir en cualquier momento.* Abrirse a nuevas relaciones implica conectar con el miedo a que se produzca otra muerte.

No establecer nuevos vínculos afectivos es una garantía de no volver a sufrir.

Los amigos se retiran

Ser la persona de apoyo de alguien que ha perdido a un ser querido no es fácil. Nadie nos ha enseñado cómo responder cuando un amigo está en duelo. Si incluso nosotros, los adultos, experimentamos esta falta de habilidad para acercarnos a personas que queremos y que están atravesando una pérdida, con mayor razón esto les sucede a los adolescentes:

«Si me acerco, ¿qué le digo?», «¿Y si meto la pata?», «¿Le pregunto cómo está, o mejor voy e intento distraerlo?».

Como consecuencia de esta falta de conocimiento y de recursos de comunicación, es posible que los amigos de tu hijo se alejen, no porque no les importe, sino porque no saben cómo dirigirse a él o ella. No se atreven. En los primeros momentos después de la muerte, se acercan y están presentes: visitan, llaman, invitan. Pero, con el tiempo, este apoyo puede ir disminuyendo. Un adolescente en duelo puede interpretar esta retirada como algo negativo, como un rechazo. Le hará sentirse distinto de los demás, justo cuando lo que más necesita es sentirse entre iguales, incluido y acompañado.

FACILITAR UN ENTORNO DE RELACIONES SEGURO

Como padres debemos entender y aceptar que, a partir de cierta edad y de forma progresiva, el papel de los compañeros y amigos empieza a adquirir una importancia creciente en la vida de nuestros hijos, incluso mayor que la de la familia. Este proceso es natural y favorece su individuación, ayudándolos a disolver poco a poco la dependencia hacia nosotros para construir su autonomía social y emocional.

Cuando tus hijos expresan —de forma directa o indirecta— que prefieren estar con sus compañeros y amigos antes que contigo, no lo vivas como un rechazo, sino como algo natural: una señal de desarrollo saludable que debemos apoyar y favorecer.

Los encuentros con los amigos

Es normal que, tras la pérdida, niños y adolescentes se muestren más callados, reservados o incluso poco sociables. Este retraimiento temporal los ayuda a autorregularse emocionalmente. Permitírselo está bien, todos necesitamos un poco de recogimiento. Sin embargo, si observas que el aislamiento se prolonga o es extremo, será necesario que actúes.

Si tu hijo tiene entre cuatro y trece años, puedes tomar tú la iniciativa y facilitar el reencuentro con sus amistades. Tu casa es un entorno conocido y seguro. Puedes empezar invitando solo a uno o dos amigos cercanos, en un ambiente relajado y sin expectativas. Incluso podrías quedarte un rato con ellos al inicio para favorecer el juego o la conversación, siempre que lo consideres adecuado.

La organización de encuentros informales, en casa o en espacios tranquilos, con un grupo reducido de personas conocidas con las que se sientan cómodos puede ser un buen inicio para abrirse en un ambiente más controlado que no les genera ansiedad. Es verdad que supone un esfuerzo añadido para ti. Seguramente estás demasiado cansado como para tener un grupo de chavales en casa haciendo ruido, pero, en la medida de lo posible, inténtalo: para tu hijo y sus amigos va a ser una ayuda para restablecer el contacto y también un signo de normalidad cotidiana.

Otra posibilidad que puedes contemplar es organizar una actividad tranquila con personas de su entorno cercano —por ejemplo, una familia con hijos de su edad—. Hablar con esos amigos antes de la visita te permitirá explicarles, de forma sencilla y empática, que tu hijo o hija está en un momento sensible y que unas veces querrá hablar y otras no. Ayúdalos a entender que, simplemente estando disponibles, ya están haciendo algo muy valioso.

A estas edades, un buen recurso es utilizar cuentos, juegos o películas que hablen de la amistad, de las emociones o de las pérdidas.

Leer juntos puede ser una oportunidad de entablar conversaciones en un lenguaje más simbólico, que les permita expresarse de una forma menos directa y, por tanto, más segura para ellos (tienes algunas recomendaciones en el apartado «Bibliografía complementaria»).

Compartir o no compartir su pérdida

Una manera de facilitar que los niños y adolescentes vuelvan a socializar después de la pérdida es prepararlos para las primeras salidas, que suelen ser las que les suponen un mayor reto –tal y como nos ocurre a nosotros–. Los ayudamos a prever las distintas situaciones incómodas que puedan surgir en esos primeros encuentros y practicamos con ellos posibles respuestas ante las mismas.

Puede ser muy útil enseñarles a expresar de forma clara su necesidad de compartir o de no compartir su duelo. Empezamos explicándoles que, cuando estamos en duelo, a veces nos gusta que nos pregunten cómo estamos y hablar sobre lo que nos ha sucedido. En otros momentos, lo que deseamos es distraernos, olvidar por un tiempo y pasarlo bien, desconectados de la dura realidad. Y que tanto lo uno como lo otro está bien.

Necesito compartir o necesito distraerme

Las personas en duelo deberíamos tener una especie de etiqueta en el pecho en la que por un lado pusiera «Hoy quiero hablar de mi ser querido, pregúntame», y por el otro, «Hoy necesito distraerme, no me preguntes». Y ponérnosla en cada momento del lado de lo que necesitemos.

Montse. Pérdida de una hija de 12 años.

Puedes practicar con ellos frases sencillas para usar en esos momentos, como:

«Ahora no quiero hablarlo, prefiero distraerme» o *«Ahora no es un buen momento para mí»*, o *«Me gustaría contaros lo que me ha pasado porque necesito hablarlo»*.

Enséñales que, a preguntas de personas que acaban de conocer y que ignoran su historia, como *«¿A qué se dedica tu padre?»* o *«¿Tienes hermanos?»*, pueden responder con naturalidad diciendo la verdad:

«Yo no tengo padre, murió hace unos meses» o *«Acaba de morir mi hermanita de seis años»*.

No deben sentirse avergonzados por esto: vivir un duelo en la familia no los hace distintos de los demás. Probablemente hay personas de su entorno que han pasado por algo similar y no lo sabemos, porque eso no se nota en la cara. Puedes explicárselo con unas palabras como:

«Al compartir verás que es posible que un maestro, un compañero de fútbol o alguien al que acabas de conocer te diga que a él le ha pasado lo mismo».

Al prepararlos para que puedan decidir si les apetece o no contar su historia o conocer la de los demás, y poder expresarlo sin agobiarse y sin sentirse extraños, les estamos dando recursos para que se sientan con control en ambientes sociales.

Interacciones difíciles

¿Cuántos hermanos tienes?

Si digo «dos, pero mi hermano mayor murió de cáncer a los 10 años», silencio. Las miradas bajan. La conversación termina. Y entonces debo decidir si empezar a contar la triste historia que ya he contado tantas veces o no. Pero si miento, «tengo un hermano», entonces me siento culpable, es como si le traicionara. Da lo mismo, haga lo que haga me siento mal.

Lucía (16 años). Muerte del hermano.

Otro aspecto en el que los puedes ayudar es preparándolos para las interacciones difíciles o poco empáticas.

Explícales que siempre habrá algún compañero que preguntará sobre la situación familiar o que «meterá la pata» con algún comentario desafortunado.

Compartir nuestro duelo con otras personas puede tener una parte muy bonita si responden de forma adecuada, pero también puede pasar que alguien haga una pregunta o un comentario que nos deje fatal y no sepamos cómo reaccionar. Tenemos un buen ejemplo en lo que nos explica Lucía.

Hay amigos con los que puedes hablar de lo sucedido y compartir emociones, porque saben escuchar, pero probablemente también tienes amigos que no saben hacerlo y, sin embargo, siguen siendo tus amigos, te quieren y lo que pueden ofrecerte como apoyo es distraerte con sus bromas, sus propuestas de actividades o simplemente pasar un buen rato.

Necesitamos ambos tipos de amistades: según el momento, nos ayuda compartir con unos u otros.

Esto aplica tanto a nosotros los adultos como a ellos. Por eso va a ser útil poder decirles algo como:

«La mayoría no sabrá cómo reaccionar cuando te vean, y tienes que estar preparado por si te hacen alguna pregunta incómoda, o tal vez no te digan nada y finjan que no ha pasado nada, lo cual te puede molestar. Pero eso no significa que no les importes, sino que simplemente no saben cómo responder a tu situación».

Explica a tus hijos que, cuando has vivido una experiencia como perder a un hermano, a un padre o a una madre, al socializar con el grupo de amigos –que no han tenido pérdidas tan importantes, o al menos no recientemente– es normal sentirse extraño. Los compañeros tienen ganas de divertirse, conversan sobre temas triviales, hacen bromas: para ellos la vida sigue su curso como si nada hubiera pasado. **Es posible que esto les haga sentirse desconectados de ellos: lo que hablan y les divierte es muy banal, superficial, sus preocupaciones e intereses ya no son los mismos. Y esta desconexión les puede resultar dolorosa.**

Ayuda a tus hijos a entender que afrontar la muerte de un ser querido, como están ahora haciendo ellos, suele hacer madurar más rápido que los demás. Anímalos a ser compasivos y a entender que, para la mayoría de sus amigos, es muy difícil sintonizar con alguien en duelo. Seguramente, si la situación fuera la contraria, les pasaría lo mismo:

«¿Recuerdas cómo eras antes de que muriera papá? ¿Cómo habrías reaccionado si a un amigo le hubiera pasado algo parecido? Seguramente no habrías sabido cómo hacerlo».

Es importante que transmitas a tus hijos que esto les puede suceder y que deben entender que no se trata de un rechazo, sino de desconocimiento. Que, en muchos casos, deberán ser ellos quienes tomen la iniciativa para entrar en contacto y comenzar una conversación. Una vez «roto el hielo» todo se volverá mucho más fácil.

Amistades que cambian

Si tu hijo adolescente manifiesta pocas ganas de salir con sus amistades de siempre, intenta averiguar por qué ha perdido el interés. A veces, el alejamiento es una manera de protegerse: no quiere que lo miren con lástima, que le pregunten cómo se encuentra o que le hagan pensar en lo sucedido.

Recuérdale que la primera salida es la más difícil. Romper el hielo del primer encuentro es incómodo; después de ese primer momento va a ser más fácil para todos.

Algunas amistades cambian cuando sufrimos una pérdida significativa. Algunas relaciones se enfrían y es normal que los niños o adolescentes deseen alejarse de aquellos con los que ya no se sienten cómodos. Otras relaciones se fortalecen, al descubrir que pueden compartir cosas valiosas de la vida. Un compañero de escuela o del instituto que ha vivido una experiencia similar puede convertirse ahora en un amigo muy especial en el que apoyarse.

Entornos digitales

Muchos jóvenes encuentran en internet un espacio para compartir lo que sienten y buscar información o iguales con los que relacionarse. Les resulta un entorno cómodo porque les parece que son capaces de regular cuánto se exponen y con quién se relacionan. Aunque es verdad que pueden ser un espacio de apoyo, las redes también son espacios inseguros si no se navegan con criterio. Sin ser conscientes de ello, están expuestos a información negativa, como testimonios de personas que no avanzan en su duelo, muy enfadadas o en busca de venganza, o incluso propuestas de recursos poco saludables para paliar el sufrimiento y que pueden tener consecuencias graves en su salud mental o física, como son el consumo de drogas u otras conductas de riesgo.

Como padres, debemos advertirles de estos riesgos y fomentar en ellos una actitud crítica. Es necesario acompañarlos –sin invadir su privacidad– y mantener canales de comunicación para que puedan acudir a nosotros si encuentran contenido perturbador. Ejercer algún tipo de supervisión y control para garantizar su seguridad, en un momento en el que son muy vulnerables y son susceptibles de ser víctimas de personas poco escrupulosas, es una responsabilidad que tenemos como padres o cuidadores.

PREPARAR EL REGRESO AL CENTRO EDUCATIVO TRAS LA PÉRDIDA

Me expulsaron del colegio

Al poco de volver a la escuela y a petición de unos padres me cambiaron de clase. Veía a mis nuevas compañeras sufrir porque no acababan los deberes o por una mala nota. Jugaban a muñecas. Lloraban si se rompían. Yo no lo entendía, me parecían tontas. Los profesores explicaban cada día lo mismo. Nada era importante, todo me parecía absurdo. Empecé a discutir con ellos. Pasaba los días castigada en el pasillo. Me entretenía molestando a mis compañeras. Me expulsaron del colegio.

Alicia. Adulta en duelo de niña (8 años).
Muerte de un hermano.

En edades escolares (entre los tres y los dieciséis años), la reincorporación al centro educativo tras la pérdida puede ser un momento muy difícil. Para que este regreso sea lo más amable y contenedor posible, como madre o padre, te recomendamos que tomes la iniciativa de contactar con sus responsables para preparar lo mejor posible la acogida de tus hijos. Te animamos a adoptar un rol activo a fin de asegurar que tus hijos tengan un ambiente de apoyo y seguridad también fuera de casa.

Hay mucho publicado al respecto, y si necesitas profundizar, encontrarás recursos más específicos. Aquí solo te damos unas breves sugerencias (puedes ampliar información consultando el Apéndice B.10: «El centro educativo como entorno de apoyo», y el apartado «Bibliografía complementaria»).

- **Hablar con el tutor o tutora con antelación**
  Informa personalmente al equipo docente de quién ha fallecido, en qué circunstancias (si es apropiado) y cómo lo está viviendo tu hijo.
- **Coordinar la información que se compartirá con los compañeros**
  Pregunta a tu hijo si desea que sus compañeros sepan lo que ha ocurrido y, si es así, de qué manera. Algunos niños prefieren que se hable del tema abiertamente, otros no quieren que se mencione. Respetar su decisión es clave para que se sientan seguros.
- **Evitar rumores**
  En el caso de que las circunstancias de la muerte hayan sido especiales (accidente, suicidio), acordar una sola narrativa sobre el suceso evita una posible rumorología. Recibir información del exterior que no sea acorde con la que vosotros le habéis proporcionado hará que vuestro hijo se sienta confundido.
- **Sugerir que sea acogido con pequeñas muestras de cariño**
  Averigua si preparan el primer día de regreso de alguna manera especial y cuidada. Si no es así, puedes ser tú quien proponga pequeños gestos de acogida como dejar un dibujo, una carta o algún objeto significativo sobre su pupitre. Esta expresión simbólica facilitará la comunicación entre ellos y hará que vuestro hijo se sienta cuidado y reconocido en su duelo.

Acompañamiento sostenido durante el curso

No me da la gana de tener que explicar que yo no tengo padre

El profesor de inglés nos ha pedido una redacción sobre nuestro padre. Yo la he hecho sobre mi mamá. Al entregarla se ha enfadado mucho conmigo y me ha preguntado si no entiendo la diferencia entre las palabras father *y* mother. *No le he dicho nada. No me da la gana de tener que explicarle que yo no tengo padre.*

Elena (12 años). Muerte del padre.

En algunos centros se prepara la acogida del alumno en duelo de una manera concienzuda. En las primeras semanas todos los maestros están sensibilizados con sus necesidades especiales. Pero, al cabo de unos meses o acabado el curso escolar, el centro puede fallar en garantizar la continuidad de ese acompañamiento. Por ejemplo, un profesor que propone, como en el ejemplo de Elena, alguna actividad sin tener en cuenta las distintas situaciones familiares que los alumnos puedan estar viviendo.

Como padres, no basta con preparar la primera respuesta de acogida: mantener el acompañamiento a lo largo del curso escolar nos ayudará a hacer su seguimiento y asegurará que el apoyo del entorno escolar sea continuado en el tiempo y no se limite solo al primer año.

Algunas sugerencias que te pueden orientar:

- **Mantener una comunicación frecuente con el centro**
  Mantén contacto con los docentes para hacer un seguimiento del estado emocional y académico de tu hijo.
- **Informarles sobre posibles fechas sensibles**
  Avísalos si se acerca una fecha significativa (aniversario de la

muerte, cumpleaños del fallecido, fiestas familiares) que pueda remover emociones en tu hijo o hija. Esta información permite que el entorno escolar esté más atento y preparado.

- **Mantener la exigencia, pero también cierta tolerancia**
  Asegúrate de que los docentes comprendan que tu hijo puede necesitar ajustes temporales, como plazos más flexibles o no ser evaluado durante los días de especial sensibilidad emocional. Sin embargo, también es importante que no lo traten como frágil o incapaz. La exigencia lo ayudará a sentir que, a pesar de estar en duelo, se confía en sus capacidades para salir adelante.
- **Estar atentos a señales que puedan indicar que algo no va bien**
  Acuerda con los profesores que te informen si detectan signos de malestar, que manifiestan de forma directa o indirecta, como agresividad, cambio de amigos, retraimiento o bajo rendimiento.
- **Asegurarse de que, en el cambio de curso escolar, los nuevos tutores conocen la situación de duelo de vuestro hijo**
  Al iniciar los siguientes cursos, asegúrate de que sus nuevos tutores reciben la información adecuada para poder seguir dándole apoyo.

Mantener la comunicación abierta en todo momento con tus hijos te ayudará a identificar cuáles de todos estos factores pueden estar afectando a la calidad de sus relaciones.

Con algo de orientación, tu apoyo como madre o padre puede marcar la diferencia para que su red de amigos, la familia extensa y su entorno escolar le brinden un espacio seguro para compartir su pena por lo sucedido, integrar la pérdida y a la vez recibir el empuje necesario e indispensable para seguir conectado con la vida y la esperanza de un futuro mejor.

Por otro lado, si ves que va pasando el tiempo y tú mismo estás aislándote de tu red de amigos y la familia extensa, o que sin querer utilizas en exceso a tus hijos para mitigar tu soledad, pide ayuda profesional. Un buen terapeuta puede ser un excelente apoyo en tu duelo y te ofrecerá un espacio donde compartir tus problemas, tus emociones difíciles, tu soledad. Además, te ayudará a potenciar tu red de apoyo para que podáis estar más sostenidos tú y tus hijos.

Capítulo 6

SEGURIDAD EMOCIONAL: TU MODELO DE VIVIR EL DUELO

NO TENÍA DERECHO A SENTIR DOLOR

Vivir en una familia evitativa

Cuando murió mi madre yo tenía 12 años. Nos mandaron a vivir con mi padre. Mi padre siempre ha sido una persona con muchas dificultades para expresar sus emociones, así que me encontré en un ambiente donde no había espacio para el dolor propio. Nadie parecía estar afectado. Todos seguían con su vida, así, sin más.

Nunca más se pronunció el nombre de mi madre. Cuando digo nunca, es nunca. Intocable.

Recuerdo que yo buscaba un espacio para mí, pero lo que me encontraba era una pared de cemento: no se podía conversar, no se podía hablar de ella, no se podía decir su nombre, no se podía utilizar la palabra mamá. *Ni siquiera podíamos decir cosas como «mi mamá tal cosa» o «mi mamá lo otro».*

Un día —ya habían pasado dos o tres años—, en una comida, se me ocurrió decir: «A mamá le habría encantado esto». Y todos me miraron horrorizados, como paralizados. O sea, yo no podía ni siquiera darle un lugar como «mi mamá fallecida». Y pronto aprendí que eso iba a funcionar siempre así.

A los pocos meses de su muerte, un día mi padre me preguntó, muy nervioso, cómo iba. Y yo le pregunté: «¿A qué te refieres?». Hasta tal punto tenía interiorizado que ese no era un tema del que se hablase, que ni siquiera se me ocurrió a qué podía referirse. «Bueno —me dijo—, con lo de tu mamá». Y yo le contesté: «Bien». ¿Qué podía decir? Y fin de la conversación.

Hace poco mi papá me confesó que en ese primer tiempo después de la muerte de mamá lo llamaban de la escuela, por lo menos una vez al mes, y le decían: «Pero ¿cómo es posible? Es como si a Susana no le hubiera pasado nada. Se la ve feliz, contenta con sus amigos..., es como si nada le hubiera ocurrido». No les parecía nor-

mal que yo estuviera así. Pero yo ya había aprendido lo que podía expresar y lo que no.

Lo que decidí, y me funcionó durante toda mi infancia, fue: «Si no puedes contra ellos, haz lo mismo que ellos». Pero, claro, eso tuvo un tope. Llegó un momento en el que ya no daba más. Lo peor era esa sensación de..., de no ser vista. De no ser vista como la hija de mi mamá, que había fallecido. De no tener derecho a sentir dolor. Una frustración emocional muy intensa: saber que el dolor no iba a desaparecer y no saber qué hacer con él.

Recuerdo que llegó un momento, ya era una adolescente, en que ya me sentía culpable de estar mal.

Si solo estoy yo de este lado de la pared y los demás están detrás, ¿seré yo la que está exagerando? Han pasado ya muchos años, ¿será que ya no tendría que estar así? Como nadie siente nada ni recuerda nada, ¿será que solo yo la recuerdo y siento dolor? ¿Y será que no estoy bien?

En el pasado no pude llorar ni una lágrima por la pérdida de mi mamá. En ningún momento, ni siquiera en el funeral. Y ahora que he pedido ayuda, y he podido estudiar y aprender, me doy cuenta de todo lo que viví. Y he podido llorar ahora, a mis 28 años.

En una familia evitativa, lo que sienten los niños es SOLEDAD, así, en mayúsculas. Y las consecuencias que tiene esto en la vida... las estoy sufriendo ahora.

Susana. Adulta en duelo de niña (12 años). Muerte de la madre.

No conseguía hacerles sonreír

Recuerdo esos años tan grises en casa. Mis padres estaban siempre de mal humor. Nada les hacía felices. Por más que me esforzara, no conseguía sacarles una sonrisa. Sentía que mi existencia no tenía sentido. Me volví una niña triste, cerrada en mí misma. Mi hermano, al contrario, se volvió rebelde. Cuanto más se enfadaba mamá, más agresivo se volvía él. Durante la adolescencia tuvo muchos problemas en el colegio. Ahora que soy adulta entiendo que mis padres estaban mal..., pero nosotros no teníamos la culpa de lo que había sucedido.

Clara. Adulta en duelo de niña (12 años).
Muerte de un hermano.

Has vivido una experiencia devastadora. Quizá solo han pasado unas semanas desde su muerte o quizá han pasado meses: el dolor, la ausencia, la incredulidad siguen ahí. Seguramente tienes momentos muy difíciles y otros mejores. Nadie nos ha enseñado cómo vivir algo así y respondemos a nuestras emociones como podemos.

Es importante que cuentes con ayuda para ti, de tu familia más directa y de tus amistades. Como hemos visto en el capítulo anterior, una buena red social será un apoyo muy valioso que te permitirá tener espacios para expresar tu pena fuera del hogar. Esto te permitirá estar más relajada en casa, para poder atender mejor a la familia que te queda y que te necesita.

Una pregunta frecuente que nos hacen los padres en consulta es: *«Si en algún momento en casa me emociono, ¿hago bien en esconderme cuando estoy mal, o debo mostrar mi aflicción ante ellos? ¿Es mejor que me haga la fuerte, o los ayudará verme expresar mi tristeza?»*.

Hacerte esta pregunta indica que eres consciente de que tu modelo de expresar tu duelo les puede afectar. Efectivamente, las investigaciones realizadas en estas últimas décadas señalan **que la manera en que los padres gestionan su propio duelo tiene un importante efecto en el proceso de adaptación al duelo de los hijos**. Es más, concluyen que hay una correlación significativa entre las reacciones emocionales de duelo expresadas por la madre y las respuestas emocionales de los hermanos –niños y adolescentes–. Por tanto, poder autorregular la manera en que expresas tu vida interior emocional va a ser un factor determinante en la forma en que tus hijos afronten el duelo. (Si deseas profundizar más sobre estas investigaciones puedes leer el Apéndice B.11: «La manera en que los padres viven el duelo y su impacto en los hijos»).

Volviendo a la pregunta que nos hacíamos antes: la respuesta no es sencilla. Como cuidadores, estamos atrapados entre dos necesidades: por un lado, ofrecer un modelo saludable en el que los adultos expresamos y compartimos nuestras emociones, mostrando que estar tristes o abatidos ante una pérdida es algo natural, parte de la condición humana. Y, por otro lado, la necesidad de protegerlos de una sobreexposición emocional, ya que, si el dolor que presencian es demasiado intenso, pueden sentirse abrumados e incapaces de sostenerlo. Estas dos necesidades, en sus versiones extremas, se manifiestan en dos modelos: «el modelo evitativo» y «el modelo expresivo».

En este capítulo describiremos estos dos modelos y daremos

algunas ideas que pueden ayudarte a encontrar un término medio, que refleje el equilibrio entre estas dos necesidades facilitando, en lo posible, el bienestar de tus hijos.

Como cuidadores, estamos atrapados entre dos necesidades: por un lado, ofrecer un modelo saludable en el que compartimos nuestras emociones, mostrando que estar tristes es algo natural, parte de la condición humana.
Y, por otro lado, la necesidad de protegerlos de una sobreexposición emocional, ya que, si el dolor que presencian es demasiado intenso, pueden sentirse abrumados e incapaces de sostenerlo.

MOSTRAR O NO TUS EMOCIONES

Al no permitirse el dolor, tampoco se permitía la alegría

Cuando pienso en mi familia, en la que nunca se habló de nada, y pienso en las consecuencias que esto ha tenido en nosotros, me sale la palabra soledad. *Recuerdo estar en un espacio donde todos estaban como anestesiados: nadie podía mostrar lo que sentía. Y al final, acabas tú, como niña, gestionándotelo internamente e intentas tirar del carro de la vida como puedes. Pero lo que más soledad me hacía sentir era ese silencio en el hogar, porque, al no permitirse el dolor, tampoco se permitía la alegría.*

María. Adulta en duelo de niña (12 años).
Muerte del hermano.

Describiremos ahora en detalle estos dos modelos de afrontamiento del duelo. Lo más probable es que tu modelo sea mixto, es decir, que te identificarás con algún rasgo de uno y, en parte, con el otro. También puedes pensar en los distintos miembros de tu familia y reflexionar sobre la diversidad de las formas de afrontar que presentamos las personas cuando vivimos una pérdida.

El modelo evitativo

Cuando expresas tu pena, tu añoranza..., ¿lo haces delante de ellos? ¿Cómo lo haces? Si tienes un mal día, ¿qué haces en casa? ¿Ellos te ven? ¿Qué ven normalmente en tu mirada?

Quizá eres una persona a la que, en este momento de tu duelo, no la ayuda entrar en contacto con sus sentimientos y mostrarlos. Sientes que te favorece evitar expresar tu pena, distraerte, escapar un poco de la realidad, fingir que estás mejor de lo que estás y no contactar con recuerdos que pueden causarte más dolor.

Intentas no mostrar tus sentimientos para proteger a tus hijos, probablemente haces esfuerzos por «poner buena cara», sonreír y mantenerte muy ocupado. No hablas de ti mismo: te ayuda pensar que, al fin y al cabo, tus necesidades no son tan importantes, y centrarte en lo práctico y resolutivo te da una sensación de mantener el control. Evitas hablar con ellos de lo sucedido, tanto de la muerte como de la ausencia del ser querido.

Si mencionas al fallecido, lo haces de pasada —*«A mamá le gustaba mucho este postre»*—. Y si tus hijos se muestran tristes o afligidos, intentas cambiar de tema, los distraes o, directamente, les dices que se animen, que estén contentos.

Si te identificas con algunos de estos ejemplos, o con todos, recuerda que este modelo de vivir tu duelo es normal, y puede ayudarte durante las primeras semanas o los primeros meses.

También, **utilizado de forma puntual, te permite un tiempo de descanso, te protege del trauma, y puedes estar más presente y ser más resolutivo, al protegerte del sufrimiento apartándolo**.

Hablamos de un **modelo evitativo pasivo** cuando los adultos no estimulan en el hogar una comunicación abierta sobre el ser querido y su ausencia, ni sobre las circunstancias en que ocurrió el fallecimiento ni acerca de los sentimientos de cada uno, pero tampoco la censuran. Si algún miembro de la familia necesita compartir, se permite. Las personas más evitativas van a responder con incomodidad, sin reconocer ni validar esa expresión. Tampoco van a animar a la persona que necesita hablar o expresar su aflicción a seguir haciéndolo, pero no la desautorizan de forma activa.

En el **modelo evitativo activo** no solo no se estimula a compartir emociones y recuerdos, sino que se censura cualquier intento de expresión, criticando –pudiendo incluso ridiculizar– a la persona que lo expresa. De forma activa se realizan actos con el fin de suprimir todo aquello que pueda estimular los recuerdos incómodos; por ejemplo, se evitan los lugares de recuerdo –se vende la casa o se deja de visitar espacios significativos–, se retiran las fotos, los objetos de recuerdo, se vacía la habitación muy rápidamente y sin consultar, o se cancelan definitivamente las celebraciones familiares como las Navidades o los aniversarios.

Cada uno de estos actos, por sí solo, no es muestra de un estilo evitativo activo. Es la suma de muchos de ellos lo que configura un ambiente familiar excesivamente evitativo.

Si, durante años, el modelo de la familia ha sido negar y reprimir las emociones naturales del duelo, y evitar activamente, este ambiente va a tener consecuencias negativas para los hijos.

Evitar, negar y distraerse es absolutamente necesario para todos nosotros. **No podemos estar permanentemente conectados con la dura realidad, o con nuestros sentimientos**

difíciles: mantener la capacidad de evitar en momentos determinados es un signo de salud mental. Pero lo que describimos aquí como un modelo que puede acarrear consecuencias difíciles para nuestros hijos es la evitación activa, continuada y rígida a lo largo del tiempo.

Si el modelo evitativo que muestras a tus hijos se instala como una coraza, algunas de las posibles consecuencias en ellos son:

- **No les das permiso para expresarse**
  Si tú no muestras tu dolor, implícitamente tampoco se lo permites a tus hijos. Les transmites que sentir tristeza es inadecuado, y que de los temas difíciles de la vida no se habla.
- **Interpretan que a ti no te importa**
  Pueden pensar que lo ocurrido no te afecta, que la muerte de tu pareja o de tu hijo no te ha impactado. Esto puede generar hostilidad hacia ti.
- **Mayor riesgo de síntomas depresivos y ansiedad**
  Los adolescentes criados en ambientes muy evitativos tienen un riesgo mucho mayor de desarrollar síntomas depresivos, ansiedad y respuestas de estrés postraumático.

Tal y como muy bien describe Susana al principio de este capítulo, los niños y adolescentes pueden llegar a conclusiones negativas acerca de sus padres: *«Parece que no le importa que haya muerto mamá»*; acerca de sí mismos: *«Mi dolor no es importante, nunca me pregunta»*; o acerca de su manera particular de vivirlo: *«No hago bien mi duelo, no consigo suprimir mi dolor como hace mamá»*.

Otra de las consecuencias que señala Susana es la soledad: detrás de los muros de silencio cada uno sufre, y el hogar deja de ser alegre porque, de forma misteriosa, la alegría en el duelo –la auténtica, no la ilusoria– nace de la expresión de la tristeza. Las personas muy evitativas muestran una alegría forzada, impostada…, pero detrás de esa máscara hay mucho cansancio y mucha soledad.

Sabes lo que es eso, ¿verdad? Todos lo hemos vivido en algún momento: estábamos intentando protegerlos a ellos, los demás…, y también a nosotros mismos.

Qué paradoja, ¿verdad? Evitar el dolor lo agrava, y compartirlo, aunque resulte incómodo, lo alivia.

La tragedia de la familia evitativa no es que no haya amor, sino que no se muestra: los muros de silencio lo impiden

---

El modelo expresivo

A nosotros nos resultó muy fácil hablar de todo

Nos dijeron que las posibilidades de que nos divorciáramos serían altas, pero nos mantuvimos el uno al lado del otro. Construimos una burbuja a nuestro alrededor; dejábamos que solo entraran personas con las que nos sentíamos seguras, y nos dimos espacio para estar solos o para retirarnos al regazo del otro. A nosotros nos resultó muy fácil hablar de todo, llorar juntos, y algo muy bueno fue que nunca nos culpabilizamos. Lo superamos porque nos dimos la oportunidad de expresar nuestro duelo tanto como necesitáramos, y creo que eso fue crucial para la supervivencia de nuestro matrimonio y de nuestra familia.

Jesús y Sonia. Pérdida de un hijo.

En el otro extremo tenemos **el modelo expresivo**.

Estás en un modelo expresivo si en este momento de tu duelo

sientes la necesidad de hablar del ser querido ausente, muestras tu disponibilidad para compartir recuerdos y vivencias. No te importa mostrarte triste delante de tus hijos y, si ellos lo hacen, los puedes acoger sin intentar rescatarlos, minimizando o negando lo que sienten. A pesar del dolor que te despierta, te gusta mirar fotografías, vídeos y objetos de recuerdo o visitar lugares significativos. Y puedes animar a tus hijos a compartir de la misma manera, siempre y cuando sea para ellos también el momento y lugar adecuado. **Es una expresividad en la que conectas con tu dolor –sea pena, tristeza o enfado–, pero a la vez sigues conectado a los demás:** en un momento dado puedes parar y regularte si ves que lo que haces o dices está impactando demasiado a tus hijos. **Tu emoción no te impide ver lo que necesitan las personas de tu alrededor y puedes responder conteniéndote cuando es necesario.** Lo llamamos **modelo expresivo contenido**.

Pero en este modelo hay también una versión extrema: puede que el dolor sea tan intenso que no seas capaz de controlarlo. Un dolor que no te permite ver nada de lo que ocurre a tu alrededor. Entonces hablas de tu ser querido, de la ausencia o de las circunstancias de su fallecimiento sin preocuparte de si el momento es adecuado o no para los que te rodean. No te esfuerzas por ocultar tus altibajos, y cuando sientes una emoción, la manifiestas delante de tus hijos. Quizá a veces lloras de forma abrumadora, o te muestras enfadado y levantas la voz, y te muestras de mal humor. O, si la muerte ha sido muy traumática –accidental, súbita–, la intensidad emocional que vives ahora es tal que, por más que te esfuerces, no puedes controlar todo el vaivén emocional que te sacude y, a veces, muestras tu ansiedad o te quedas como ausente. También la apatía, dormir demasiado, estar alicaído y sentirse constantemente agotado son actitudes a las que, sin darte cuenta, expones a tus hijos, sin ser consciente del impacto que pueden tener en ellos.

El modelo de compartir abiertamente el dolor en su versión

extrema, o **modelo expresivo desbordado**, también puede tener consecuencias no deseadas en tus hijos. **Al mostrar un dolor muy agudo, sea en forma de tristeza, enfado o apatía, tus hijos pueden interpretar que estás profundamente hundido, y eso les generará angustia.** Especialmente si esto se da de forma continuada en el tiempo, pensarán que no estás en condiciones de cuidar de ellos, o sentirán culpa por no saber cómo ayudarte, y quizá pondrán en marcha las respuestas de «ir al rescate», es decir, de cuidarte a ti.

En otros casos pueden llegar a la conclusión de que estar en duelo y expresarlo puede ser peligroso.

Entonces se encerrarán en sí mismos, incapaces de responder a tu desbordamiento, o reaccionarán con rebeldía, adoptando conductas de riesgo que los ayuden a calmar su angustia. Todo esto puede tener repercusiones negativas en su vida emocional, relacional e incluso intelectual.

«Vaya —nos dirás—. Entonces, ¿cómo lo hago? Parece que las madres y los padres, hagamos lo que hagamos, nunca acertamos».

Recuerda que todo lo que haces y cómo lo haces es absolutamente normal. Si la pérdida es reciente, o ha sido muy traumática, o en tu pasado ya tuviste pérdidas significativas que ahora se reactivan de alguna manera, es más fácil que se despierten respuestas de los modelos evitativo activo o expresivo desbordado.

No es una elección consciente: simplemente, tu cuerpo y tu mente responden así.

Las parejas que habéis perdido a un hijo veréis que a veces uno puede ser más expresivo y el otro, más evitativo. Daos cuenta de que el amor, la pena, la añoranza son los mismos para cada uno de vosotros, pero la manera de expresarlo es distinta. **No es que las personas evitativas no sientan emociones: simplemente, tienen dificultades para sostener las de los demás y expresar las propias.**

Esta diferencia en las maneras de afrontar el duelo no debéis verla como algo negativo. Es verdad que, en algunos casos, puede acarrear problemas en la pareja; entonces es importante pedir ayuda profesional.

Mi duelo lo compartí con amigos y familia; su duelo era privado

Cuando yo necesitaba que me sostuviera en sus brazos y hablar de ella, él se iba a pasear. Mientras que yo tuve que ocuparme del funeral, de recibir a la familia, de sostener a sus hermanos, él se pasaba el tiempo solo en su habitación o iba a dar largos paseos: parece que andar era lo único que le calmaba.

Mi duelo lo compartí con amigos, vecinas, familia; su duelo era privado.

Luego, años después, me confesó que no podía soportar vernos llorar: le hacía sentirse impotente, incapaz de aliviar nuestra tristeza. Yo creo que también tenía terror a abandonarse a sus emociones y caer en el abismo de una depresión. Entonces decidió huir. Yo solo necesitaba que llorara conmigo, me sentí muy sola.

Loreto y Javier. Muerte de un hijo.

Cuando en consulta les explicamos estos conceptos a las personas que acompañamos, nos suelen decir:

«Es muy fácil hablar de lo que tenemos que hacer, y de lo que está bien o no, pero cuando llego a mi casa y abro la puerta, la situación allí es la que es: se me cae el mundo encima».

¡Y tienen toda la razón!

¡Qué fácil es escribir sobre el duelo sentadas cómodamente frente al ordenador, ¿verdad?!

Pero nosotras mismas hemos pasado por TODO esto y, a pesar de nuestros conocimientos, tampoco supimos ni pudimos reaccionar de una manera distinta: simplemente nuestro cuerpo, nuestra mente, reaccionó como pudo ante el trauma. Por más que intentamos controlar estos estados emocionales de desbordamiento, en algunos momentos nos fue imposible.

Sin embargo, a pesar de no ser capaces de mantener una presencia estable y atenta, leer estas sugerencias puede ayudarnos a entendernos mejor a nosotros mismos y a nuestros hijos, y con esta conciencia quizá podemos cambiar algunas cosas para mejorar nuestra manera de afrontar el duelo y minimizar el impacto en ellos.

Cambiar otros aspectos puede resultarnos ahora mismo una tarea imposible. Los podemos tener presentes y, a medida que vayamos estando mejor, intentar mejorarlos de forma gradual.

UN MODELO SEGURO DE MOSTRAR TU AFLICCIÓN

No es lo mismo estar leyendo estas líneas cuando ya ha pasado casi un año desde la muerte de tu ser querido que si estás justo en los primeros meses, luchando con la incredulidad y el dolor intenso sobre lo que te ha ocurrido.

Es importante que te tomes estas indicaciones como una orientación: no se trata de hacerlo todo bien desde el primer día. Ten paciencia, estas pautas debes adaptarlas a tu situación concreta en un momento dado, y a tus posibilidades. Conforme vayan pasando los meses estarás mejor, podrás ir llevando a la práctica algunos de estos consejos, y notarás que poco a poco vas creando un clima de seguridad emocional en casa. No te desanimes si durante un tiempo no puedes seguirlos: lo esencial es que estés en marcha. Este es un proceso que lleva tiempo.

Con que puedas implementar solo alguno de los cambios que te sugerimos, verás mejoras en tus hijos de forma inmediata, y esto te dará ánimos y te confirmará que estás avanzando por buen camino.

Muestra tus emociones, pero sin desbordarte

Cuando una emoción intensa nos embarga, solemos estar atentos solo a lo que ocurre en nuestro interior, y el malestar físico que experimentamos nos captura hasta el punto de no saber dónde estamos ni quién hay delante de nosotros. Esto es normal. Todos nosotros hemos vivido momentos así, de tristeza intensa. Y en esos instantes parece que estemos en un pozo sin fin y llegamos a perder el contacto con lo que nos rodea.

Si dejas que la tristeza te arrastre, seguramente para ti será un alivio expresarla desde lo más profundo, pero a ellos les puede causar un gran impacto: nunca te habían visto así y no saben interpretar qué significa esto:

«¿Es algo normal? ¿Vas a poder recomponerte? ¿Es un indicio de que estás enferma? ¿Te vas a volver loca?».

El modelo del adulto que está a cargo, que sostiene a la familia y que ellos tanto necesitan, puede verse amenazado.

Es extremadamente difícil, pero **en esos momentos de desbordamiento es importante que hagas un esfuerzo por salir de ti mismo, y mantener el contacto visual con ellos, mostrándoles que tus lágrimas no te impiden «verlos».**

Puedes decirles algo como: *«Estoy muy triste…, pero dime, ¿qué estás haciendo ahora?».*

O puedes sonreír entre las lágrimas mientras señalas: *«Dame unos minutos, querido, y estoy contigo».*

Estos pequeños gestos les dicen mucho: que tu dolor no te impide reconocer su presencia y darles algo de tu atención. Que sigues siendo su figura de referencia y que, a pesar de tu tristeza o cansancio, mantienes el control.

Está bien que tus hijos te vean llorar: lo que no deberían ver es a su madre o padre desbordado e incapaz de recomponerse. Si te ven tan descompuesto –por ejemplo, con un ataque de ansiedad–, crearán un «recuerdo difícil». Retendrán esa imagen de ti durante mucho tiempo, quizá toda la vida. Para ellos es una experiencia muy traumática, por la impotencia de no poder hacer nada por ayudarte y el miedo a que, si pierdes el control, tu bienestar y el suyo están en peligro.

¡Qué difícil puede llegar a ser esto, ¿verdad?! Pero valdrá la pena que lo intentes.

Muestra tristeza, pero señala que es solo una parte de ti

La conciencia de que podemos experimentar varias emociones distintas a la vez, y de que eso es natural, la adquirimos al hacernos adultos. Esta capacidad de discernir partes dentro de nosotros, e incluso de gestionarlas de forma adecuada según la situación que afrontemos, es una característica de los adultos sanos. Para tus hijos esto es aún difícil de entender: si te ven muy triste en alguna ocasión, todo tú estás así y todo el tiempo es así.

Cuando estás emocionado y lo expresas delante de tus hijos, lo que les va a ayudar –y marcará la diferencia en cómo les afecta– **es enseñarles que la tristeza –o el enfado– no ocupa todo tu espacio emocional**. Que estás afectado, sí, pero que **también hay partes de ti que siguen conectadas con la vida**. Recuerda que ellos solo ven esa emoción difícil y tienden a magnificarla. Por eso, mientras compartes momentos de tristeza, puedes decir frases como:

«Bueno, ahora lloro un poco, pero después hacemos los deberes juntos».

«Hijo mío, no te preocupes. Una parte de mí está muy enfadada, pero estoy bien. Dame unos minutos y luego preparamos la cena juntos».

«Estoy triste, pero también estoy contenta porque puedo estar contigo. ¡Qué suerte tengo de tenerte!».

Con estas afirmaciones les estás mostrando **que tú no eres tu emoción, sino que la experimentas**. Enseñas que dentro de ti hay una parte que siente, pero también una que observa y sostiene. Y que esta otra parte puede estar en otra emoción. Mostrar esta capacidad de estar en «atención dual» les da seguridad. La conclusión a la que llegan es que, aunque mamá está muy triste, también hay una parte de ella que mantiene el control, que está conectada con la vida y sigue siendo capaz de atenderlos.

No muestres enfado delante de ellos

Lo que más me costaba era manejar mi enfado

Lo que más me costaba era manejar mi enfado. Todo me irritaba. Estaba enfadada con la vida, con los demás y supongo que conmigo misma. Por las mañanas, al preparar el desayuno, mi hija de 14 años se acercaba a mí y me decía: «¿Cómo estás, mamá? Te veo enfadada. No será por mí, ¿verdad?».

Recuerdo esa mirada suya, entre culpa y preocupación. Entonces respiraba y tomaba conciencia de lo tenso que estaba todo mi cuerpo. Aunque intentaba disimularlo, es evidente que, de alguna manera, ella se daba cuenta, y eso la afectaba.

Noemí. Pérdida de un hijo. Hija de 14 años.

Ante una pérdida, sentir enfado forma parte de las reacciones que la mayoría de nosotros experimentamos. Nos sentimos tratados injustamente por la vida, por Dios, incluso por los demás. Hasta por nuestros vecinos, que, ajenos a lo que ocurre en nuestro hogar, siguen con su vida como si nada hubiera sucedido. Reaccionamos con irritación o mal humor. A veces es algo puntual, que nos sucede un día especialmente malo, pero puede ser un estado general que nos invade durante semanas o meses.

Entendemos que esto es normal y nos damos permiso para estar así: al fin y al cabo, estamos en duelo, ¿verdad?

No podemos evitar sentir enfado en algunos momentos, pero lo que sí podemos evitar es proyectarlo contra los hijos.

Los niños y adolescentes en duelo tienden a magnificar el enfado que ven en sus cuidadores, incluso más que la tristeza. Lo que para ti es un mal momento, y sabes que luego se te pasará, ellos lo sienten como algo generalizado: *«Papá está el 90% del tiempo enfadado»*, expresaba en una sesión familiar una joven de 13 años.

Y lo viven como una amenaza a su seguridad emocional: mientras regresan del colegio van preguntándose: *«¿Cómo estará hoy papá?»*. En vez de desear llegar a un espacio donde pueden relajarse y sentirse apoyados, están preocupados porque entran en un lugar impredecible, y sienten temor y angustia porque no estés bien y por no saber cómo manejarlo.

Además, tu hija –como la hija de Noemí, en el testimonio que abre este apartado– no puede comprender que ese enfado no tiene que ver con ella. Es posible que interprete erróneamente que ella es la causa de tu mal humor, o que, si hubiera muerto ella, no estarías tan enfadado.

Y verte así de irritado le hace sentirse impotente de no poder ayudarte:

«No sabíamos cómo ayudar, nos sentíamos culpables de no poder sacarla de ese mal humor».

Es completamente normal que te sientas irritable o sobrepasado. El enfado es una respuesta natural de duelo. Pero si ves que no puedes contener esta emoción, que te desborda y te hace perder el control delante de ellos, pide ayuda.

Un buen terapeuta, o un grupo de duelo, será el espacio adecuado para expresar estos sentimientos difíciles, conectar con tu pena por lo sucedido (ya hemos visto, en el capítulo 3, que el enfado es una emoción tapadera de la tristeza), y aprender a vivir todas estas emociones naturales de una manera que no sea destructiva ni para ti ni para los tuyos.

Libéralos de la tarea de hacerse cargo de ti

Que mamá se ponga bien

—¿Y tú qué necesitas?

—Que pongas bien a mamá. Yo estoy bien si ella está bien. No me gusta verla mal.

Julen (17 años). Muerte del padre, sesión de familia.

Nos gusta mucho hablar del amor que los padres sienten hacia los hijos —y los poetas lo mitifican—, pero a veces nos olvidamos del amor que ellos sienten hacia nosotros: todo lo que nuestros hijos hacen, sienten o piensan con la intención de protegernos.

Nuestros hijos tienen un lado muy protector y desde ese impulso, si interpretan que estamos muy mal, intentarán hacerse cargo de nosotros. Pero, como hemos visto, **ellos no son nuestro apoyo emocional. Aunque sean adolescentes o parezcan maduros, no les corresponde ese rol**. Pueden escucharte y acompañarte en ciertos momentos, pero debes liberarlos de la carga emocional de ser responsables de tu bienestar. No podemos permitir que vayan a «nuestro rescate».

¿Y cómo puedes liberarlos? Los liberas cuando se lo expresas de forma explícita.

Por ejemplo, cuando les dices con un tono firme y tranquilo: *«No te preocupes por mí, estoy bien»*. Decirlo es importante, pero tiene mucho más impacto cuando se refleja en tu actitud. Por ejemplo, tal y como hemos comentado anteriormente, cuando muestras tu aflicción como una parte de ti y no como la totalidad, cuando estás afligido, pero no pierdes el contacto visual y emocional con ellos.

Y los liberas también cuando les demuestras que, aunque estás en duelo, no estás roto ni paralizado.

«Gracias por escucharme y por estar aquí. Te quiero un montón. Ahora, si te parece, vamos a salir a dar un paseo, que tengo que hacer unas compras».

Esta frase, con la propuesta final de hacer algo juntos, fuera del duelo, no solo transmite amor: también revela que puedes sostener tu dolor y seguir adelante, que estás en pie. Y esa es una señal poderosa para ellos.

Cuando los animas a salir con sus amigos, en lugar de quedarse contigo para acompañarte en tu soledad, o cuando sales tú a realizar alguna actividad de ocio o placer, estás mostrando que también tienes vida fuera del duelo; les estás diciendo que no deben hacerse cargo de ti y que pueden centrarse en sus propias necesidades, ya sea socializar, hacer deporte o dedicarse a los estudios.

¿Recuerdas la historia que hemos contado, en el capítulo 3, sobre la niña que se convirtió en la sombra de su madre? Muchos niños y adolescentes en duelo se vuelven vigilantes silenciosos de sus padres. Aprenden rápidamente que hablar del ser querido fallecido puede desatar una tormenta emocional. Entonces empiezan a esconder su propio dolor, y también a seguir al adulto con la esperanza de que su presencia lo distraiga y lo obligue a contenerse. Asumir este rol de vigía tiene un coste enorme para ellos. Quizá ahora no lo vemos, pero puede aparecer dentro de unos años.

Por eso, **cuando te haces cargo de tus emociones y las muestras con naturalidad y contención, sin desbordarte y sin perder el contacto con ellos, les das permiso para que ellos también vivan y expresen su duelo**.

Los niños y adolescentes responden mucho más a lo que haces, a cómo te comportas, que a lo que les dices.

La importancia de no mostrarte estresado

Llego al final del día agotada

Cuando perdí a mi hija, nuestra hija, nos teníamos el uno al otro para superarlo. Pero, ahora que ha muerto mi marido, estoy sola. Estar en duelo y atender a mis tres hijos es una tarea que en algunos momentos me supera. Llego al final del día agotada, me cuesta dormir bien, y por la mañana me toca levantarme y atenderlos a los tres.

Pilar. Muerte del marido. Tres hijos pequeños.

Ser padre o madre en solitario puede resultar profundamente estresante –si tu familia es monoparental, lo sabes bien de primera mano–. Las tareas prácticas se duplican, tener que tomar decisiones sin el otro hace que la soledad pese aún más. El dolor físico agota. Algunos días cuesta levantarse por la mañana, y por las noches ya no queda energía para preparar la cena y acostar a los niños. Es normal sentir que no se llega a atenderlo todo como uno quisiera. En esos momentos aparecen señales de estrés: nerviosismo, irritabilidad acompañada de expresiones de frustración o incluso un abatimiento profundo.

Una parte del estrés es de origen físico, por el cúmulo de demandas a las que hay que atender. Nos referimos al «cansancio». Otra parte, de origen psicológico, es un añadido que se genera cuando no aceptamos nuestra realidad. Si hoy estás agotado y triste, pero puedes aceptar este estado sin resistirte, entonces el cansancio puede vivirse con serenidad, sin tanta carga emocional. En cambio, si te enfadas contigo mismo por no poder con todo, si te culpas por cómo te sientes o lo niegas, ese rechazo interno genera un añadido de ansiedad, que se transmite a tu entorno y que tus hijos captan.

Aceptar tu estado emocional como algo natural —y reconocer que quizá durante un tiempo no vas a poder con todo— es un primer paso para reducir el estrés.

El efecto del estrés de los padres en la salud mental y física de los niños y adolescentes es un tema que se ha estudiado estas últimas décadas. Los hijos expuestos a cuidadores con altos niveles de estrés crónico experimentan el ambiente del hogar como algo negativo, lo que puede repercutir en su salud mental, física y relacional. Por el contrario, un entorno parental sereno favorece el desarrollo emocional, psicológico e intelectual y mejora la salud integral de los hijos.

Cuando los adultos pueden mostrarse tristes y cansados, pero sin la carga emocional del estrés, los niños y adolescentes entienden y aprenden que el dolor puede vivirse desde la calma, desde la aceptación, y esto les transmite seguridad:

«Mamá está triste, pero está aquí. Luego vendrá a jugar conmigo».

Si ves que te cuesta gestionar el estrés y esto afecta al ambiente de tu hogar, busca apoyo físico y práctico de personas de tu entorno que te liberen de algunas tareas, que te permitan un tiempo de descanso. También puedes recurrir a un terapeuta que te ayude a identificar tus fuentes de estrés y te ofrezca recursos prácticos tanto externos como internos, para minimizar su impacto.

Evitar compararse, evitar competir

Yo he perdido a mi hijo, que es mucho peor

> *Y entonces, cuando mi madre me vio llorar así, va y me dice: «Tú estás triste, pero tú has perdido solo a un hermano, y yo he perdido a mi hijo, que es mucho peor. Tú reharás tu vida: la mía está destrozada para siempre».*
>
> *Lucía. Adulta en duelo de niña (14 años).*
> *Muerte del hermano.*

En el contexto de una pérdida, es fácil caer en la tentación de compararse en las maneras de expresar el duelo o incluso en el «derecho» a estarlo. Quizá pienses que a ti no te ocurre esto, pero verás que, a veces, esta comparación es muy inconsciente y sutil.

Por ejemplo, si eres un hombre que ha perdido un hijo, **puede ocurrir que sientas que tu dolor es menor que el de los demás**, porque te han transmitido que «el dolor de un padre no es igual que el de una madre». Entonces te desautorizas, no te permites mostrar tu pena y respondes ofreciendo a los demás un confort que tú no recibes de nadie. Así lo expresaba un padre en la consulta: *«Mi mujer me tiene a mí para apoyarse, mis padres y mis suegros también, tengo que atenderlos a todos, pero yo, ¿en qué pecho puedo apoyarme?».*

La otra versión de la comparación es sentir que tienes más derecho que los demás a estar en duelo. En este caso, no eres capaz de darte cuenta de que, aunque tú has perdido a tu esposo, tus hijos se han quedado sin padre; o si eres viudo, crees que tu dolor es mucho mayor que el de tu hijo adolescente que se ha quedado sin madre. O sientes que, al ser la mamá, tu dolor es mucho mayor que el de tu hija —su hermana—, como muy bien refleja el testimonio de Lucía, al principio de este apartado.

¿Qué impacto pueden tener en Lucía las palabras de su madre?

¿Cómo crees que puede sentirse ante tal desautorización? Las pérdidas no se comparan. No son mayores o menores: son distintas. Y mientras que los adultos, a pesar del dolor, tenemos herramientas para comprender esas desautorizaciones del entorno, los niños, los adolescentes e incluso los adultos jóvenes todavía están desarrollando su mundo emocional. Recibir este tipo de mensajes puede hacerles creer que su forma de vivir el duelo es inadecuada o que no tienen derecho a sentir lo que sienten. Aprenden muy pronto a avergonzarse de sus sentimientos.

Para evitar que ellos se sientan desautorizados al compararse contigo, **te recomendamos que procures no interrumpir sus expresiones de aflicción poniendo sobre la mesa las tuyas**. Si tu hijo te habla de su tristeza, escúchale sin convertir la conversación en un monólogo sobre tu propio dolor. Intenta no interrumpirle con frases como: *«Tú estás triste y yo también lo estoy, pienso en ella a todas horas y no puedo…»*.

Procura hablar lo mínimo sobre ti y centra tu atención en ellos, interesándote genuinamente por cómo lo viven.

Puedes decir algo como:

«Yo he perdido a mi esposo, pero no sé lo que es perder a un padre. Debe de ser muy duro. ¿Cómo lo estás viviendo tú?».

«Cuéntame cómo estás. Me interesa mucho saber lo que piensas y lo que sientes. Dime».

Hablamos de que los hermanos en duelo son «invisibles»: no se les informa acerca de la enfermedad, no se les permite visitar al padre o hermano enfermo en el hospital, no se les comunica la inminencia de la muerte, y no se les invita a participar en el funeral o, si se les permite, nadie les da el pésame: las personas que se acercan se interesan por la madre, no se dirigen a los niños.

Estas desautorizaciones son expresiones de esta comparación que la sociedad y todos nosotros hacemos sobre quién tiene más derecho a vivir el duelo.

Nosotros mismos, los adultos, inmersos en la pena, a veces no logramos levantar la mirada y «verlos» a ellos: verlos como personas en duelo también, si no con más derecho, al menos con el mismo que nosotros a ser reconocidos en esta condición.

También **hay adultos que, desde la experiencia de haber vivido un duelo en su infancia, restan valor al duelo de sus hijos**: *«Yo perdí a mi madre y era más pequeño que tú. Y salí adelante. Tú también lo harás».* Este tipo de afirmaciones no ayudan (aunque puedan encerrar parte de verdad). No solo no están escuchando, sino que minimizan el impacto que el duelo va a tener en sus vidas, proyectando en los hijos lo que fue para ellos.

Si este es tu caso, la experiencia de haber sido un niño o adolescente en duelo debe ayudarte a identificar y entender cuáles son las necesidades de tus hijos en este momento. Haber pasado por ello debe aumentar tu empatía, no disminuirla. **Si sientes que tu propia herida del pasado ha sido reactivada por el duelo presente, y te impide estar emocionalmente disponible para los que te rodean, busca apoyo terapéutico.**

El dolor de nuestra pérdida actual nos conecta con un dolor del pasado que no ha podido ser elaborado, que sigue aún pendiente. En este sentido, la experiencia de duelo presente puede ser una oportunidad de revisar las pérdidas a las que no pudimos prestar atención.

Muestra a tu hijo lo afortunado que eres de tenerlo

Es natural que tengas momentos de tristeza profunda. Asimilar lo sucedido, vivir su ausencia, los recuerdos que te invaden y sostener a la familia son tareas agotadoras. Es normal que te vean abatido y triste. Todas las recomendaciones que hemos dado hasta aquí te ayudarán a compartir tu aflicción de manera segura, y mostrar así el modelo «expresivo contenido».

Aún nos queda una recomendación que hacerte.

Otra de las interpretaciones erróneas que ellos hacen al verte a ti muy afligido, absorto en los recuerdos de tu hijo fallecido, es **pensar que habría sido mucho mejor que hubieran muerto ellos, porque tú no estarías tan mal**.

«Para mamá, solo importa mi hermano muerto. No soy tan importante para ella. Si hubiera muerto yo, no estaría tan triste».

Sabemos que esto normalmente no es cierto, pero es la interpretación emocional que ellos hacen. Por eso es fundamental que, **cada vez que compartas tu dolor, incluyas también afirmaciones de amor y gratitud por ellos**. Puedes decir algo como:

«Qué contenta estoy de tenerte como hija. Qué suerte tengo de poder compartir esto contigo. No sé dónde estaría sin ti ahora».

Diciendo esto, estás mostrando un modelo «familiar» de compartir el duelo. Tu duelo no te impide «verlos a ellos»: cada miembro de tu familia es valiosísimo para ti. Y con tu modelo les muestras que, aunque has perdido a tu pareja, o a un hijo, tu amor hacia los que quedan sigue igual de vivo.

Insistiremos en este punto más adelante.

Cada vez que compartas algo sobre el duelo con tus hijos, incluye afirmaciones sobre lo afortunada que eres de poder compartirlo con ellos.

LOS CONFLICTOS EN LA FAMILIA O EN LA PAREJA NO SON SU PROBLEMA

No pudieron darse un abrazo

Cuando murió mi hermano, mis padres volvieron a pelearse. A pesar de los años que llevaban separados, ni siquiera ante su féretro pudieron darse un abrazo. Después del funeral, en el restaurante comimos en mesas separadas. Yo tuve que elegir con cuál de los dos sentarme. Fue horroroso. Oír la rabia constante del uno hacia el otro era agotador. En todo ese tiempo nunca me preguntaron cómo me sentía. No solo perdí a mi hermano. También tuve que sostener la relación entre mis padres. Años después, en cuanto pude, me alejé de los dos.

Dolores. Adulta en duelo de niña (15 años).
Muerte del hermano.

Cuando el hermano de Dolores murió en un accidente, sus padres –separados desde hacía años– no pudieron acompañarse en el proceso de duelo. Las desavenencias se agudizaron al no ponerse de acuerdo sobre si debían presentar una denuncia contra el presunto causante del atropello o no. El padre opinaba que era absolutamente necesario hacerlo y canalizó la rabia de su duelo iniciando un litigio. La madre no quiso apoyar el proceso, expresando que a ella no la ayudaba; al contrario, le causaba más dolor. Dolores, su hija adolescente, quedó en medio del conflicto, sintiéndose utilizada por sus padres como intermediaria para comunicarse.

Quizá en tu familia, ya antes de que sucediera esta muerte, vuestra relación no era satisfactoria. O, si has perdido a tu pareja, puede que los conflictos previos con la familia política se reactiven. **La falta de comunicación, las faltas de respeto, la desconfianza hacia los otros o compararse en la legitimidad del duelo son ejemplos de esta conflictividad, que genera una tensión añadida al duelo de los hijos.**

Estas dinámicas negativas deterioran el clima familiar, impidiendo que podáis ofrecer a vuestros hijos la cohesión que tanto necesitan. Para ellos, **este ambiente enrarecido se convierte en un estresor añadido: un ejemplo de pérdida colateral que va a entorpecer su manera de vivir el duelo.**

A los hijos no se les debe pedir que tomen partido ni deben mediar entre los adultos.

La muerte de un ser querido debería ser un acontecimiento aglutinador, que os ayude a rescatar los aspectos positivos de la pareja, aunque ya estéis separados, o de la familia. Un acicate para perdonar el pasado e iniciar un tiempo donde podáis apoyaros y comunicaros de forma sensible y respetuosa.

¡Qué importante es demostrar a vuestros hijos qué estáis ahí para apoyarlos, a pesar de las desavenencias que pueda haber en la familia!

Compartir con tus hijos que estás dispuesto a apoyarlos, evitando el resentimiento, las discusiones y los reproches, puede marcar una gran diferencia.

Sabemos que no es fácil. El perdón requiere una gran generosidad. **El «salto con pértiga» más importante que deberás hacer ahora será perdonar, porque debes saltar por encima de tus razones, tu ego y tu enfado.** Quizá te ayude pensar en tu ser querido fallecido: ¿cómo crees que le gustaría que respondieras ante esta situación? Tener en cuenta lo que desearía ahora puede servirte de guía.

La muerte de un ser querido nos empuja a perdonar: realizar un gran salto con pértiga por encima de nuestras razones, nuestro enfado y nuestro ego. Abrir nuestros corazones y rendirnos a lo que creemos que nuestro ser querido habría deseado.

Y si, por la razón que sea, la reconciliación no puede darse, intenta al menos proteger a tus hijos de estos conflictos. En la medida de lo posible, no les transmitas información sobre las desavenencias —al menos, no con un tono emocional que los cargue—: no los «triangules» pidiéndoles que hagan de puente entre ambos bandos y no les traslades tus dificultades para responder a los retos que esta situación de pareja o familiar suponen en tu vida. Los conflictos de pareja o de familia no son su problema.

Hacer esto los protegerá de una guerra que no es la suya y podrán vivir su duelo con mayor paz.

Todas estas recomendaciones piden esfuerzo, presencia y energía. Y es muy importante que tu duelo personal no interfiera en estas capacidades.

Es muy fácil decirlo, ¿verdad?

¿Recuerdas que en el capítulo 2 hemos hablado de cómo hacer de padre y a la vez vivir el duelo parece una misión imposible? Para muchos de nosotros lo ha sido: ha resultado muy difícil de sobrellevar.

Si lo sientes así, de nuevo te animamos a pedir ayuda profesional que te ofrezca las herramientas necesarias para afrontar todo lo que estás viviendo. Esta recomendación es especialmente importante si sientes que:

- Tu estilo de duelo es muy evitativo y eso se transmite a tu alrededor.
- Tu estilo de duelo es expresivo desbordado y no eres capaz de gestionarlo.
- A veces te muestras muy enfadado delante de tus hijos.
- Tienes dificultades para gestionar tu estrés.
- Notas que se han reactivado pérdidas del pasado y te están afectando.
- En tu pareja (en el caso de la pérdida de un hijo), las diferentes maneras de afrontar el duelo os están causando problemas de relación.

Normalmente, en las sesiones de duelo solemos combinar un espacio para ti, para tu duelo, un espacio de terapia de pareja (si habéis perdido un hijo) y un tiempo para hablar de los hijos, de todo lo que les sucede, para identificar sus necesidades y las señales que te pueden alertar de que algo no va bien, y darte recursos para poder acompañarlos mejor.

Combinar estos objetivos es esencial porque, en la medida en que puedas afrontar el duelo de una manera menos desbordante, podrás estar más presente para los que te quedan: un objetivo no es posible sin el otro.

Tener un espacio terapéutico individual o un grupo de duelo te brindará un lugar seguro donde expresar tu vulnerabilidad, tu aflicción, tu sensación de estar perdido o de ser incapaz, tu enfado. Y podrás hacerlo sin que ello cause un impacto negativo en los tuyos. Esto te permitirá volver a casa con la energía y la presencia necesarias para poder atenderlos mejor a ellos.

Capítulo 7

INICIANDO CONVERSACIONES CON LOS HIJOS

PODER HABLAR DE TODO Y ENTRE TODOS FUE LO QUE MARCÓ LA DIFERENCIA

Vivir en una familia expresiva

Mi madre estuvo enferma durante tres años antes de morir. Desde el primer momento —yo tenía entonces 13 años—, me mantuvieron informada absolutamente de todo: de su diagnóstico, de la evolución de la enfermedad, de lo que se podía esperar. Siempre con un lenguaje adaptado a mi edad.

Mi madre tuvo tiempo para prepararse, y también para prepararnos. Ella quiso morir en casa, para que estuviéramos siempre juntos y pudiéramos despedirnos. Eso hizo que yo lo viviera con mucha paz. El dolor estaba también, claro, pero era un dolor vivido con mucha paz.

Hicimos todo lo posible para que ella estuviera bien y me permitieron involucrarme en sus cuidados. Pude estar a su lado y ayudar en lo que podía. Cuando comenzó a tener deterioro funcional, recuerdo que me decía: «Natalia, ayúdame tú a ir al baño», y yo la acompañaba mientras ella se apoyaba en mi hombro. Creo que lo hacía para que yo me sintiera bien, como si mi participación en sus cuidados fuera algo importante.

Todo lo recuerdo como vivido sin prisas ni agobios. Y con mi padre fue igual, con mucha comunicación y siempre presente. En ningún momento, ni antes ni después de la muerte de mi madre, se invalidaron mis emociones. Si tenía que llorar, o mi madre, o mis hermanos, lo hacíamos. Si había algo que decir, se decía. Me sentí cuidada. Y también sentí que cuidaba, que yo era útil de alguna manera. El hecho de que me trataran como una adulta, compartiendo honestamente toda la información, toda la verdad, me dio fuerzas y me preparó, y pude aprovechar el tiempo que tenía para expresar lo que necesitaba expresar.

Recuerdo perfectamente el día en que su pelo empezó a caer. Me dijo: «Natalia, acompáñame a la peluquería, que tengo que raparme». Aún recuerdo el impacto de acompañarla y verla llorar. Pero al no esconderse, al vivirlo con aceptación, hacía que todo resultara tan natural... Era como si me diera permiso para expresar lo que sentía. En ningún momento tuve que reprimirme ni fingir. No tenía que pensar en proteger a los demás: «que mi madre no sufra» o «que mis hermanos no sufran». Mi madre me enseñó a normalizar todas las emociones, que puedo estar triste y después reír.

Mi madre me dijo claramente que iba a fallecer, que iba a morir. Y pude disfrutar también de ese «tiempo de oro» con ella. Fui muy consciente de vivir ese tiempo con profundidad, porque ella me lo transmitía. Al vivirlo ella con aceptación, nos lo puso muy fácil. Me fue preparando.

Y poder hablar de todo y entre todos, incluidos mis dos hermanos, que son mayores que yo, fue lo que marcó la diferencia. Pudimos despedirnos de ella y ella de nosotros. Ese es el legado que nos dejó: poder morir en paz, rodeada de amor y con la familia unida. Eso es lo que me queda.

Natalia. Adulta en duelo de niña (15 años).
Muerte de la madre.

Mi duelo habría sido muy distinto

A mí me pusieron en una burbuja. Me habría ayudado mucho que me incluyeran cuando hablaban de lo que había pasado. (...) No pude participar en nada. (...) Yo necesitaba saber cómo había sido el accidente, preguntar los detalles, si fue rápido, si había sufrido. En mi imaginación de niña me preguntaba si pensó en mí en los últimos momentos, si me habría tenido presente... ¿Dijo algo? (...) Me angustiaba la idea de que hubiera estado solo ahí en la carretera. Recuerdo que revolvía papeles buscando información a escondidas: fotos del coche, informes, cualquier cosa que me ayudara a asimilar y entender lo que había sucedido. Si hubiera tenido esta información, mi duelo habría sido muy distinto.

Rebeca. Adulta en duelo de niña (9 años). Muerte del padre.

Hemos estado viendo, en los dos capítulos anteriores, cómo mantener en tu hogar un ambiente estable, afectivo y positivo ayuda a tus hijos. En este vamos a tratar otro aspecto de tu rol que resulta fundamental para ellos: tu capacidad de generar un espacio de seguridad emocional abierto a la posibilidad de mantener conversaciones entre todos vosotros sobre la experiencia de pérdida por la que estáis pasando. Un espacio en el que, sin prisas y con sensibilidad, ellos puedan compartir, si lo necesitan, los sentimientos que les despierta su ausencia, sus recuerdos, y también los aspectos más delicados acerca de las circunstancias de su fallecimiento. Numerosos estudios (Apéndices B.11: «La manera en que los padres viven el duelo y su impacto en los hijos», y B.12: «El impacto de las circunstancias de la muerte») señalan cómo en las familias donde se da esta comunicación abierta, tanto durante la enfermedad del ser querido como tras su fallecimiento, el hecho de compartir de forma sensible y respetuosa, según las necesidades de cada uno, es un factor protector en la evolución del duelo de los hijos. Por el contrario, si los cuidadores no pueden, por la razón que sea, detectar y responder a las señales emocionales de que los hijos necesitan información sobre lo sucedido, o hablar de la persona fallecida, o de cómo están, esta falta de respuesta les afectará negativamente en su vida emocional y también relacional, con posibles consecuencias importantes en su desarrollo futuro.

Los testimonios de Natalia y Rebeca (al inicio de este capítulo) y Susana (al principio del anterior) ilustran de forma clara cómo el estilo de comunicación que los adultos fomentan en la familia tiene un impacto significativo en cómo los hijos afrontan la pérdida.

En este capítulo vamos a compartir algunas ideas prácticas que te pueden ayudar a promover esta comunicación abierta y respetuosa con tus hijos. Pero antes te explicaremos algunos de los aspectos característicos de cómo niños y adolescentes afrontan el duelo, que son algo distintos de cómo lo hacemos los adultos.

FACTORES QUE DETERMINAN LA FORMA DE RESPONDER AL DUELO

Cada niño es un ser único, y su manera de responder a la pérdida va a ser distinta. Sus reacciones dependen de varios factores. Hay abundantes publicaciones que nos explican las características del duelo infantil y del duelo en la adolescencia (puedes ampliar la información utilizando la bibliografía complementaria). Aquí solo describiremos algunos rasgos más destacados que nos ayuden a entender estas particularidades.

La manera en que ha sucedido la muerte

Si la muerte ha sido súbita, las respuestas de incredulidad, aturdimiento y ansiedad serán mucho más intensas que si la muerte ha sido anticipada. Por ejemplo, si tu hijo había sido informado del progreso de la enfermedad y ha podido participar en los cuidados del hermano o del padre o la madre enfermos, el impacto de su muerte va a ser mucho menor que si no ha tenido esta información y no ha podido prepararse. Entender y aceptar la realidad, y dar sentido a lo sucedido, resultará mucho más difícil si las circunstancias han sido traumáticas, como son una muerte súbita, por accidente, suicidio u homicidio.

El carácter, la madurez y las experiencias previas

La personalidad del niño o adolescente, su nivel de desarrollo emocional, su edad y sus experiencias de pérdidas previas influirán en su capacidad para responder de forma más o menos adaptativa. Algunos pueden expresar sus sentimientos con naturalidad, son espontáneos o tienen un carácter extrovertido; otros son reservados y les cuesta verbalizar lo que sienten. Si han vivido experiencias de duelo previas en un entorno familiar de apoyo y unión, y con una comunicación abierta, van a ser más resilientes y responderán con recursos que aprendieron en el pasado y que los ayudarán a manejar el duelo que afrontan ahora.

La calidad de la relación con el ser querido

No es lo mismo perder a un hermano con quien había una relación muy cercana o de cuidado mutuo —o al hermano mellizo— que perder a uno con quien apenas existía vínculo, sea por diferencia de edad o de carácter. Del mismo modo, un adolescente que atravesaba un conflicto con uno de sus padres, si este muere, tendrá una experiencia emocional diferente que si la relación era armoniosa y con una buena comunicación.

La calidad del apoyo del entorno

El ambiente en el hogar, la familia extensa, la comunidad y la escuela tendrán un peso determinante en cómo van a ser sus respuestas, tal y como hemos descrito anteriormente. La calidez de los cuidados, la comunicación abierta, mantener la estructura de las rutinas y los límites y una buena red social van a favorecer un duelo saludable, con menos riesgos de complicaciones.

Todos estos factores explican la enorme diversidad de respuestas que los niños y adolescentes pueden mostrar cuando afrontan una pérdida significativa en sus vidas.

CARACTERÍSTICAS DE LA MANERA DE AFRONTAR EL DUELO

¡Yo no quiero hablar del tema!

Pablo (3 años) habla de la muerte de su padre con total naturalidad: si vamos a la carnicería puede decir «Ahora solo compramos tres hamburguesas, porque mi padre se ha muerto», o si ve a alguien fumando, «Si fumas, te morirás; mi padre se murió de un cáncer de pulmón», o si alguien confunde a su tío con su padre, «Este no es mi padre, es mi tío; mi padre se ha muerto». Sin embargo, Marina (5 años) reacciona de manera muy distinta. Está muy rebelde, dice que no quiere hablar del tema y que le molesta que lo hagamos. No quiere comentarlo en la escuela ni en otros espacios...; si su hermano habla de ello, le replica: «¡Calla, no les importa nada!». Yo creo que se siente diferente de los demás niños y eso la hace sentir incómoda, con vergüenza. Y, además, ¡está muy enfadada!

Julia. Muerte del esposo. Dos hijos de 3 y 5 años.

Aquí describimos algunas de las características particulares de la manera de afrontar la muerte de un ser querido que muestran los niños y adolescentes, y que son algo distintas de cómo la viven los adultos. No es una descripción exhaustiva, solo un pequeña selección y resumen de lo más significativo.

Más estrategias de tipo evitativo

Los niños suelen utilizar estrategias de regulación emocional de tipo evitativo más que los adultos. Por ejemplo, pueden aparentar que están bien, disimular o reprimir sus emociones naturales, evitar situaciones que los expongan a recuerdos dolorosos, alejarse de lugares u objetos de recuerdo, o cambiar de tema si la conversación deriva a hablar de sí mismos o del duelo. Estas respuestas evitativas, más o menos conscientes, los protegen de tener que expresar sus sentimientos o ponerles nombre. También es su manera de no conectar con un dolor para el que no tienen recursos de autorregulación. Estas respuestas son muy naturales y tan frecuentes en los niños, adolescentes y adultos jóvenes que pueden parecer algo normal.

Evitar hablar del ser querido puede disminuir el malestar momentáneamente. Pero no es lo mismo utilizar respuestas evitativas de forma puntual que esforzarse en mantener durante todo el tiempo una coraza evitativa para bloquear totalmente el contacto con las emociones, lo que podría hacer que el duelo se complique, tal y como hemos explicado en el capítulo anterior.

Parece que sean insensibles o que no se enteren

Cuando niegan la realidad, o su significado, aparecen como insensibles o como que no se enteran. Como padres sorprende verlos actuar con aparente indiferencia, pero debemos entender que quizá es la única manera que tienen de graduar el nivel de exposición al dolor y evitar derrumbarse emocionalmente. En un primer momento después de la muerte, especialmente si esta ha ocurrido de forma súbita, pueden experimentar más miedo que tristeza, porque lo que más les impacta no es el dolor por la muerte del ser querido, sino el hecho de enfrentarse a la propia mortalidad, o a la de los demás. Ante el lecho de muerte de su madre, un niño de cuatro o cinco años puede preguntar: «*¿Esto me va a pasar a mí? ¿Te puede pasar a ti? ¿Quién me va a cuidar entonces?*».

No expresan directamente lo que sienten

No expresan directamente lo que sienten, sino que lo hacen a través de conductas disruptivas. Por ejemplo, portarse mal o mostrar emociones como el enfado cuando en realidad lo que experimentan es tristeza. Cuando observamos este tipo de comportamientos, debemos entenderlos como expresiones indirectas de su duelo. Hemos visto muchos ejemplos en el capítulo 3.

Muestran la tristeza en periodos breves

Si se permiten mostrar emociones naturales como la tristeza o la añoranza, suelen hacerlo por periodos breves. No toleran bien una exposición prolongada a las sensaciones físicas incómodas que acompañan estas emociones. Después de expresar la emoción durante un corto tiempo, pueden pasar, de manera automática, a recurrir a un distractor que los proteja de esta sobreexposición. Tienen más recursos que los adultos para dejar a un lado sus emociones y cambiar de tema o distraerse con otra cosa. Puede que comuniques a un niño que su padre ha muerto y que él responda: *«¿Puedo ir a jugar al balón?»*. No es que no le importe, sino que reacciona de una manera natural y adaptativa que lo ayuda a desconectarse de una realidad difícil de tolerar.

Sienten vergüenza de mostrar sus emociones

Sienten vergüenza de mostrar vulnerabilidad y dependencia delante de sus iguales. En los adolescentes, la vergüenza desempeña un papel muy importante y necesario para el proceso de individuación respecto a sus figuras parentales. Así como los niños más pequeños, especialmente en edad preescolar o infantil, suelen buscar el contacto y agradecen tu presencia y tu atención cuando los acompañas en su duelo, un adolescente no tolera una mirada escudriñadora constante, y mucho menos recibir muestras de afecto en público o frente a sus amigos. Si les das atención delante de otros, por ejemplo, cuando sus amigos están presentes, se retraen porque les avergüenza mostrar vulnerabilidad y dependencia. Los padres deben aprender a dar apoyo de una manera que sea aceptable para ellos. Preguntas demasiado cerradas o directas —*«¿Como estás? ¿Quieres hablar de mamá?»*— pueden incomodarlos. Quizá no desean compartirlo en ese momento o sienten vergüenza de mostrarse emocionados y temen decepcionarte si te responden que no quieren hablar.

Un duelo escondido que se reactiva en el futuro

Muchos adultos creen que los niños se adaptan sin problemas al duelo, que si están distraídos o sonríen y no hablan del tema ya es una señal de que lo llevan bien. Pero un niño puede sentirse muy conectado con el ser querido fallecido, mostrarse triste en algunos momentos y aun así estar haciendo un buen duelo. Y, por el contrario, puede que salga con los amigos a divertirse, aparentando una actitud positiva y, en realidad, vivir un duelo difícil reprimiendo un dolor que más adelante va a emerger quizá de forma explosiva, con consecuencias importantes.

Todo lo que he logrado en esta vida no lo he podido celebrar con él

Todo lo que he logrado en esta vida no lo he podido celebrar con él. A medida que iba creciendo, su ausencia se me iba haciendo más evidente. Aprender a leer, a montar en bicicleta, mis buenas notas en la escuela, decidir la carrera...: todas estas cosas son las que habría deseado poder compartir con él. Y lo que más he echado en falta y que me ha marcado es no haber tenido la experiencia de un padre que estuviera orgulloso de mí y de mis logros en la vida.

Pedro. Adulto en duelo de niño (2 años). Suicidio del padre.

En cada hito del desarrollo en sus vidas –cambio de etapa educativa, mudanza, graduación, inicio de una relación– puede reactivarse el dolor de la pérdida vivida de niño o adolescente. Esos momentos de cambio especiales los conectan con la realidad de que su hermano o hermana no está ahí para compartirlos. Pueden sentir culpa porque ellos no podrán realizar este paso; o notan más la ausencia de papá o mamá, que los habría apoyado en esas circunstancias particulares o que habría celebrado ese nuevo logro en su desarrollo personal.

El duelo de los niños y adolescentes «cuece lento», lo que hace que el impacto de su no resolución, a diferencia de lo que ocurre en los adultos, aparezca a más largo plazo.

INICIAR UNA CONVERSACIÓN CON TUS HIJOS

Mencionar su nombre no es hablar de él

En casa no se podía hablar de nuestro hermano. Recuerdo, eso sí, que mamá mencionaba su nombre así de pasada: «A Carlos le gusta-

ba esa comida» o «Con Carlos estuvimos aquí». Pero era algo como forzado. Mencionar su nombre no me ayudaba en nada, al contrario, recuerdo que me incomodaba y no sabía qué decir. No daba pie a hablar de verdad. Lo que me habría ayudado es poder, juntos como familia, compartir lo que nos había sucedido y también poder recordarlo juntos. Mencionar su nombre no es hablar de él.

Javier. Adulto en duelo de niño (16 años).
Muerte de un hermano.

Aquí te ofrecemos algunas recomendaciones para ayudarte a saber cómo acercarte para hablar y compartir su duelo de una manera adecuada para ellos y también para ti. **Son indicaciones que debes adaptar a su edad:** unas se ajustan más a niños pequeños, otras a adolescentes, y otras son aplicables en todos los casos. **También debes ajustarlas a tus posibilidades y recursos en este momento de tu duelo.** Algunas de ellas te parecerán fáciles –incluso ya las estás aplicando–. Otras pueden significar un esfuerzo para ti, ahora que no te sobran las energías. Puedes pedir ayuda. Contar con alguien que te escuche, entienda por lo que estás pasando y te asesore sobre cómo implementar estos pequeños cambios, va a hacer que el camino sea más llevadero.

Esperar el momento adecuado y respetar su ritmo

Antes de iniciar una conversación con tu hija o hijo, pregúntate: *«¿Cómo estoy ahora? ¿Tengo un momento de calma y me siento con disponibilidad emocional?»*. Si no te sientes en condiciones de escucharlos y sostenerlos, es mejor esperar a otro momento.

Si tu hijo te ha indicado que necesita hablar contigo y este momento no es adecuado para ti, puedes proponerle un tiempo concreto a lo largo del día: *«Ahora mamá no puede, pero esta tarde, después de comer, nos sentaremos juntos para hablar de esto tan importante que me has dicho»*. Idealmente, no lo demores más de un día. Así tu hijo siente que sus preocupaciones importan y que no te has olvidado de ellas. Y si en ese momento puedes, la mejor respuesta es dejar lo que estés haciendo –sea ver una serie, trabajar en el ordenador o cocinar– y prestarles la atención que te piden desde la calma, sin prisas ni distracciones. Son oportunidades únicas: si las desaprovechas, puede que no se repitan.

Los niños y adolescentes alternan momentos en los que desean compartir, recordar y hablar de sus sentimientos, con otros en los que prefieren evadirse, desconectar de esa parte de la realidad y orientarse al futuro. Para los padres es muy importante estar en sintonía con sus necesidades afectivas, que van a ser distintas según el momento. Y entender que esta alternancia es necesaria e indispensable para manejar el duelo.

Debemos respetar que cada hijo tiene un carácter distinto y que lo que puede ayudar a uno, al otro le hace demasiado daño. Si somos nosotros los que iniciamos la conversación, podemos empezar por temas menos amenazadores y que sean de su interés. Luego, poco a poco, les insinuamos la cuestión que queremos compartir, sea el interés por cómo están, sea una decisión familiar que hay que tomar y que les incumbe.

Si tu hijo adolescente tiene una considerable madurez emocional, puede ser adecuado y útil preguntarle directamente: *«¿Quieres que hablemos de esto? ¿Te apetece compartir y hablar ahora de…?»*.

Si tu hijo ya está mostrando una emoción, no hace falta preguntar porque es obvio que ha abierto la puerta a la conversación. Puedes decirle, mientras le das la mano: *«Siento mucho lo que estás pasando. Estoy aquí para acompañarte»*.

Una madre me decía: *«Mi hijo es muy cerrado, pero yo ya le digo que, cuando quiera, podemos hablar de lo que desee».* Pero a veces no basta con decirle que estás disponible. Necesitan que tú empujes un poco facilitando el momento de compartir: siéntate con él en el sofá y propón –según su edad y la situación– mirar fotos o vídeos, o dibujar.

Acercarse de forma indirecta a través de un ritual, una imagen o un objeto permite mayor conexión que hacerlo desde lo intelectual o verbal.

Atención a las palabras mágicas

Cuando me pregunta por papá, lo dejo todo

—Mi hijo pequeño de 2 años me pregunta constantemente: «¿Y papá? ¿Dónde está papá?». Han pasado ya diez meses y me preocupa esta insistencia.

—¿Y cómo respondes cuando te lo pregunta?

—Bueno, lo dejo todo, lo siento en mi regazo, y vamos a la ventana y le enseño el cielo o las estrellas, lo abrazo y le doy mimos.

Lurdes. Muerte del marido. Hijo de 2 años.

Una excepción a la indicación que te hemos dado anteriormente son aquellos casos en los que, en niños en edad preescolar o infantil, la expresión del deseo de hablar del ser querido es, en realidad, una llamada de atención para indicarte que necesita que les dediques un tiempo individual.

Un niño de esta edad puede aprender muy rápidamente que mencionar al ser querido fallecido o preguntar dónde está actúa como unas «palabras mágicas»: el adulto cuidador lo deja todo y le ofrece atención y cariño.

Si notas que, como en este ejemplo, pasan los meses y tu hijo sigue repitiendo la misma pregunta —*«¿Dónde está?»*— o las mismas palabras —*«¡Quiero a mi hermana!»*—, puede ser útil dedicarle más tiempo individual del que le estás dando ahora mismo. **Y que sea un tiempo fuera del duelo, es decir, haciendo cosas orientadas hacia la vida: jugar, pasear, cocinar juntos, darle un masaje.**

Así, tu hijo aprenderá que puede obtener la atención que necesita sin recurrir a estas estrategias. Y cuando mencione al ser querido fallecido, puedes decirle con calma: *«Ahora es tiempo de jugar —o comer, o lo que sea—, y cuando terminemos, podemos hablar de papá».*

En los casos en los que el niño esté utilizando estas menciones acerca del papá o mamá o hermano ausente de forma repetitiva y como llamada de atención, si mantienes este enfoque, lo más probable es que su insistencia disminuya poco a poco. Y, en paralelo, puedes decidir los tiempos, marcados por ti, para hablar juntos de vuestro ser querido y recordarlo.

Tu manera de vivir el duelo no es igual que la suya

Recuerda que la manera en que tú vives el duelo puede ser muy distinta de la de tus hijos. Tendemos a proyectar: si a mí me ayuda estar muy activa y distraída, creo que eso es también lo que le conviene a mi hijo. Pero quizá no es así. **Debes estar atenta a las señales que da tu hijo para ver qué es exactamente lo que necesita, aunque no coincida con tus necesidades.** Por ejemplo, tú podrías estar hablando de tu ser querido durante horas y sentir que esto te hace bien, pero seguramente resultaría excesivo para él. O, al contrario: se acercan las Navidades y no te apetece celebrar nada, quieres reducir la celebración a lo mínimo, pero lo más probable es que tu hijo necesite lo contrario: vivir esas fechas juntos, recordando en algún momento al ser querido, y en otros, divirtiéndose con los rituales típicos de estas fiestas. En la medida de tus posibilidades, dales lo que necesitan: a pesar del esfuerzo que te supone a ti, esto va a garantizar que puedan desarrollarse y vivir su duelo de forma adecuada minimizando el efecto de la pérdida colateral.

Asegurar la contención emocional

Cuando vamos al gimnasio por primera vez, es importante no excederse: demasiada tensión en los músculos nos puede lesionar, ¿verdad? Con el «músculo emocional» de nuestros hijos ocurre lo mismo: estar mucho tiempo expresando emociones intensas como la tristeza los agota física y mentalmente. Necesitan ir entrenándose poquito a poquito. Si los empujamos demasiado, se incomodarán y pueden terminar rechazando por completo compartir sus preocupaciones. Cuando les invitamos a hablar, **debemos ser nosotros quienes pongamos un límite al tiempo de estar en el dolor**: enseñarles a parar, cerrar el «grifo emocional» y redirigir la atención a otras cosas. Después de recordar con emoción, necesitan distraerse y conectar con la vida. Al poner un límite, les mostramos que somos capaces de estar muy conectados con la pérdida en un momento dado, para después volver a la tarea cotidiana, sea jugar, hacer deberes o pasarlo bien haciendo algo creativo.

Si eres tú quien inicia la conversación, **conviene escoger un momento del día que contenga un límite o contenedor natural de tiempo o espacio**. Por ejemplo, un sábado por la mañana, antes de ir a comer, o durante una excursión familiar. En estos contextos, de forma natural, después de compartir se da un espacio de distracción —la comida, el juego— que tiene la función de poner un límite de regulación a las emociones que se han despertado. No es una buena idea proponer hablar de lo sucedido cuando están en la cama, justo antes de dormir. La conversación puede activarles sentimientos o preocupaciones que luego les impidan descansar bien. Tampoco hay que preguntarles cómo están o cómo se sienten de camino a la escuela, porque luego los dejas ahí, con la conversación a medias y sin saber cómo se quedan ellos.

Recuerda que ellos experimentan las emociones como algo difícil de gestionar. No pueden estar mucho tiempo hablando sobre lo que añoran del ser querido o cómo sucedió la muerte. Es importante no abrumarlos con conversaciones largas o demasiado frecuentes. Esto los agota física y emocionalmente. Presta atención a sus intentos de cambiar de tema, pues son signo de que la exposición a su mundo emocional está siendo excesiva para ellos.

Puedes poner tú mismo un límite de forma suave: cambiar de tema, o hacer una propuesta atractiva que implique movilizarse físicamente, mientras tu tono de voz pasa a ser más alegre, más enérgico. **Así les enseñas un modelo de gestión emocional con el que, después de ese tiempo de tristeza, de compartir el duelo, somos capaces de recomponernos, salir del dolor y reconectar con la vida.**

El reto para los adultos cuidadores está en saber mantener el equilibrio entre fomentar una comunicación abierta en la familia, y animar a los hijos a compartir sus sentimientos y preocupaciones, pero a la vez sin forzarlos demasiado a una excesiva focalización en la muerte, lo que les podría provocar un estrés adicional que no pueden manejar. La exposición intensa al sufrimiento del duelo, más la impotencia que les produce ver la aflicción de los padres, puede ser excesivo para ellos.

El reto para los padres está en mantener el equilibrio entre animar a los hijos a compartir sus sentimientos y preocupaciones, y no forzar una excesiva focalización en la muerte y el ser querido, que pueden provocarles un estrés adicional que no puede manejar.

No dejar que los recuerdos invadan todo el hogar

Una madre decidió poner fotografías de su hijo fallecido en todas las habitaciones de la casa, incluso forró las fundas de los cojines del sofá con su imagen. Cuando examinamos el impacto que eso podía tener en sus hijos, se dio cuenta de que, lo que para ella era una fuente de consuelo, para sus hijos era un recordatorio permanente e insoportable no solo de la muerte del hermano, sino también de la pérdida colateral, es decir, de que «mamá no está bien».

Una buena alternativa que te proponemos es **crear el rincón de los recuerdos: un lugar especial en casa, donde, además de sus fotos preferidas, puedes poner unas flores, algún objeto de recuerdo significativo, una vela y quizá también una libreta para escribir**. Puede ser un espacio en el salón, o en un pasillo, o en un rincón de tu habitación. Al hacer esto estás delimitando el lugar donde, como familia, os dais permiso para conectar con los recuerdos y las emociones, mientras que el resto de la casa se mantiene como un espacio orientado a la desconexión de todo lo que se refiere a la pérdida, es el lugar de la vida orientado al futuro. Estamos señalando a los hijos que hay un tiempo y lugar para afligirnos y compartir nuestro dolor —cuando nos acercamos a ese rincón, encendemos la vela, compartimos un recuerdo o escribimos algo en la libreta–, y luego hay un tiempo y espacio para la vida –el resto de la casa–, donde nos esforzamos para salir del dolor, disfrutar, hacer las tareas que nos tocan y mirar hacia el futuro.

Esta diferenciación de espacios y tiempos no solo les aporta calma, estructura y seguridad emocional, sino que también favorece que ellos puedan construir en su interior estas partes por las que pueden transitar según el momento. Con el tiempo aprenden a elegir si quieren estar en su parte de duelo, de añoranza, de recuerdos, o quieren conectar con la parte de estar en la vida, reír, jugar o salir con los amigos. Adquirir la capacidad de hacer esta diferenciación interior los hace madurar, porque aprenden a regular sus estados emocionales.

FACILITAR LA CONVERSACIÓN CON SEGURIDAD EMOCIONAL

Lo que me habría ayudado es que me hubiera abrazado

Recuerdo que una noche —creo que había pasado un mes desde la muerte de mamá, y yo había estado saliendo con los amigos casi a diario—, mi padre no me dejó salir. Era la primera noche que estábamos solos él y yo en casa. Mi padre no decía nada, no había comunicación alguna. Yo me encerré en mi habitación y me puse a escuchar música en la cama. No recuerdo exactamente qué me ocurrió, pero de pronto empecé a angustiarme: me dolía el pecho, tenía muchas ganas de llorar y un nudo en la garganta no me dejaba respirar. Llamé a mi padre. Él entró y se sentó en una silla delante de mí y no paraba de decirme: «Nos vamos al hospital. Si sigues así, te llevo al hospital». Yo recuerdo que lloraba abrazado a la almohada. Era la primera vez que lloraba desde el funeral de mamá. Estuvimos así hasta que me calmé. Ahora creo que lo que me habría ayudado de verdad es que se hubiera sentado a mi lado y me hubiera abrazado.

Carlos. Adulto en duelo de niño (16 años).
Muerte de la madre.

Una de las necesidades más profundas del ser humano –y especialmente de los niños– es sentirse escuchado.

Nos nutrimos emocionalmente de la mirada y la presencia de los demás, en particular las personas de nuestra confianza, quienes nos ofrecen un espacio donde compartir nuestras preocupaciones, ponerles palabras y elaborarlas. La presencia de ese «otro» nos da la seguridad emocional necesaria para afrontar sentimientos difíciles. Y en el caso de tus hijos, esto es igual de importante, o incluso más.

Respetar su manera de afrontar

Sé discreto y respetuoso. **Los niños y adolescentes no toleran bien las miradas intensas, directas y sostenidas.** Pueden sentir vergüenza, como si no lo estuvieran haciendo «bien». Tampoco es adecuado interrumpirlos cuando están con sus amigos para preguntarles cómo están, hablar de sus emociones o comentar su duelo frente a otros adultos. Eso les genera incomodidad, sensación de exposición y de que su intimidad es vulnerada.

Muchos de ellos construyen un muro para protegerse. Un muro hecho de silencios, aislamiento, frases como «yo estoy bien», actitudes de cuidado hacia los demás, o emociones desplazadas expresadas en forma de hiperactividad. **Su mundo emocional es muy frágil, y no son capaces de identificar y poner nombre a lo que sienten. Esto les genera un sentimiento de desauto-**

rización, como si no tuvieran derecho o razón para sentirse así. Y expresarse abiertamente puede generarles mucha vergüenza, lo que explica sus dificultades con las preguntas demasiado cerradas o directas acerca de sus sentimientos.

Por decirlo de manera metafórica, **estos muros de silencio no pueden romperse a golpe de martillo.** Cada vez que les haces una pregunta demasiado directa que no pueden responder, añaden un ladrillo al muro. Por eso es importante no forzar con consignas o interrogatorios tipo:

«¡Deberías expresar lo que sientes!», «Es que no te comunicas, y te iría bien», «¡Habla de tus emociones!», «¿Qué sientes ahora?», «¿Estás triste?».

La manera de acceder a ellos, sobrepasando este muro, es con intervenciones más sutiles y empáticas, que denoten que entiendes y reconoces sus dificultades para expresarse:

«Seguramente estás muy triste, lo siento de verdad. Es difícil hablar de cómo nos sentimos, ¿verdad?».

Y recuerda que **lo que va a despertar su confianza para poderse abrir no son tanto las palabras que utilices sino cómo las dices y lo que transmites con tu presencia cálida y serena**. Ahora te hablamos de esto.

Tu presencia facilitadora

Le abracé y dejó de llorar

—Cuando viste así de triste a tu hijo, ¿qué hiciste?

—Le abracé y le dije que se animara.

—Entonces, ¿qué ocurrió?

—Que dejó de llorar.

María. Muerte del esposo. Hijo de 12 años.

Si deseas suscitar intimidad con ellos y deseo de compartir, **debes mostrar con tu actitud que tienes tiempo, que no hay prisa, que tu atención está completamente centrada en ellos y que tú mismo estás sereno**. Habla con naturalidad, sin tensión. Escúchalos con el cuerpo: asiente, míralos con ternura, pero no los invadas con una mirada fija o intensa. Sé cálido y acogedor.

El contacto físico puede ser muy valioso: una caricia, un abrazo. Pero debe ajustarse a su edad, carácter y también a la cultura familiar. Hay familias muy afectuosas y expresivas, otras no lo son tanto. Recuerda que podemos expresar nuestro cariño sin necesidad de tocar, solo con la mirada, el tono de voz y una postura de cercanía.

El contacto físico con ellos puede mostrarles que estamos presentes, que nos importan, y que los animamos a seguir expresando lo que necesiten. Otras veces, el contacto hace de contenedor emocional: ese abrazo o golpecito en la espalda que transmite: *«Lo siento mucho, pero ya está bien por ahora, es suficiente»*. **Hay un contacto físico que te da permiso y otro que te lo quita.**

¿Has tenido alguna vez la experiencia de que te abrazara alguien y sentir que podrías derrumbarte en esos brazos y dejarte llevar?

Hay abrazos que te invitan a seguir en tu emoción con el apoyo y contención que da la presencia firme y cálida del otro que te sostiene. Luego hay abrazos que te invitan a parar y recomponerte inmediatamente, como el de María, la madre del ejemplo. Pero recuerda que, cuando tu hijo deja de llorar después de un abrazo de estos, no significa que esté mejor, sino que posiblemente ha entendido que debe detener la expresión de su pena para protegerte a ti, protegerse a él... o a ambos.

Ayudarlos a poner palabras a lo que sienten

¿Cómo favorecemos que compartan sus preocupaciones o sus sentimientos?

La manera en que debemos hacerlo es ayudándolos a poner nombre a lo que están experimentando, sean sensaciones físicas o emocionales, pensamientos, preocupaciones o recuerdos.

Suele ser de ayuda empezar la conversación con una frase que refleje nuestra empatía e interés en sus sentimientos: «*Debes echarle mucho de menos. Estás muy triste, ¿verdad?*». Y luego invitarlos a seguir hablando: «*Cuéntame, ¿cómo estás?*».

¿Entiendes la diferencia entre oír y escuchar? Escucharlos implica estar atento a todo su lenguaje verbal y no verbal, implica también que **no cambies de tema ni intentes minimizar lo que expresan o compararlos con otros. No intentes consolarlos demasiado pronto. Dales permiso para emocionarse.** Escucha lo que te cuentan y pregúntales sobre sus pensamientos y sentimientos. Y, si se emocionan, mantén la calma, no te muestres agitado ni intentes responder «arreglando» la situación. Si ven que los vas a sobreproteger, responderán ocultando sus emociones difíciles.

A los niños y adolescentes les cuesta tolerar las sensaciones físicas que acompañan la tristeza. Lo viven como algo incómodo, incluso amenazador, sienten como si fueran a caer enfermos. Debemos transmitirles, con nuestra actitud y también con nuestras palabras, que **llorar, mostrarnos afligidos, es la manera natural que tenemos las personas de mostrar amor cuando alguien no está**. Si no estuviéramos tristes, no sería normal. Puedes decir: «*Estás tan triste porque querías mucho a tu hermano, ¿verdad?*».

Con adolescentes y adultos jóvenes, puede ser útil explicarles que las lágrimas son una forma que nuestro cuerpo tiene para liberar estrés, y eso explica que después nos sintamos menos tensos, más relajados Por otro lado, sentir tristeza no es lo mismo que expresarla. Hay personas que están muy tristes, pero no lo expresan. Escuchar estas palabras de un padre o una madre los puede liberar de la culpa, de juzgarse a sí mismos por no estar sintiendo o expresando tanto como los demás. Descubrirán que estar como si no sintieran nada también es normal. Tenemos como un «grifo» que nos permite graduar la expresión de los sentimientos, y cada persona lo hace de una manera distinta.

Asimismo, **a esta edad puede ser clarificador que les expliques que el enfado es una manera particular de expresar la pena, una forma de mostrar nuestro rechazo a lo sucedido**, y que a veces el enfado lo desplazamos hacia otras personas o cosas.

«Que estés tan enfadado es una muestra de que te duele mucho lo que ha pasado y le echas de menos».

No poner tu dolor por delante del suyo

Es posible que en algún momento de la conversación tengas la tentación de compartir tú y ponerte de igual a igual con ellos. Evítalo. **Tu hijo, sea niño, adolescente o adulto joven, no puede ser tu apoyo emocional.** Mientras estás compartiendo con él o ella, sentirás ganas de hablarle de tus sentimientos: intenta no hacerlo, pero, si lo haces, que sea sin carga emocional. En la medida de lo posible debes evitar mostrar un nivel de aflicción que estimule en ellos la respuesta de preocuparse por ti e ir «al rescate».

Ahora es un tiempo para ellos: centra la atención en sus necesidades. Sabemos que esto es difícil, porque al escucharlos sentirás tus emociones, tus recuerdos y tendrás el impulso de hablar de ellos y expresarlos. Valora hasta qué punto esto los puede impactar. Si te desbordas y dejas de ofrecerles atención, en el futuro rechazarán estos espacios porque habrán entendido que compartir juntos te hace daño.

Recuerda que, tal y como hemos comentado en el capítulo anterior, debes evitar comparar tu dolor con el suyo o transmitir que tú ya sabes lo que es eso porque estás también en duelo. Y sí, es verdad, tú también estás en duelo y sabes lo que es, pero recuerda: tú eres el adulto, y ellos están en pleno desarrollo.

Así pues, evita frases como *«Yo también sé lo que es eso»* o *«A mí me pasa lo mismo»*.

En lugar de compararte, valida su experiencia reconociendo «que no sabes» lo que ellos están viviendo, y que te interesa escucharlos:

«Tú has perdido a un hermano. Yo no sé lo que es eso. Pero quiero estar contigo y escucharte».

Incluso en el caso de que en tu infancia hubieras pasado por una experiencia similar –perdiste a un padre, una madre o un hermano–, tu experiencia debe servirte para estar más atento a sus necesidades y no para poner tu historia por delante de la suya y compararlas.

Transmitir que son importantes y queridos

Estos momentos compartidos, aunque breves e intensos, van a ayudarlos muchísimo. Además de asegurarte de que no sea un tiempo excesivamente largo para ellos, una sugerencia para cerrar la conversación con ellos es –si lo ves adecuado– señalarles lo que crees que el ser querido hubiera manifestado si os hubiera estado escuchando, y **transmitirles que fueron y son unos hijos o unos hermanos excelentes**.

«Él estaría orgulloso de ti. Te sigue queriendo y siempre estará presente en nuestro recuerdo».

«Tu hermana estaría (o está) superagradecida por cuánto la cuidaste cuando estaba enferma».

«Mamá te quería mucho y estaría muy contenta de ver el esfuerzo que haces para seguir con tus estudios».

Muy a menudo ellos se pueden sentir culpables por estar vivos, por creer que son menos importantes para ti, por ser una molestia o una carga en tu vida, incluso por ser responsables de no haber evitado la muerte. Por esta razón, y ya como última sugerencia para cerrar la conversación, puedes aliviarlos de esta carga de culpa **manifestando de forma explícita lo importante que es para ti poder compartir este momento con ellos**:

«Y qué suerte tengo de poderlo vivir contigo. Estoy muy orgullosa de cómo eres. Y aunque ahora nos falta tu hermana, papá y yo somos tan afortunados de tenerte a ti y de que lo podamos compartir juntos...».

Acaba la conversación siempre reafirmándoles que son unos hijos excelentes, que estás orgulloso de ellos y que eres afortunado de tenerlos en este momento y de poder compartir con ellos el duelo.

Sabemos que aplicar estas pautas no siempre es fácil, especialmente cuando tú estás atravesando tu propio dolor.

Un factor que va a tener mucho peso en tu capacidad de generar un espacio emocionalmente seguro para tus hijos es el haberlo tenido en tu infancia. Si tus padres fueron capaces de mantener un ambiente familiar de calidez, escucha y sintonía con tus necesidades emocionales como niño, hoy estarás mejor equipado para responder al reto que estás afrontando.

Pero para algunos de nosotros la experiencia no fue esta.

Quizá tú no tuviste un padre o una madre que tuvieran el tiempo y la sensibilidad para sentarse a tu lado y dedicarte una atención íntima que te diera pie a compartir cómo estabas y a sentirte acompañado y sostenido en los momentos difíciles de tu infancia.

Entonces, ¿cómo podemos proveer a nuestros hijos de aquello que nosotros nunca tuvimos como niños?

Esta es una pregunta que nadie te va a poder responder. La respuesta la puedes encontrar en el camino que estás transitando: el esfuerzo para ofrecerles a ellos esa seguridad puede ser algo sanador para tus propias heridas.

Si ves que pasan las semanas y los meses y te das cuenta de que no puedes responder a la necesidad de tus hijos de hablar de lo que sienten o lo que piensan, si nunca es un buen momento para ti, si te cuesta darles una presencia serena y te es difícil no expresar tu dolor cuando deberías estar escuchando el suyo, entonces es el momento de pedir ayuda.

Te recomendamos pedir ayuda para ti y para tu hijo. Puedes acudir a un familiar cercano, un amigo íntimo o un adulto de su confianza que tenga un buen vínculo con él y que pueda ser su referente. Alguien con el que pueda hablar y compartir, al menos hasta que tú estés en condiciones de hacerlo. A una tía, un primo o un amigo les es más fácil estar presentes para ellos porque no están tan implicados.

Y para ti puedes buscar el acompañamiento de un terapeuta especializado en duelo, que te dé el apoyo que necesitas para estar mejor, que te ayude a vivir tus emociones más intensas de tal manera que las puedas contener en un momento dado, y así mejorar tu disponibilidad y tu presencia para aquellos que te necesitan.

Capítulo 8

SEGURIDAD MENTAL: AYUDARLOS A ENTENDER LAS CIRCUNSTANCIAS DE LA MUERTE

QUEREMOS VER EL CUERPO: ESTA VEZ SIN CRISTAL

La importancia de participar en los rituales

Cristian murió en un accidente de moto. Tenía 16 años.

Me llaman de la funeraria porque la familia desea un funeral laico (tenemos un convenio con nuestra unidad de duelo para estos casos). Visito a los padres para preparar la ceremonia, y aceptan que sea participativa. Prepararla es un primer paso en su proceso de duelo. Pido permiso para contactar con el tutor de la clase del instituto donde Cristian estudiaba. Acordamos cómo será la participación de sus amigos y compañeros de clase. Pregunto los nombres de sus amigos más íntimos.

Al día siguiente nos encontramos en el tanatorio. Acabamos de preparar los detalles y nos dirigimos a la sala donde se realizará la ceremonia. Sus compañeros de clase la han decorado: el ataúd cerrado junto al altar preside el espacio.

Empezamos la ceremonia y voy dando la palabra a todos los miembros de la familia y los amigos que desean participar, según el guion que preparamos el día anterior: comparten recuerdos, describen cómo era Cristian. Unos se despiden con palabras, otros con gestos: depositan flores en el altar, las zapatillas de deporte, el balón de fútbol. Otros tocan a la guitarra una canción que han compuesto ellos mismos.

Al finalizar la ceremonia, los padres y la familia se retiran, pero la mayoría de los chavales se quedan allí en la sala, como si necesitaran más tiempo. Unos se sientan en el suelo; las chicas se sostienen entre ellas. Otros rodean el ataúd y se inclinan sobre él, como queriendo abrazarlo. Nosotros —el personal de la funeraria y yo— esperamos en silencio. Ahora no hay prisa. Les damos el tiempo que necesiten.

Al cabo de un rato, Xavi, su mejor amigo, se dirige hacia mí, se-

guido de su grupo más íntimo. «Queremos pedirte una cosa: queremos verlo otra vez, pero ahora "sin cristal"». Me dirijo al personal de la funeraria y les pregunto si podemos organizarlo. «Sí, lo intentamos», me responden.

Acondicionamos una salita adyacente. Colocamos el ataúd, esta vez sin tapa de cristal. Les pido que entren en grupos pequeños —no todos a la vez— e indico que yo estaré ahí presente, por si necesitan algo y para acompañarlos.

Me sitúo discretamente en un rincón de la salita, de pie, en silencio. Intento transmitir una presencia estable y calmada. Van entrando por turnos en grupos de cuatro o cinco. El primer grupo son Xavi y sus amigos íntimos. El resto va entrando después. Para la mayoría es la primera vez que están en contacto con la muerte. Se acercan tímidamente. Alguno pide permiso para tocar el cuerpo: «¿Podemos?». Las chicas entran juntas, apoyándose las unas en las otras, lloran. Los chicos son más contenidos. No intervengo salvo para dar permiso para lo que piden y responder alguna pregunta. Contengo mi emoción.

Cuando todos los que lo deseaban han pasado, Xavi entra otra vez, esta vez solo: «Quiero ser el último». «¿Quieres que te deje solo?», le pregunto. «No, quédate aquí», responde. Sigo en silencio ahí de pie. Se acerca al féretro y se arrodilla. Pasa suavemente la mano y el brazo bajo la cabeza de Cristian, se inclina y le susurra unas palabras al oído. Permanece así un buen rato. Luego, muy lentamente, retira el brazo, se levanta y se aleja hacia la puerta caminando de espaldas, con la mirada puesta en Cristian. Es su última mirada y la mantiene hasta que cierra la puerta.

Al despedirnos todos, nos agradecen la oportunidad que les hemos dado.

Alba. Terapeuta de duelo (A. P.).
Ceremonia laica de Cristian.

No soy tonto, veo lo que está pasando

Después se puso bien, estuvo bien durante muchos años, pero luego recayó, y fue horroroso. Yo tenía entonces 12 años. Y todo eran engaños... Ellos —mis padres— me decían: «Ha ido perfecta la operación», pero yo veía que no era cierto. «Sí, vale, vale», respondía yo. Ella también lo sabía, y me lo contaba. Me decía que, a veces, fingía no entender lo que los médicos decían a mis padres delante de ella, pero que en realidad se enteraba de todo. Así que hacía como que no entendía, para no hacerles sufrir. En los momentos importantes, cuando había una recaída o una operación, me mandaban a casa de una amiga de mi madre. Y yo pensaba: «Bueno, vale, que no soy tonto, veo lo que está pasando». Y luego, al regresar, todo había ido fatal..., ella estaba peor.

Quique. Adulto en duelo de niño (15 años).
Muerte de la hermana.

En la mayoría de los hogares no es común hablar de la enfermedad o de la muerte, y mucho menos con los hijos. A no ser que la familia haya vivido anteriormente una pérdida importante, lo más probable es que estos no sean temas de conversación.

Para tus hijos, seguramente esta es la primera experiencia relacionada con algo que siempre ha sido un tabú, o al menos así lo han interpretado por los silencios que lo rodean: *«De estas cosas no se habla, son incómodas*». Y ahora te enfrentas con esta realidad tan difícil: un miembro importante en la familia está gravemente enfermo, o ha muerto, y tus hijos necesitan entender qué ha sucedido, por qué ha sucedido y qué impacto va a tener en todos vosotros.

En el caso de un fallecimiento, seguramente —y dependiendo de su edad— se están haciendo muchas preguntas, no solo acerca de las circunstancias del mismo, especialmente si este ha sido accidental o súbito, sino también sobre sus propias reacciones: por qué sienten una emoción determinada, o por qué tienen ciertos pensamientos, qué es normal y qué no lo es.

Las preguntas más comunes que suelen hacerse son:

- «*¿Por qué ha muerto? ¿De qué ha muerto?*».
- «*¿Esta enfermedad podría haberse curado?*».
- «*¿Hay un culpable? ¿Podría haber hecho yo algo para salvarle?*».
- «*¿Me puede pasar a mí lo mismo?*».
- «*¿Te puede pasar a ti (a los demás) lo mismo?*».
- «*¿Cómo fueron sus últimos momentos?*».
- «*¿Preguntó por mí? ¿Pensó en mí?*».
- «*¿Qué nos va a pasar ahora en la familia? ¿Cómo va a afectar a los demás?*».
- «*¿Cómo me va a afectar a mí? ¿Es normal lo que estoy sintiendo?*».

Y, para encontrar las respuestas a estas preguntas, dependen de los adultos cuidadores que los rodean y en quienes confían para recibir la información adecuada, para poder encontrar un sentido a lo sucedido que los saque de esa confusión e incertidumbre.

Hablamos de proveer seguridad mental a los hijos para referirnos a todo aquello que los adultos de referencia pueden hacer para mejorar su comprensión cognitiva de lo que están viviendo. Y para ello necesitan ser capaces de generar un ambiente en el hogar que les facilite respuestas a sus preguntas con la información necesaria, que los ayude a dar sentido a todo lo que ha ocurrido con relación a la muerte del ser querido y al impacto de esta en sí mismos y en la familia.

LA IMPORTANCIA DE DAR INFORMACIÓN ACERCA DE LO OCURRIDO

Se ha ido al pueblo a buscar novio

> *Mi abuela era la figura de referencia en mi infancia. Mi madre trabajaba todo el día y nunca conocí a mi padre, que murió antes de que yo naciera. Cuando murió mi abuela, me lo ocultaron. Me dijeron que «se había ido al pueblo a buscar novio». No la vi nunca más. La odié por dejarme sola, sin despedirse. Me sentí abandonada y traicionada. Años después supe que había muerto. Entonces me sentí culpable de todo lo que había sentido de malo hacia ella, y también sentí mucha pena por no haber podido acompañarla, ni haber ido al funeral o al cementerio a despedirla. ¿Por qué no me dijeron la verdad?*
>
> *Susana. Adulta en duelo de niña (9 años).*
> *Muerte de la abuela.*

Según sea la edad de tus hijos, puedes pensar que no lo van a entender y que es mejor no contarles nada para protegerlos. Algunos detalles, es cierto, son difíciles de asimilar y temes que despierten emociones que no sepan manejar. Con la mejor intención, evitas el tema o cambias la conversación cuando te preguntan por sus últimos momentos, qué causó la muerte o si preguntó por ellos. Crees que no informarlos sobre la evolución o el posible desenlace de la enfermedad ha sido una buena manera de ahorrarles sufrimiento –como les sucedió a los padres de Quique–. Piensas que saber que la enfermedad era grave seguramente les habría causado mucha preocupación y ansiedad.

Pero **si no se les da ninguna información y sienten que no hay un espacio seguro para preguntar sin incomodar, acabarán haciendo sus propias elucubraciones sobre lo que está ocurriendo**. Captan las señales de preocupación en los rostros de los adultos e intentan interpretarlas para entender lo que está pasando. Y rellenarán los huecos con sus propias fantasías. Así, dependiendo de su edad y otros factores, si la información que tienen es incompleta, pueden llegar a conclusiones erróneas: creer, por ejemplo, que fueron los causantes de la muerte, que podrían haberla evitado o que el ser querido los ha abandonado —como en el ejemplo de Susana—. Esto puede generarles más angustia y más culpa.

Solemos subestimar la capacidad de comprensión de la realidad que tienen nuestros hijos. ¿Cuántas veces nos hemos sorprendido de su habilidad para detectar información que intentábamos deliberadamente ocultar?

Si la información que tienen acerca de las circunstancias del fallecimiento es incompleta, pueden llegar a conclusiones erróneas: creer que fueron los causantes de la muerte o que podrían haberla evitado.

Puede parecer que no darles información los protege y, a corto plazo, esto es cierto. **Pero si el niño no ha sido informado sobre la gravedad de la enfermedad y la posibilidad de que pudiera terminar en muerte, sus respuestas emocionales tras el fallecimiento serán más intensas, porque no ha podido anticipar lo que iba a ocurrir ni prepararse.** Puede reaccionar con más anonadamiento, incredulidad o incluso enfado en los primeros momentos, porque la muerte le parecerá irreal. Lo mismo ocurre si la muerte no ha sido anticipada, como puede ser en un accidente o muerte súbita, donde la reacción de *shock* –igual que sucede con los adultos– será mayor.

Recibir una información clara acerca de la inminencia de la muerte, o conocer los detalles sobre cómo ha ocurrido, puede provocar miedo y tristeza. Estas emociones tienen un objeto definido, una causa concreta –*«Tengo miedo a…», «Estoy triste porque…»*–, y cuando las experimentamos, aunque sean incómodas, nos empujan a prepararnos tomando decisiones dirigidas a mitigar su impacto. Podemos decidir pasar más tiempo con el ser querido, despedirnos o, como en el caso de Susana, dejar de preocuparnos sobre si regresará o no. Por eso es tan importante recibir la información clara sobre cómo progresa la enfermedad, la inminencia de la muerte o las circunstancias del fallecimiento. **Conocer los hechos, aunque les despierte dolor, permite a nuestros hijos ir asimilando la realidad.**

Pero, si no tienen información clara, ese «no saber» les generará angustia. La misma palabra lo expresa: estar en un espacio angosto, sin saber cuándo acabará, sin poder respirar. Si tus hijos no logran entender o dar sentido a la causa de la muerte, pueden responder con pensamientos repetitivos, circulares, que son un reflejo del intento por encontrar explicaciones acerca de lo ocurrido. Aparecen la incertidumbre, la culpa, el desasosiego y la desconfianza. A veces, estas preocupaciones se expresan como intrusiones emocionales: ataques de ansiedad, o imágenes reales o fantaseadas que pueden aparecer en forma de pesadillas. Estas emociones de angustia asociadas al «no saber», al «no tener información», son mucho más difíciles de manejar que la tristeza que provoca conocer la verdad.

Lo que queremos decir con esto es **que no es recomendable que ocultes la verdad a tu hijo**. Ciertamente, cada niño o niña o adolescente, según su edad, madurez y nivel de comprensión, tendrá necesidades distintas y, según el caso, tendrás que adaptar la forma y escoger los detalles que ofrecerle sobre la enfermedad o el fallecimiento, pero debes darle la información sobre lo ocurrido de forma honesta y veraz. **Haciéndolo así, no solo le reduces su angustia de «no saber» sino que, además, le estás transmitiendo la confianza de que será capaz de integrar la información y de que juntos podréis afrontarlo.**

Aunque ya hayan pasado meses, o incluso años, desde el fallecimiento, independientemente de cómo se manejó la información durante la enfermedad, o en la comunicación de la defunción, siempre estás a tiempo de plantearte qué es ahora lo importante que deberías compartir con tu hijo respecto a lo ocurrido para ayudarlo en su camino de conocer y aceptar la realidad e integrarla en su historia de vida.

Aquí te daremos unas recomendaciones sobre cómo hacerlo.

LA COMPRENSIÓN DE LA MUERTE A DISTINTAS EDADES

Uno de los grandes desafíos **para los niños de entre 2 y 6 años** es comprender qué significa realmente morir. Parte del malestar emocional que experimentan no proviene de la ausencia del ser querido en sí, sino de la confusión o el vacío que les genera no entender lo que significa el hecho de morir y no recibir la información adecuada al respecto.

En esta franja de edad los niños no comprenden todavía el concepto de la muerte y su irreversibilidad, y tienden a pensar que la persona fallecida va a regresar. Ellos entienden lo que se les dice de forma literal, por lo que es recomendable evitar expresiones ambiguas como *«se fue»* o *«está descansando»* o *«está en el cielo»*, ya que pueden generar confusión.

Antes, cuando el ser querido se iba, siempre regresaba, se despertaba después de dormir, y al cielo uno puede ir en avión. Si utilizas estas metáforas, puede ser que tu hijo reaccione con miedo a separarse de ti, o a que te vayas lejos de su vista, o que tenga miedo a irse a dormir pensando que no se va a despertar, o que espere en la puerta de casa a que el ser querido fallecido regrese, o que esté mirando el cielo constantemente buscándolo. Si tu hijo presenta algunas de estas conductas, está mostrando que no ha logrado entender el concepto de lo que es morir.

La recomendación general a estas edades es ofrecer una explicación simple, sin ocultaciones ni metáforas.

Comunica la noticia mediante una frase corta, clara y sin rodeos. Por ejemplo: *«Mamá ha muerto, su cuerpo dejó de funcionar y ya no volverá»*. Transmítelo con claridad, firmeza y con mucha calma por tu parte. La actitud con que le des esta información puede tener mucho más impacto en él que el contenido.

Después de comunicarle la defunción **deberás ayudarle a entender que la muerte es algo irreversible, que los que han muerto no volverán**. Para explicar lo que significa morir, te ayudará recordarle qué es estar vivo: podemos respirar, comer, cantar y jugar. Cuando alguien muere, deja de hacer esto para siempre. La persona ya no siente dolor, ni frío ni hambre, porque su cuerpo ha dejado de funcionar. Seguramente han tenido la experiencia de ver un animal muerto, y puedes referirte a ese ejemplo.

A estas edades no suelen reaccionar emocionalmente y lo más frecuente es que muestren indiferencia. Después de comunicarles el fallecimiento de la mamá pueden responder: *«¿Puedo ir a jugar ahora?»*. Y si formulan alguna pregunta, será acerca de sus preocupaciones sobre quién los va a cuidar a partir de ahora, o si a ellos les puede suceder lo mismo. Y todo esto es normal. No son insensibles, simplemente es su manera de manejar una información para la que no están aún emocionalmente preparados.

Si tus hijos tienen entre 6 y 11 años, al comunicarles el fallecimiento de vuestro ser querido no necesitarán tantas explicaciones acerca de lo que es la muerte, porque su comprensión es mucho mayor y ya entienden que es algo irreversible y que tarde o temprano sucede a todos los seres vivos. Seguramente mostrarán interés por alguno de los detalles que los ayude a entender por qué y cómo sucedió.

Esta información deberás darla con un lenguaje adaptado a su edad y filtrando aquellos detalles innecesarios que puedan angustiarles. Con tus explicaciones podrán entender lo que es la enfermedad grave, o la vejez o un accidente de tráfico. Si no reciben la información adecuada, pueden llegar a conclusiones erróneas acerca de la causa de la muerte, lo que acabe despertándoles ansiedad.

Hablar con ellos de cómo ha ocurrido el fallecimiento no es algo morboso, es acompañarlos a entender una realidad difícil que ellos, poco a poco, deben asimilar con tu ayuda. Te damos ejemplos de cómo hacerlo más adelante.

En estas franjas de edad –entre 2 y 11 años– estas explicaciones deben estar acompañadas de varias afirmaciones que les transmitan que hay personas que los quieren que están a su lado y que les van a estar acompañando. **Garantizar su seguridad física, emocional e interpersonal (todo lo que hemos visto anteriormente en los capítulos 4, 5 y 6), son las condiciones necesarias que van a permitir que puedan ir asimilando esta nueva realidad de forma gradual.**

Más adelante, a medida que se hagan mayores, podrás hablar con ellos compartiendo más detalles y profundizando en las explicaciones de lo sucedido que les permitan integrarlo y darle sentido. También deberás poner especial atención a cómo mantener el recuerdo del ser querido fallecido. Hablaremos de esto en el capítulo siguiente.

A partir de los 11 años aproximadamente ya puedes entablar una conversación más profunda sobre las causas de la muerte y cómo sucedió. Ellos tendrán ya muchas más preguntas, y tú puedes aportar los detalles y explicaciones que den respuesta a sus inquietudes. Lo más probable es que hayan recibido información de la familia extensa, o del exterior o de internet, y necesiten poder elaborar una narrativa lo más coherente posible.

En la conversación es importante crear un espacio para que puedan preguntar con confianza y resolver las discrepancias que hayan podido surgirles al no tener la información adecuada y hacer ellos sus propias elucubraciones.

A estas edades, seguramente responderán con emociones más intensas a las que deberás dar espacio. Favorecer que puedan expresar lo que sienten, sea lo que sea, sin juzgarlos les va a ayudar a aceptar la realidad y sentirse reconocidos en su manera de vivirla.

La explicación que les des en una conversación ahora, seguramente va a ser insuficiente. Es importante expresarles que contigo van a disponer de un espacio de seguridad donde puedan darse futuras conversaciones, y donde puedan volver al tema cuando lo necesiten. **Mantener el diálogo abierto a lo largo de los años, ofreciendo información honesta y clara, y respondiendo con sinceridad a sus preguntas, es lo que va a garantizar la seguridad mental que necesitan para integrar la realidad de la pérdida en su historia de vida.**

Ampliaremos ahora un poco en detalle cómo crear este espacio y también hablaremos de la importancia de incluirlos en los rituales.

Es recomendable ofrecerles una información clara sobre cómo ocurrió la muerte, ayudarlos a entender los detalles que necesiten conocer y crear en casa un ambiente en el que puedan hacer las preguntas que deseen.

CÓMO ENTABLAR UNA CONVERSACIÓN ACERCA DE LAS CIRCUNSTANCIAS DE LA MUERTE

Lo sabíais y me habéis mentido todos

¡Todos me mentisteis! Todos vosotros sabíais que iba a morir y me habéis mentido. Y ha muerto y me habría gustado saberlo para poder decirle adiós. Y hubiera jugado más con él.

Pol (8 años). Muerte del hermano pequeño, reunión con el equipo de paliativos y los padres.

Tus hijos necesitan sentir que el hogar es un espacio seguro donde pueden darse conversaciones con sus cuidadores en las que pueden compartir de la manera más honesta posible, recibiendo una información clara sobre cómo ocurrió la muerte –o, si es el caso, cómo evoluciona la enfermedad– con un lenguaje adaptado a su edad y a su capacidad de comprensión. Donde la relación con sus cuidadores sea de tal confianza que sientan que tienen permiso para preguntar lo que deseen, con la certeza de que serán escuchados y atendidos con cariño y honestidad.

Para ellos, normalmente es mucho mejor sentir el dolor de conocer la verdad que vivir la angustia de no saber lo que pasó, de no entender por qué murió su ser querido, porque nadie se lo explicó bien. O, como en el caso de Pol, no poder decidir cómo vivir el tiempo que le quedaba con su hermano.

¿Cómo lo hacemos? Todas las pautas presentadas en el capítulo 7 van a serte de ayuda. También existen publicaciones específicas sobre este aspecto (recogidas en la bibliografía complementaria) que pueden complementar las recomendaciones básicas que aquí te damos.

Elige el momento y el lugar adecuados

Asegúrate de estar en un momento personal tranquilo, sin prisas, en un entorno que favorezca la intimidad, sin interrupciones, donde puedas estar sentado al lado o delante del niño, cercano físicamente, con contacto visual. Que pueda sentir que tienes todo el tiempo que necesita. Habla con un tono calmado, sin agitación. No muestres emociones intensas, para que no tenga que preocuparse también por cómo te sientes tú.

Puedes empezar preguntando si es un buen momento, si desea hablar ahora del tema. Dile que estás disponible para cualquier pregunta sobre lo sucedido, ahora o más adelante. Puedes advertirle que vais a hablar de un tema muy triste y que, a veces, cuando hablamos de cosas tristes sentimos ganas de llorar. Que está bien llorar, que no hay nada malo en ello: luego nos sentimos mejor.

Utiliza un tono calmado

Cuando comunicas a un niño una mala noticia como es la muerte de un ser querido (o su inminencia), lo primero que hará será observar tu reacción y va a ajustar la suya a cómo la transmitas. Por eso es muy importante que cuides **tu manera de comunicar: el tono es tan o más importante que el contenido de lo que dices**. Si te ve calmado, mirándole a los ojos, transmitiendo seguridad y cariño, podrá vivir este momento de una manera muy distinta a si te percibe agitado, tenso o desbordado emocionalmente.

Necesitaba ver el impacto en nosotras

Cuando murió mi padre, mi hermana con síndrome de Down estaba de colonias con sus compañeros del taller ocupacional. Fuimos a buscarla con mi otra hermana y en el camino de vuelta decidimos parar a tomar un refresco y darle la noticia. Ella sabía que papá estaba enfermo desde hacía tiempo. No sé hasta qué punto comprendía la gravedad de la situación. Ya en la cafetería, cuando estaba sentada frente a nosotras, le dijimos: «Rosa, ya sabes que papá estaba muy enfermo..., vamos a casa porque papá ha muerto». Ella se quitó las gafas —era muy miope—, las limpió, se las volvió a poner y nos miró a ambas de forma escrutadora. Una vez verificada nuestra respuesta emocional a la situación, claramente ajustó la suya. Necesitaba ver el impacto emocional en nosotras para poder calibrar y regular el suyo. Estuvimos un rato allí, respondiendo a sus preguntas con la mayor calma posible. Ella estuvo también muy tranquila. Luego seguimos el camino a casa.

Margarita. Muerte del padre.
Hermana con síndrome de Down (18 años).

Da la información en secuencia temporal

En vez de abordar directamente el relato sobre cómo fue el momento de la muerte, puede ser útil dar la información en secuencia temporal, es decir, explicar lo sucedido de forma cronológica, empezando desde antes de la enfermedad. Por ejemplo: *«Hace dos años que mamá no se encontraba bien, ¿verdad? Ya sabes que estaba enferma de...»*. Nombra la enfermedad, lo que sabíais y lo que no. Luego continúa describiendo cómo fue evolucionando su estado de salud. Explícale que en los últimos días estaba muy muy muy enferma, que era una enfermedad muy muy mala. Enfatizar que la enfermedad era «muy muy mala» los ayuda a no confundir una enfermedad leve, como una gripe, con una enfermedad grave. Recalca que los médicos intentaron todo lo posible, pero «no había medicinas que pudieran curarla», o que a su edad «era ya muy muy mayor» y su cuerpo no podía resistir. Haz una pausa de vez en cuando para comprobar que entiende lo que dices, y pregunta si tiene dudas. Si hay algo que no sabes, sé honesto, dilo abiertamente.

Selecciona los detalles necesarios, omite los innecesarios

A medida que avances en el relato, ofrece información sobre los detalles que creas que le pueden ayudar a asimilar lo sucedido, y reserva aquellos que consideres innecesarios o demasiado perturbadores, según su nivel de madurez y sus recursos emocionales e intelectuales. Es importante no sobreexponerlos con informaciones que no necesitan y que no les aportan nada.

Preguntarles qué recuerdan te permite verificar la información que ya tenían, y a partir de ahí tú puedes ajustar la nueva información de manera que no sea excesiva. Procura ser honesto y también decir que no lo sabes cuando no dispones de la información que te pide.

Si tus hijos han compartido la vivencia de la enfermedad del ser querido y han participado de los cuidados, con momentos difíciles y también con momentos bonitos, repasar estos recuerdos contigo, con tranquilidad, puede ayudarlos. Destaca su papel en el acompañamiento y cuidado del ser querido y anímalos a expresar las dudas que puedan tener.

Los niños suelen creer que ellos son responsables o en parte responsables de lo sucedido, aunque no sean capaces de verbalizar de forma explícita esta creencia. Les ayuda que de forma directa les transmitas que **no hay nada de lo que hicieron o incluso pensaron que haya podido causar el fallecimiento del ser querido. No es su culpa.** Más adelante volveremos a este tema.

Hablar de la enfermedad y de la muerte con naturalidad –sin forzarlo, pero sin evitarlo– los ayuda a integrar lo vivido y a reducir el trauma de la parte de lo que no pudieron vivir o comprender en ese momento.

Mediante esta revisión de los detalles, y con la ayuda de tus explicaciones y tu apoyo ante las emociones que vayan surgiendo, podrán ir construyendo una narrativa que ponga de relieve cómo su participación tuvo valor y significado para la familia, y especialmente para el ser querido fallecido.

Evita eufemismos: sé honesto

Pero ¿dónde está mamá?

—¿Dónde está mamá?

—En tu corazón —le dice, poniendo la mano sobre su pecho—, en nuestros recuerdos. Siempre que quieras, puedes recordarla desde tu corazón.

—Bueno, vale. Pero ahora quiero la verdad: ¿dónde está mamá?

Ruth (8 años). Muerte de su madre.

Para comunicar la defunción o referirte al ser querido es importante que utilices las palabras *muerte*, *cáncer*, *accidente*, *infarto*, *enfermedad grave*. **No utilices eufemismos para describir la muerte.** Evita frases como *«Lo hemos perdido»*, *«Nos ha dejado»*, *«Está en el cielo»*. Estas expresiones pueden confundirlos o generar fantasías, si las interpretan literalmente.

Decir *«Tu papá no volverá nunca»* puede resultarte a ti mismo muy duro, pero a ellos los ayudará a no mantener la fantasía de que está de viaje –quizá como otras veces–, o, si es la hermanita, que regresará del colegio, como antes.

Es posible que una de las preguntas que nos hagan sea acerca de dónde van las personas después de morir. Como Ruth en el ejemplo anterior. Es importante ser honestos con lo que sabemos... y con lo que no sabemos. Desde nuestra experiencia, creemos que lo mejor, como adultos, es hablar con los niños con sinceridad: no tenemos ninguna respuesta definitiva a lo que ocurre después de morir. Podemos decir algo como:

«Algunas personas creen que después de morir vamos a un lugar muy bonito, donde nos reencontramos con quienes hemos querido y ya han fallecido. Otras personas creen que, cuando morimos, simplemente todo termina y dejamos de existir».

Si lo haces así, estás dando permiso a tus hijos para desarrollar sus propias creencias, que pueden ser distintas de las tuyas. **Compartir nuestras propias dudas, esperanzas y creencias con franqueza, les ofrece el espacio seguro donde construir su propio sentido de la vida y la muerte.**

Por supuesto que, si en tu familia sois creyentes, este es el momento de transmitirles, no solo con vuestras palabras, sino también con vuestra actitud, la fe que os sostiene: la certeza del reencuentro, la esperanza de la vida más allá de la muerte y la creencia en un sentido trascendental, según vuestra religión.

Las creencias religiosas o espirituales no evitan la experiencia de duelo –la ausencia va a doler igual, para el resto de lo que queda de vida–, pero sí pueden ayudar a vivir mejor la realidad de la muerte y el sufrimiento, con más paz y aceptación. Si eres creyente, compartir estas certezas con tus hijos es una manera de transmitirles tus valores.

CERRANDO LA CONVERSACIÓN

Al conversar con nuestros hijos sobre las circunstancias de la muerte —escuchándolos, resolviendo dudas y compartiendo recuerdos—, **es importante saber cuándo parar**. Si la emoción ha sido intensa, no es recomendable alargar la conversación. Dependiendo de la edad podrán estar más en contacto con sus emociones, pero nuestra recomendación es limitar la conversación a un tiempo breve. Podemos retomarla más adelante.

Una buena forma de cerrar el momento es ayudarlos a cambiar de tema e iniciar una actividad de distracción que los devuelva a un espacio emocional seguro, de descanso frente al dolor.

Antes de finalizar la conversación, es importante hacer una afirmación positiva, verbal y firme, que transmita una esperanza sobre el futuro de la familia. Aunque haya dolor, caos emocional o tristeza, a tus hijos les va a ayudar oír que, con el tiempo, todo mejorará y que estarán acompañados en ese proceso:

«Me ha gustado mucho poder compartir contigo sobre la muerte de papá. Aunque ahora estamos todos muy tristes, con el tiempo vamos a estar mejor» o *«Van a venir momentos difíciles, pero también momentos buenos. Y lo importante es que, como familia, vamos a salir adelante, juntos. Es lo que tu hermana habría deseado».*

Estas afirmaciones les transmiten seguridad emocional y refuerzan la idea de que, aunque ahora todo parezca inestable, hay un futuro posible de recuperación para toda la familia.

Después de este cierre, es útil invitarlos a retomar sus actividades cotidianas —ya sean de ocio, escolares o de colaboración en casa—. **Dirigirlos a una actividad de restauración no solo los ayuda a distraer y descansar su mente, sino que también es una manera implícita de mostrarles que la vida continúa y que vale la pena seguir aprovechándola e implicándonos en ella.**

«Hay que seguir estudiando. Es importante que saques buenas notas».

«Debes seguir ayudando en casa como antes. Sé que estás triste, pero eso no justifica tener la habitación desordenada. ¡Vamos a ordenarla juntos!».

Estas consignas prácticas, que otorgan un valor central a la vida cotidiana, les dan seguridad. En medio de la confusión emocional del duelo, saber que hay rutinas y obligaciones que cumplir los ayuda a sentirse contenidos y les recuerda que, a pesar de la muerte del ser querido, la vida y la familia siguen adelante con sentido.

Estar en duelo no justifica que se dejen de atender las responsabilidades: ir a la escuela, hacer las tareas, seguir aprendiendo y colaborar en casa son formas de mantenerse arraigados a la vida y señalar que esta tiene un propósito. Estas actividades no solo ayudan a preservar el desarrollo psicológico del niño, sino que también comunican –sin necesidad de palabras– que la vida en esta familia sigue valiendo la pena y los adultos que cuidan siguen estando al mando.

CUANDO LA MUERTE HA SIDO TRAUMÁTICA

Se transmitía que había que esconderlo

Recuerdo la sensación de tabú. En un primer momento sí que se nos explicó a mí y a mi hermana lo que había ocurrido. Pero a partir de entonces ya fue algo que no se podía hablar en casa. Yo me enteraba de cosas porque compañeros míos de clase las comentaban. Recuerdo la sensación de no tener permiso para hablar de eso en casa, porque el dolor era demasiado. Recuerdo las persianas bajadas, como mucha oscuridad, una pena tan grande que lo ocupa todo y que no deja mucho espacio para respirar. Solo podía hablar con mi hermana.

Yo creo que habría necesitado tener espacio donde poder hablar de qué nos hacía sentir eso a nosotras, qué pensábamos, qué pensaban los adultos. Haber tenido un espacio de comunicación abierta, haber podido expresar. Yo me angustiaba sola en mi habitación, o lloraba pensando en qué habría pasado. Y no era algo que pudiese compartir porque se transmitía que había que esconderlo, y me daba vergüenza porque sabía que fuera de casa la gente comentaba. En cambio, yo en casa no podía hablarlo, no podía preguntar.

Elena. Adulta en duelo de niña (12 años).
Muerte del hermano por homicidio.

Cuando la muerte ha sido súbita, inesperada, violenta o estigmatizada (como en casos de enfermedad aguda, accidente, suicidio, homicidio o sobredosis), tener una conversación abierta con nuestros hijos sobre lo ocurrido puede ser especialmente difícil: no sabemos cómo empezar ni qué decir. Solemos creer que los estamos protegiendo al no hablar de ello, o mentir acerca de la manera en que sucedieron los hechos, pero el desconocimiento les puede generar angustia: se hacen preguntas que no saben responder y en su imaginación crean fantasías para explicarse lo sucedido.

Pueden haber pasado días, semanas, meses o incluso años desde la pérdida: cuando sientas que es el momento, busca un lugar tranquilo, sin interrupciones, y relata con calma lo que sabes sobre lo acontecido. En los casos de muertes traumáticas, compartir la información de forma clara, honesta y adaptada a su edad los ayudará a reducir la incertidumbre y sus fantasías. Describe el contexto, los hechos y, si es útil, ve avanzando cronológicamente. Esta secuencia, como hemos explicado antes, ayuda al niño o adolescente a entender mejor lo que pasó, y a ti te permite ir anticipando gradualmente la información, detenerte cuando sea necesario, verificar cómo lo va integrando, preguntar sus dudas y responder a ellas.

Por ejemplo, si fue un accidente, no basta con decir: «*Hubo un accidente de coche*».

Para ellos, papá salió ayer por la tarde de casa, y pasado mañana es el funeral. Es muy difícil comprenderlo si no se explican los detalles de qué ocurrió, cómo, cuándo y por qué. Por ejemplo, puedes explicar que:

«Papá salió para su trabajo como cada día..., iba conduciendo con el coche por la calle..., y, de pronto, pasó un camión muy deprisa y chocó contra el coche. El coche... Papá sufrió un golpe muy muy fuerte en la cabeza..., y unas personas que pasaban por ahí llamaron a la ambulancia..., que vino con la sirena..., y lo llevaron al hospital... y unos médicos intentaron curarle con medicinas... y..., pero no fue posible».

Esta explicación pormenorizada le permite construir una narrativa con mucho más sentido que si simplemente se le dice que «sufrió un accidente», y a partir de ahí les es mucho más fácil poder hacer alguna pregunta.

Conocer los detalles, aunque sean dolorosos, los ayuda a hacer real lo sucedido. Ten en cuenta que ellos no han visto nada y pueden desconocer lo que es un «infarto», una «enfermedad aguda» o un «accidente». ¿A qué nos referimos? Para ellos, simplemente, el ser querido ha desaparecido de sus vidas. Utilizar un dibujo o un juego con muñequitos puede ser un buen recurso para facilitar la comprensión. Invitarlos a hacer un dibujo sobre cómo imaginan el suceso también los ayuda a elaborarlo, siempre con tu acompañamiento.

Ahora bien, **hay detalles especialmente traumáticos que podemos decidir no compartir con ellos si consideramos que no están preparados para asimilarlos**. Nos referimos a aquellos que no aportan ninguna información necesaria para la comprensión general del suceso. Es decir que «no tenerlos» no va a generarles incertidumbre ni angustia. Los podrás compartir con ellos más adelante, en otro momento de sus vidas, cuando estén más preparados y cuando pregunten específicamente sobre ello. Con mayor madurez, podrán recibir esta información sobre detalles más dolorosos, que entonces serán capaces de contextualizar, pues tendrán los recursos intelectuales y emocionales necesarios para integrarlos adecuadamente.

En los casos de muerte accidental, es importante remarcar la excepcionalidad del hecho. Por ejemplo, puedes decir:

«Hubo un fallo en el avión, algo que ocurre muy raras veces: fue una cadena de circunstancias muy poco frecuente», o *«El camión perdió el control y chocó con el coche. Es muy raro que ocurra, pero esta vez ocurrió»*, o *«Mamá no estaba bien del corazón, estaba muy muy malita, pero no lo sabíamos. A veces a algunas personas les falla el corazón, pero esto no le va a pasar a papá ni a nadie más de la familia»*.

Usar adjetivos que subrayen que estas cosas ocurren excepcionalmente, y decirlo de forma tranquila y firme, los puede ayudar a no perder la confianza en la vida. Si no les damos esta seguridad, tal vez respondan con fobias, como miedo a viajar en coche o a que tú salgas de casa, o con angustia cada vez que tienes un simple catarro.

Es cierto que no podemos garantizar que no suceda otra tragedia en la familia, pero darles la seguridad de que eso no va a ocurrir, al menos en las primeras etapas del duelo, les aporta calma. Más adelante, cuando sean mayores y estén más preparados psicológicamente podrán ir integrando que la vida es imprevisible. **Ahora es importante transmitirles que «estamos todos a salvo»; esta seguridad les permite relajarse, reducir la ansiedad y reconectar con la vida.**

También es importante explicar, si es el caso, que la muerte fue rápida, que no sufrió, o que estaba inconsciente y no se dio cuenta de nada. Si sabemos que hubo momentos difíciles, podemos decidir si compartirlo o no, pero, en caso de hacerlo, **debemos remarcar que eso ya pasó, que quedó atrás. Porque para ellos, si no lo entienden bien, esos momentos difíciles pueden seguir sucediendo en su imaginación.**

En algunos casos, aunque hayan recibido información clara desde el principio, los niños pueden actuar como si no hubieran entendido nada. No es que estén confusos, sino que están utilizando un mecanismo de defensa, la negación, que funciona como un grifo que regula el nivel de información que pueden tolerar en un momento dado. Así, aunque tú les des la información acerca de la muerte, o de algunos detalles difíciles, puede ser que respondan como si «no fuera con ellos». O en otros casos, aunque hayan tenido información sobre la inminencia de la muerte, al comunicarles la defunción, reaccionan como si no hubieran sabido nada de antemano.

Recuerda que todas estas respuestas son normales. ¡Hasta nosotros reaccionamos así a veces! Ellos responden con los recursos que tienen en cada momento. Debes respetar su ritmo de asimilación de la realidad e ir graduando la información a medida que la puedan ir integrando.

COMUNICACIÓN DE MUERTE POR SUICIDIO

La fantasía era peor que la realidad

Cuando por fin me explicaron con detalle cómo fue el suicidio de papá —cómo lo hizo, cómo encontraron su cuerpo y todo lo que vino después—, la verdad es que me quedé mucho más tranquilo. En mi fantasía, las imágenes eran mucho más terribles de lo que fue la realidad.

Pedro. Adulto en duelo de niño (2 años).
Muerte del padre por suicidio.

El duelo tras el suicidio de una persona querida es especialmente difícil de vivir, y mucho más para los niños y adolescentes que han perdido a uno de sus padres por esta causa.

Aunque es muy probable que como padre o cuidador creas que estás protegiendo a tu hijo escondiendo el hecho de que la muerte del ser querido ha sido por suicidio, ocultarlo puede acarrearle muchos más problemas que decirle la verdad.

Tu hijo necesita tener información sobre lo que ha causado la muerte, y lo mejor es que la reciba directamente de ti, no de otras personas, como familiares, amistades o en la escuela. Es importante que, si puedes, seas tú quien busque el momento adecuado para iniciar una conversación sobre este tema y poder explicárselo con un lenguaje claro, adaptado a su edad, transmitiendo calma. Es preferible que lo sepa por ti antes de que la información le llegue por otras vías, lo que podría generarle confusión o desconfianza hacia ti.

Hay muchas distintas razones por las cuales una persona decide quitarse la vida, y no es posible siempre saber exactamente por qué ha ocurrido así la muerte. La incertidumbre puede despertar mucha ansiedad; es por ello que puedes empezar con una explicación breve, honesta, sobre las circunstancias generales y dejar los detalles para más adelante, cuando sientas que ellos están más preparados. **A partir de los 6 y 7 años** –y dependiendo de su madurez y nivel de comprensión– ya pueden entender una explicación como:

«Las personas pueden morir por una enfermedad, un accidente o porque son muy mayores. Pero también hay personas que mueren porque deciden hacerlo. Es como si su enfermedad estuviera en la cabeza y su dolor fuera tan grande que no pueden ver otra salida. Y esto no tiene nada que ver contigo».

«A veces, las personas que están sufriendo mucho, muchísimo, no pueden imaginar otra forma de dejar de sentir tanto dolor. Y creen que la úni-

ca solución es morir. Pero eso no significa que no te quisiera. Te quería mucho, pero en ese momento el dolor era demasiado grande y no supo encontrar otra manera de aliviarlo».

Si utilizas las palabras *enfermedad en la cabeza* o *depresión,* puedes señalar que no es algo contagioso y que se da muy ocasionalmente.

Después de darle una explicación básica, invítale a que haga las preguntas que necesite. Si pregunta sobre el método, puede no ser adecuado darle todos los detalles en este momento. Valora el impacto que puede tener en él. **A partir de los 11 años**, algunos niños ya tienen la madurez necesaria para poder asimilar esta información. Puedes ofrecerle esta primera explicación de forma breve y preguntarle si necesita saber algo más. Muy a menudo ellos mismos gradúan el nivel de contenido que pueden tolerar, decidiendo no preguntar más allá de la información que les has dado. Si consideras que aún no está preparado para esos detalles más concretos, recuerda que tarde o temprano necesitará tener esa información. Lo importante es que, cuando llegue ese día –normalmente cuando entran en la adolescencia, que es cuando se hacen más preguntas–, se pueda transmitir de una manera que les resulte más comprensible.

Es muy importante que, como progenitor superviviente, le dejes claro que él no tuvo ninguna responsabilidad en lo ocurrido. La creencia de que han podido influir o ser causa de la muerte del padre, madre o incluso de un hermano es común en esta clase de pérdidas, mucho más que en otros tipos de duelo. Y es una creencia que les genera vergüenza por lo que raramente la comparten de forma abierta. Decirles directamente que no es su culpa y asegurarles que la persona los quería muchísimo puede ayudarlos a no sentirse responsables de su muerte.

Ocultar la realidad pensando que así lo proteges puede generar confusión y desconfianza. Los niños y adolescentes suelen acabar recibiendo información de otras fuentes. Por eso, la honestidad y la coherencia en el relato entre todos los adultos —familia extensa, amistades y escuela— es clave. Utilizar las mismas palabras y mantener una versión única clara y respetuosa ayuda a reducir la confusión y a integrar lo sucedido.

Si es necesario, habla con los docentes de su centro educativo. Explícales lo sucedido y en qué términos deben comunicarlo, en caso de que sea preciso hacerlo. La rumorología en torno al suicidio solo incrementa el estigma y el sentimiento de inadecuación. Mantener un relato coherente sobre lo ocurrido, aunque sea doloroso, es lo que realmente los va a ayudar a integrar y dar sentido a las circunstancias de la muerte.

Hablar del suicidio del ser querido a estos niños y adolescentes implica encontrar un equilibrio delicado: por un lado, mostrar respeto hacia la persona fallecida —sin justificar su decisión—, aceptando que hay personas que pueden sufrir tanto que el suicidio se convierte, para ellas, en la única salida imaginable. Y, por otro lado, es importante que transmitas con toda claridad que el suicidio no es una solución válida para el sufrimiento. Esto es fundamental porque, como señalan expertos como Revet, existe un mayor riesgo de suicidio entre jóvenes que han estado expuestos al suicidio de una persona cercana, especialmente cuando se trata de uno de sus progenitores (Revet *et al.*, 2021).

La importancia de distinguir entre el duelo y el trauma

Cuando observas cómo están tus hijos, puede serte útil distinguir entre las respuestas propias del duelo —como la tristeza, la añoranza o el enfado—, asociadas a la «pérdida de la relación» y a la ausencia del ser querido, y las respuestas de tipo traumático, que son más desbordantes y reactivas, y aparecen asociadas al «recuerdo del hecho de la muerte» y sus circunstancias. (Para ampliar la información puedes leer el Apéndice B.12: «El impacto de las circunstancias de la muerte»).

Las respuestas de trauma más comunes asociadas a muertes súbitas o inesperadas son:

- **Los pensamientos intrusivos o recuerdos automáticos**, que hacen que tu hijo reviva una y otra vez el momento de la muerte, o vea la cara del ser querido fallecido o su cuerpo en el ataúd. Pueden ser imágenes reales –que vio y recuerda– o fantasías. El impacto es el mismo sean reales o imaginadas. Suelen activarse ante a un lugar, un olor, una imagen o un sonido que les recuerde lo sucedido, provocando angustia o malestar.
- **La hiperactivación emocional**, que se manifiesta con ansiedad, insomnio y sobresaltos, y refleja un estado de alerta permanente asociado a la percepción de amenaza sobre la propia vida o la de los demás.
- **El miedo anticipatorio**, que se refiere a situaciones en las que el adolescente o el niño es invadido por un temor excesivo a que algo malo le ocurra a otro ser querido o a sí mismo. Ante cualquier separación –cuando te pierde de vista o si sales de casa, por ejemplo–, reacciona con mucha ansiedad.
- **El entumecimiento emocional**, que es una respuesta de inactivación que se expresa como sensación de frialdad, desconexión y dificultades para sentir. Aunque parecen estar bien, bajo esa frialdad hay un dolor que no consigue expresarse de forma natural.
- **Los síntomas físicos,** como dolor de estómago, de cabeza u otras molestias sin causa médica clara, que son reflejo de somatizaciones causadas por unas emociones, como la tris-

teza y el miedo, que ni pueden ni saben expresar de forma abierta.

Durante los primeros días o semanas después del fallecimiento del ser querido, pueden aparecer algunas de estas manifestaciones de trauma. Lo normal es que vayan disminuyendo de forma natural. Si ves que son muy intensas, que interfieren con su vida diaria, tal vez indiquen que tu hijo no ha podido dar respuesta a sus preguntas acerca de las circunstancias de la muerte o que las respuestas que se ha dado a sí mismo son perturbadoras. Habla con él y averigua qué dudas tiene. Es posible que la verdad le impacte en un primer momento, pero a medida que hayáis conversado sobre esos hechos y pueda oírlos de tu boca en un tono calmado y sin prisas, irá integrando los hechos de una manera menos traumática.

Si, a pesar de haber dialogado con tu hijo sobre las circunstancias de la muerte, tal y como te sugerimos aquí, ves que pasa el tiempo y no remiten estos síntomas, es importante que busques la ayuda de un profesional. Juntos podréis identificar qué es lo que genera estas respuestas tan desreguladoras y buscar maneras de ayudarle a mitigar su intensidad y frecuencia.

CONVERSAR SOBRE EL PROCESO DE DUELO Y SUS EMOCIONES

Otro de los aspectos que más angustia a los niños durante su duelo es no comprender sus propias emociones ni las de los adultos que los rodean. En un momento tan complejo, necesitan que los ayudemos a entender las respuestas de duelo que experimentan, sus reacciones ante ellas y también las de los demás, y que todo es normal. Incluir en nuestras conversaciones con ellos estos aspectos va a contribuir a restablecer esa seguridad mental que necesitan para avanzar en su proceso de integrar la pérdida.

Experimentar un vaivén emocional no es «estar loco»

Seguramente es la primera vez que tus hijos ven a un adulto inmerso en una emoción intensa, como la tristeza o el enfado. Es algo que nunca habían presenciado, y en su mente interpretan que esto va a ser así para siempre. Si te ven, por ejemplo, expresar un llanto intenso, pueden creer que ese estado es algo permanente, lo que significa que ya no los podrás atender nunca más o que deben ocuparse de ti para aliviar tu dolor.

Por eso es importante explicarle que los adultos también tenemos momentos difíciles, que a veces necesitamos estar solos, pero que eso no significa que dejemos de quererlo ni que estemos mal todo el tiempo. También que estar triste no nos impide seguir cuidándolos.

Puedes decirle a tu hijo, por ejemplo:

«Ahora necesito un ratito a solas porque estoy triste, pero en un momento saldré y te ayudaré con los deberes (o me acompañarás de compras). No te preocupes, se me pasará».

Al marcar nosotros mismos un límite a nuestra tristeza, les estamos transmitiendo la diferencia entre la tristeza como estado emocional pasajero y la depresión como una condición más profunda y duradera. Esto los ayudará a no alarmarse ante nuestros altibajos.

Además, probablemente también es la primera vez que ellos experimentan emociones nuevas, intensas o cambiantes que los desconciertan: van a temer ser incapaces de manejarlas, que están perdiendo el control o que se están volviendo locos. Es importante normalizar este vaivén emocional: saber que hay días buenos y días malos les da tranquilidad.

«Es normal que hoy te sientas bien y mañana mal. A veces te puedes sentir muy triste, enfadado o incluso confundido. Eso es parte del duelo. No significa que estés perdiendo la cabeza ni que estés haciendo algo mal».

También los ayuda oír de ti una validación de que su enfado es una parte natural del duelo. Ellos no entienden por qué reaccionan así. Darles permiso para sentirlo y expresarlo puede aliviarles la culpa por experimentar esta emoción:

«Es normal que estés enfadado. Lo que ha pasado es muy fuerte, y sentir rabia también forma parte de lo que estamos viviendo».

No expresar emociones no significa no sentirlas

Ya hemos visto que los niños pueden pasar rápidamente de estar tristes a jugar, reírse o distraerse. Esto no significa que no estén dolidos o que no les importe la persona fallecida. Su mente, de forma natural, busca protegerse y descansar del dolor. Distraerse o mostrar indiferencia o desconexión son maneras de graduar la intensidad de su sufrimiento.

A veces esto les genera un sentimiento de culpa, al ver que, mientras que ellos están jugando o pasándolo bien, la familia está muy triste. Y sienten que quizá esto es un signo de que no les importa lo sucedido. Es preciso ayudarlos a entender que pasarlo bien, jugar, salir con los amigos el sábado por la noche y divertirse no significa que no estén en duelo, ni que el ser querido no les importa o le están traicionando.

Una posible buena idea es explicarles que **nuestro cuerpo no puede estar constantemente conectado con el dolor y que necesita un respiro, un descanso**. También puede ayudarlos pensar que el ser querido seguramente desearía que lo estuvieran pasando bien y que disfrutar de la vida es una buena manera de honrarle.

Así pues, puedes decir algo como:

«Pasarlo bien, jugar, salir con tus amigos o reírte no significa que hayas olvidado ni que no te importe. Nuestro cuerpo y nuestra mente necesitan descansar del dolor. Y estoy seguro de que a tu hermana le gustaría que siguieras disfrutando de la vida».

De la misma manera, los niños y adolescentes pueden pensar que sus padres no están afectados por la pérdida si no los ven llorar o hablar del tema. Esto puede generar distancia emocional o malentendidos: *«Papá no dice nada, entonces es que no le importa que mamá haya muerto...».*

Explicar con sinceridad cómo estamos viviendo el duelo y nuestra manera particular de manejarlo puede evitar interpretaciones erróneas:

«A veces no te hablo de mamá porque no quiero ponerte más triste, pero quiero que sepas que la llevo en mi corazón todo el tiempo. Me duele, pero intento llevarlo lo mejor posible».

Dedicar momentos específicos para hablar juntos del ser querido fallecido, compartir recuerdos o simplemente hablar sobre cómo nos sentimos puede ayudar a que tus hijos no se sientan solos ni confusos ante lo que sucede en la familia. En el próximo capítulo te daremos más ideas sobre cómo hacerlo.

LOS RITUALES DE DUELO

En el cementerio

Le preguntamos a Carlos si quería ir al cementerio. Dijo que sí, pero que prefería quedarse en la puerta, que no quería entrar. Todos los demás pasaron, y yo me quedé con él. A los pocos minutos, su curio-

sidad pudo más que el temor y me pidió entrar. De la mano, nos acercamos al grupo. Le expliqué que estaban compartiendo recuerdos sobre su papá y rezando. Se emocionó un poco al escuchar a su madre hablar conmovida. En un momento dado, pidieron que cerráramos los ojos para hacer la última despedida desde el corazón. Carlos cerró solo un ojo: no quería perderse nada de lo que sucedía.

Cuando terminó la oración, le expliqué que iban a colocar el féretro en el hueco del nicho correspondiente. Le repetí lo que ya habíamos hablado antes: que dentro del ataúd no estaba su papá, sino solo su cuerpo, como si fuera un abrigo de invierno que ya no usamos y guardamos en el armario. Entonces me preguntó por el dibujo que había hecho para él. Le aseguré que, como habíamos acordado, lo pondríamos sobre el ataúd. «¿Se puede poner dentro?», preguntó. «Sí, claro. ¿Quieres ponerlo tú?». «No, ponlo tú», respondió. Abrimos el ataúd y, de forma que él pudiera verlo, coloqué el dibujo dentro. Luego cerraron el féretro y lo colocaron dentro del nicho. A partir de ahí, toda su atención se desvió hacia los obreros que colocaban los ladrillos con cemento para cerrar la sepultura. Me soltó la mano y se acercó, quedándose un buen rato a observar cómo lo hacían.

Alba. Acompañando a Carlos (8 años)
al cementerio tras la muerte de su padre.

Los rituales, como el funeral o el entierro, son vivencias que nos ayudan a aceptar la realidad de la muerte. La persona desaparece bruscamente de nuestra vida, y esto cuesta mucho de entender, incluso a nosotros los adultos. Reunirnos con otros, compartir recuerdos, expresar el dolor y ver que los demás también están tristes nos ayuda a integrar lo ocurrido y a darle un sentido. Los rituales nos permiten asumir lo sucedido, por inexplicable que nos parezca, compartir el misterio de la muerte y sentir el apoyo de la familia y la comunidad extensa.

Los niños, igual que los adultos, necesitan comprender qué es la muerte, qué ocurre con el cuerpo y qué significa la irreversibilidad. **Excluirlos de los rituales y otros momentos significativos alrededor de la muerte solo refuerza el tabú y los deja solos con su imaginación.** Un niño puede afrontar estos momentos si hay un adulto que lo acompañe, que le explique lo que está ocurriendo, que responda a sus preguntas y que le dé permiso para participar si así lo desea.

Si aún estás a tiempo, **permite que los niños participen en el funeral y, si es posible, en su organización**. Pregúntales de qué manera quieren intervenir y dales ideas para que sientan que su aportación importa: encender una vela, hacer un dibujo, leer una frase o colocar unas flores. Involucrarlos los ayuda a ver el ritual como algo natural y a sentirse parte de la comunidad.

No pude ir al funeral de mi padre, no me dejaron

No pude ir al funeral de mi padre, no me dejaron. Me habría ayudado a verlo más real... A poder despedirme... tocar algo tangible..., ver a los adultos mal y que era lo normal. Me dejaron en casa de una vecina sin contarme nada. Aprendí que debía callar mi dolor porque los adultos podían desmoronarse. Yo los protegía a ellos. Me recuerdo como una niña sola y confusa, con muchas preguntas, y me da pena. Necesitaba que me explicaran muchas cosas que no entendía. Nadie lo hizo.

Rebeca. Adulta en duelo de niña (9 años). Muerte del padre.

Según la edad, es recomendable que un adulto de confianza –a veces alguien un poco más lejano, como un tío o una amiga de mamá– esté a su lado durante la ceremonia. Esta persona puede ofrecer apoyo emocional, explicaciones claras y contención si aparecen el llanto o la confusión. En el cementerio, este acompañamiento cobra aún más importancia, porque los niños, como en el ejemplo de Carlos al principio del capítulo, pueden tener muchas preguntas sobre lo que está ocurriendo.

En los velatorios, la atención suele centrarse en los adultos, y los niños y adolescentes pasan desapercibidos, como si no estuvieran viviendo también su propio duelo. Esta desautorización por edad es muy común en nuestra sociedad. Por eso es importante que el adulto de referencia los acompañe activamente y facilite el contacto con familiares y amigos cercanos, para que también puedan recibir consuelo y reconocimiento.

Si el cuerpo está presente, se puede considerar si el niño desea acercarse a él, orar —si sois una familia creyente—, decir unas palabras o dejar algún objeto, sea un dibujo o una flor, sobre el ataúd.

Todos estos gestos, por pequeños que parezcan, pueden tener un gran valor en su vida adulta. Les podemos recordar, o ellos mismos lo recordarán, que no fueron excluidos, que también tuvieron un rol activo dentro de la familia en ese momento tan significativo que fue la despedida.

Si esto no ha sido posible, recuerda que en cualquier momento puedes organizar un ritual igualmente significativo. Aunque haya pasado tiempo desde la muerte de tu ser querido, seguirá teniendo un gran potencial reparador. Si en su momento no fuiste capaz de hacerlo, ahora puedes aprovechar un aniversario o alguna fecha especial para preparar una ceremonia que refleje cómo lo recordáis y cómo sigue presente en vuestras vidas. (En el Apéndice A: «Afrontar celebraciones: consejos para familias en duelo», te damos unas indicaciones sobre cómo hacerlo).

VER EL CUERPO

La pregunta de si los niños o jóvenes deben ver o no el cuerpo del ser querido fallecido no tiene una respuesta sencilla. Esta decisión debe tomarse en función de varios factores: la edad del niño, su grado de madurez, si ha tenido experiencias previas similares, el momento emocional que está viviendo, su deseo personal y su motivación.

Por nuestra experiencia acompañando a familias, esta vivencia puede ser positiva o negativa. Por eso recomendamos tomar la decisión con mucha sensibilidad, teniendo en cuenta todos estos aspectos.

Ver el cuerpo puede facilitar la comprensión y aceptación de la realidad de la muerte. Es una forma de constatar que lo que les han contado es cierto. No pasan directamente de ver al hermano, a mamá o a papá con vida, a no verlos nunca más: ver su cuerpo sin vida los ayuda a constatar la realidad de la muerte y, por tanto, evita que fantaseen con que va a regresar, o con que no es verdad que ha muerto. Lo mismo nos ocurre a nosotros: haber podido ver su cuerpo, aunque es muy duro, nos ayuda a aceptar que la muerte es real, muy especialmente si esta ha sido súbita y no anticipada.

También todo el ritual de la disposición del cuerpo suele facilitar el proceso de despedida: poder decir adiós, expresar amor, gratitud o incluso el deseo de reencuentro puede tener un gran valor emocional.

Por otro lado, **ver el cuerpo puede tener un impacto muy negativo si el niño es especialmente sensible o no está preparado para ello**. La imagen del rostro pálido, el cuerpo frío, la caja cerrada o medio abierta... Todo esto puede causarle una impresión difícil de manejar. Esa imagen puede aparecer luego de forma intrusiva y generar angustia o desregulación emocional que pueden derivar en insomnio, pensamientos recurrentes o imágenes mentales –reales o fantaseadas– que le perturban.

¿Cómo tomamos esta decisión? Si, al preguntarle, el niño duda o no está seguro, es mejor no forzarlo. Podemos explorar su deseo y, en función de su respuesta, ofrecerle alternativas significativas, como escribir una carta o hacer un dibujo para dejar dentro o sobre el ataúd, cerrar los ojos e imaginar una despedida en su mente, o tener en las manos un objeto que le recuerde a la persona durante toda la ceremonia.

En caso de que manifieste con claridad que quiere ver el cuerpo, **debemos prepararlo adecuadamente. Es importante explicar con honestidad y un lenguaje adaptado a su edad lo que va a ver.** Puedes recurrir a metáforas que creas que son útiles. Por ejemplo:

«Vas a ver el cuerpo de mamá dentro de una caja. Su cara es la misma de siempre, aunque un poco más blanca. Parece dormida, pero está muerta. No sufre. No respira. Si quieres, puedes tocarle la cara o la mano; estará fría» o *«El cuerpo es como un abrigo que dejamos aquí. Ya no siente frío ni calor, ya no puede oírnos ni hablarnos. Lo que hacía que papá fuera papá ya no está ahí»*.

Es fundamental que estén acompañados en todo momento por un adulto que les ofrezca contacto físico, que les inspire confianza, que pueda responder a sus preguntas y que los contenga en sus posibles expresiones emocionales. También, que los retire de ahí si observa que la reacción es intensa y no son capaces de autorregularse, o si expresan que ya tienen suficiente. El ejemplo del funeral de Cristian ilustra bien la importancia de la figura del adulto que hace de testigo y referencia contenedora.

Al finalizar, es recomendable invitarlos a que dirijan la atención hacia otra cosa, para que no se queden conectados emocionalmente a lo que han visto. Es decir, ofrecerles una transición suave hacia una actividad segura o reconfortante, fuera del dolor.

Pasados unos días, es útil volver a conversar con ellos para saber qué recuerdan y cómo lo vivieron. Así podremos ver si el impacto fue positivo, si surgieron dudas o miedos, o si necesitan más acompañamiento emocional.

Al brindar toda esta información acerca del hecho de la muerte con claridad, sinceridad y sin metáforas demasiado complejas, estamos protegiendo emocionalmente a nuestros hijos de la ansiedad que puede despertarles sentir que es un tema tabú.

Compartir acerca de la muerte la normaliza y, además, les da recursos mentales y emocionales para procesar lo que ha ocurrido e integrar la experiencia de la pérdida en su vida con menos angustia. Hablar con honestidad, desde el respeto y el amor, es siempre el camino más seguro para acompañarlos en el duelo.

Evitar el tema, no mencionar la palabra *muerte* o esconder información importante creyendo que los protegemos solo aumenta su sufrimiento emocional por no saber qué ha sucedido, y también por no contar con unos adultos de referencia que les brinden la confianza y el espacio seguro para poder compartir sus preocupaciones.

Capítulo 9

SEGURIDAD EMOCIONAL: FACILITAR EL DUELO DE TUS HIJOS

NO CONOZCO A PAPÁ, NECESITO SABER CÓMO ERA

La importancia de mantener el recuerdo vivo

Hace poco, mi hijo, que ahora ya tiene 20 años, me dijo: «No conozco a papá, necesito saber cómo era». De entrada me quedé sin palabras; solo me salía pedirle perdón entre lágrimas por no haber sabido hacerlo mejor. Luego añadió que necesitaba hacer terapia y trabajar ese tema.

Durante días estuve profundamente reflexiva, dándole muchas vueltas al asunto. Mi tristeza, mi propio duelo y mi enfado me habían hecho «olvidar» que, aunque su infancia parecía feliz, había que seguir acompañándolo. Me sentí mal porque me di cuenta de que no lo había atendido como él necesitaba en esa parte de mantener el recuerdo de su padre. Creía que, como casi no lo había conocido, era mejor no hablar del tema para no preocuparle.

Decidí que los tres (con su hermana también) tuviéramos una conversación para hablar de aquellos primeros años del duelo, tranquilamente, ya como personas adultas. Fue algo muy bonito y emotivo.

Y esa Navidad les regalé una recopilación de los escritos que se leyeron en la ceremonia de despedida de su padre. Aunque estuvieron presentes, tenían un recuerdo muy borroso. Eran escritos de la familia, grupos de amistades, asociaciones..., que recogían muchos fragmentos de la vida de su padre.

Missus. Pérdida del esposo. Dos hijos de 2 y 5 años.

EL «PAPÁ DE ANTES» Y EL «PAPÁ DE DESPUÉS»

Relaciones ambivalentes

Mi padre se fue de casa cuando yo tenía 4 años. Aparecía de vez en cuando, siempre para pedir dinero. Siempre agresivo. Recuerdo los gritos de mi madre intentando protegernos. Afortunadamente se iba al cabo de un par de días y nos dejaba en paz durante un tiempo. Cuando murió, yo tenía 14 años. Llevábamos unos años sin saber de él. Recuerdo que mi madre nos lo dijo muy tranquilamente y nos hizo ir al funeral. Creo que no había nadie más que nosotros.

Lo que recuerdo de la época de después de su muerte —no sé cuánto tiempo había pasado— es que mamá nos hablaba del «papá de antes» y el «papá de después». Y nos explicaba cosas del «papá de antes»: de cuando lo conoció, de las cosas que hacía con nosotros de pequeños, de que trabajaba mucho para traer el sueldo a casa. De que tenía muy buena voz y cantaba por la casa y con los amigos. También nos enseñó algunas fotos de esta época. Los cuatro juntos, yo de pie cogido de la mano de él. Mi hermana en brazos de mi madre.

Creo que esto me ayudó en ese momento, no oír nada negativo de él —todos mis recuerdos ya eran negativos— y rescatar una figura distinta, más amable de lo que podía haber sido mi padre antes del desastre. Luego, de mayores, hemos podido hablarlo los tres. Lo que he entendido es que seguramente tenía algún trastorno psiquiátrico que nadie supo diagnosticar. Que mi madre no estuviera amargada ni resentida, a pesar de todo lo que sufrió, y que me transmitiera esos recuerdos del «papá de antes» creo que es lo que más me ha ayudado a asimilar esta experiencia en mi vida.

Joaquín. Adulto en duelo de niño (14 años). Muerte del padre.

Cuando papá estaba en el hospital

Mi madre me cuenta que, cuando papá estaba en el hospital, me llevaban a visitarlo. Me metían en su cama y él me hacía cosquillas. Parece que me reía mucho, y él conmigo, aunque ya estaba muy al final. Mamá siempre me recalca que esas visitas eran muy importantes para él, y que repetía: «¡Qué listo es mi niño, ha salido a mí!».

En mi imaginación veo esta escena y la considero algo muy especial para mí, porque yo no tengo recuerdos reales de mi padre.

Jordi. Adulto en duelo de niño (2 años).
Muerte del padre.

Para muchos de nosotros, mantener vivo el recuerdo del ser querido es algo reparador. Es verdad que, al dirigirnos a él o ella como si pudiera oírnos, se despiertan emociones intensas, pero también sentimos que no lo hemos perdido del todo. Esa continuidad del vínculo nos ayuda a soportar la ausencia, nos la hace más llevadera.

En los primeros meses después de la pérdida esto nos resulta imposible. Estamos aún inmersos en la pena, la incredulidad, y tenemos pocas fuerzas, las justas para sobrevivir el día. Pero, a medida que el tiempo pasa y podemos ir aceptando esta difícil realidad, esta conexión interna empieza a ser posible.

Lo mismo les sucede a tus hijos. Ya sea que hayan perdido a un padre, una madre o un hermano, superados los primeros meses podemos buscar maneras de que ese vínculo se mantenga vivo de forma sana y positiva. Que **recordar al ser querido sea una vivencia fértil, que les aporte bienestar y contribuya a su desarrollo**. Como padres, eso sí, debemos estar atentos a que no los desborde emocionalmente ni lo vivan como una carga excesiva. (Para información sobre los estudios de investigación, puedes leer el Apéndice B.13: «La importancia de mantener vivo el vínculo»).

MANTENER VIVO EL VÍNCULO: LA IMPORTANCIA DE LOS RECUERDOS

¿Sabes por qué la mayoría de las experiencias de la vida las olvidamos y otras, muy particulares, las recordamos con mucha intensidad?

Lo que determina que un recuerdo quede grabado en la memoria o no es la emoción con la que vivimos ese momento. Si fue una emoción como el amor, la gratitud o la alegría, será un recuerdo agradable; si fue una emoción más difícil, como el enfado o el miedo, se convierte en un recuerdo negativo. Si no hubo una emoción especial, lo olvidamos.

Los recuerdos significativos son lugares a los que podemos acudir en momentos difíciles y encontrar consuelo, fuerza y sentido que nos empujan a seguir adelante. Al recordar, volvemos a experimentar esas emociones del pasado y revivimos lo que aprendimos ahí sobre nosotros mismos, la vida y las relaciones.

Cuando nos preguntamos qué recuerdos significativos tenemos acerca de una persona querida fallecida (con la que la relación fue positiva), lo que evocamos son instantes o experiencias concretas de la vida en común que contienen un significado especial. Recordamos unas «escenas» de cuando sucedió algo importante que transmite un mensaje sobre nuestra relación. Al revivirlas, llevamos esa imagen concreta a nuestro corazón, observamos sus detalles y ponemos palabras a lo que allí ocurrió. Esta nueva mirada nos permite prestar atención a aspectos que en su momento pasaron desapercibidos: un gesto de cariño, una mirada de reconocimiento, una enseñanza recibida, una cualidad de su carácter que nos infunde fuerza o un legado que nos dejó. Al recrearnos en ellos, descubrimos el mensaje que nos transmiten (Payàs, 2015; Payàs y Chaurand, 2019).

Podemos invitar a nuestros hijos a compartir recuerdos significativos del ser querido, por ejemplo, preguntando (según su edad): *«¿Te acuerdas de cómo fue ese momento?»*, *«¿Quién estaba ahí?»*, *«¿Qué sucedió?»*, *«¿Cómo te sentiste?»*. **A medida que vayáis conversando sobre estas vivencias del pasado irán apareciendo los significados profundos que hay en cada una de ellas**, y que se refieren a valores, cualidades, rasgos de carácter, calidad de la relación, momentos de conexión, de creatividad, de protección o de cuidado mutuo. Es importante señalarles tanto lo recibido como lo dado.

«Tu papá siempre estaba pendiente de ti».

«Aquí estabais jugando con tu hermano, lo pasabais muy bien juntos».

«Mamá era una mujer muy generosa, siempre ayudando a los demás, y a ti especialmente».

«Tu hermana siempre te seguía a todas partes. Te admiraba mucho y quería hacer siempre lo que tú hacías».

Nos dirás: *«Pero ¡esto hará que nos emocionemos!».*

¡Sí, claro! Pero es una emoción que os llevará a la gratitud, a abrir vuestro corazón. Es una tristeza fértil: esa que te conecta con el dolor, pero a la vez te da una sensación de amor y mucha paz. Y estarás consolidando en tu hijo unos recuerdos a los que podrá referirse en el futuro y que actuarán como fuente de significación para él en momentos especiales de su vida.

Rememorar con tus hijos momentos especiales con el ser querido mantiene vivos esos recuerdos en su corazón, y serán un espacio seguro al que acudir en situaciones especiales de su vida.

¿Y si no tienen recuerdos?

Sentí que me habían robado el pasado

Lo que hizo la ausencia de mi padre aún más dolorosa fue el hecho de que no lo conocí lo suficiente como para tener recuerdos conscientes de él. Sentí que me habían robado el pasado, no solo por mi familia —que parecía querer suprimirlo—, sino también por él, por haberse ido tan pronto. Cuando crecí, tuve algunos pocos objetos sobre los que construir algún recuerdo. Algunas fotos, dos libros con su firma y su cartera. Poco más. Cuando pienso en eso, me siento un poco estafado y triste. Creo que me merecía algo más de él.

Pedro. Adulto en duelo de niño (2 años).
Muerte del padre por suicidio.

Si tu hijo es muy pequeño, no va a tener recuerdos propios, y deberás ser tú el que le ayude a rescatarlos. Recoge y anota los momentos más significativos que recuerdes de su relación con el ser querido. Aunque solo sean tres o cuatro, escoge aquellos que creas que pueden ser fuente de cariño y sentido. Te recomendamos que los escribas porque en el futuro puede fallarte la memoria. Cuando vaya haciéndose mayor, podrás leérselos. De alguna manera **estarás sembrando en su corazón memorias que atesorará para siempre**. Estos recuerdos van a ser muy importantes en su desarrollo, y podrá acudir a ellos en momentos importantes de su vida, en los que actuarán como fuente de gratificación y sentido vital.

«Mi mamá me contaba que, cuando estuve ingresado, a los dos años, mi padre me llevaba en brazos arriba y abajo por el pasillo del hospital, mientras me cantaba canciones. Esta imagen me da fuerzas en momentos difíciles».

«Dice mi papá que yo cuidaba mucho de mi hermano pequeño, le dejaba jugar con mis cosas, aunque luego me las dejaba todas tiradas por el suelo».

Los objetos de recuerdo

Se lo llevaron todo

Cuando murió mi madre no me permitieron volver nunca más a la casa donde vivíamos. Ni siquiera pude escoger algo que llevarme, algún recuerdo de ella. Llegó mi abuela y lo distribuyó todo entre las mujeres de mis tíos, que ahora ya ni siquiera forman parte de la familia. Se lo llevaron todo sin preguntarme absolutamente nada. Nunca he podido recuperar nada de ella.

Susana. Adulta en duelo de niña (12 años).
Muerte de la madre.

Tras la pérdida de un ser querido, quizá tu primer impulso sea repartir todo lo que te recuerda a él, porque es demasiado doloroso conservarlo. Pero ten presente que dentro de unos años estarás mucho mejor, y puede que entonces lamentes haberte desprendido de muchas de estas cosas. Date tiempo y piensa en tus hijos.

Fíjate en el ejemplo de Susana: sus cuidadores decidieron por ella, sin tener en cuenta sus necesidades futuras.

Otra posibilidad que te planteamos es que revises sus pertenencias con el resto de la familia, y entre todos decidáis qué cosas queréis quedaros y repartiros, cuáles prefieren que guardes tú por ahora, porque no quieren que se pierdan, y cuáles podéis tirar o regalar.

Si eso no es posible –si tu hijo es muy pequeño, por ejemplo–, elige tú y conserva algunos objetos para poder dárselos cuando sea mayor. Tenlo en cuenta. **También él deberá hacer su duelo y puede necesitar estos objetos para integrarlo cuando tenga la edad para hacerlo** –tal y como nos explican Pedro y Susana en los ejemplos–. Será entonces decisión suya si desea guardarlos o prefiere desprenderse de ellos.

Los objetos son fuentes de recuerdo y significación. Para mantener el recuerdo vivo en tus hijos, puedes ayudarte de fotos, vídeos o de su música favorita. Puedes crear un álbum –físico, digital o imaginario– donde tu hijo pueda atesorar los recuerdos de lo vivido con el hermano, el padre, la madre u otro ser querido fallecido. También puedes utilizar ciertos objetos significativos guardándolos en una caja especial: una prenda de ropa, un regalo que le dio o algo que la persona atesoraba de forma particular: un pañuelo, el reloj preferido o un juguete. Ver juntos esos objetos o esas fotos os dará la oportunidad de evocar recuerdos significativos y deteneros en ellos: una oportunidad de seguir sintiendo ese amor y transmitir esos valores para que no caigan en el olvido.

Visitar un lugar con valor emocional, que facilite la conexión, puede ser también una actividad favorecedora de estas conversaciones para mantener vivo el vínculo. Por ejemplo, planear la visita a un lugar donde pasamos unas vacaciones, o ir a comer a su restaurante favorito.

Quizá tu primer impulso sea repartir todo lo que te recuerda a tu ser querido, porque es demasiado doloroso conservarlo. Pero dentro de unos años estarás mucho mejor, y puede que entonces lamentes haberte desprendido de estas cosas. Recuerda que tus hijos pueden necesitar estos objetos para integrar su duelo cuando tengan la edad para hacerlo.

Conversaciones con el ser querido

Al compartir recuerdos del ser querido con tu hijo, le estás transmitiendo que el amor que os teníais entre vosotros, de alguna manera, sigue vivo.

Recordarlo es hacerlo presente y una manera de expresar esta presencia es animarlos a que tengan un diálogo interno con él. Para muchas personas en duelo, la posibilidad de dirigirnos al ser querido como si estuviera presente es una experiencia positiva: poder contarle cómo nos encontramos, preguntarle acerca de algo y enviarle nuestro cariño. La forma de llevar el duelo es muy personal y cada uno lo hace a su manera: para algunos, estos diálogos imaginarios son fuente de esperanza y paz; para otros, no tienen sentido ni sienten ninguna necesidad de hacerlo.

Puedes animar a tus hijos a mantener este tipo de conexión si crees que es adecuado para ellos. No debe ser algo forzado, es importante que busques el momento y el lugar adecuados.

Si sois una familia religiosa, es posible que, en vuestras oraciones, ya os dirijáis a vuestro ser querido en segunda persona. En este caso, para tus hijos esto ya es muy normal, y puedes incluso hacerlo de forma espontánea.

Fomentar este tipo de conversaciones imaginarias ayuda a mantener viva la presencia del ser querido.

Animarlos a sentir que nos están observando en algún momento, que velan por nosotros, puede tener un efecto protector. Tu hija adolescente, por ejemplo, puede hablarle a su papá o mamá fallecidos buscando consejo o apoyo emocional durante momentos difíciles.

Muchos de nosotros pensamos y sentimos cómo el amor no termina con la muerte: seguimos amando a nuestro ser querido fallecido, y a veces incluso sentimos que, de alguna manera misteriosa, sigue velando por nosotros.

Pero, de nuevo, valora si es o no adecuado para ellos. Y recuerda que eso puede ser distinto para ti y debes respetar su manera particular de vivirlo. ¡Cada persona hace el duelo de manera distinta!

Visitar la tumba

Ir al cementerio de vez en cuando no es algo morboso –tampoco ir al lugar donde depositasteis la urna con las cenizas o al espacio simbólico donde se realizó el ritual de despedida–. Estas visitas van a ser una oportunidad para recordar a vuestros seres queridos, compartir el impacto que han tenido en vuestras vidas, y rendirles homenaje y reconocimiento por ello.

Dependiendo de la edad tus hijos, tendrán mucha curiosidad. Algunas preguntas no vas a saber responderlas, y está bien ser honesto y reconocerlo. A otras puedes responder, por ejemplo:

«Sabemos que el cuerpo se descompone y desaparece. La persona no sufre, no tiene ni frío ni calor, ni necesita comer».

«Algunas personas creen que hay algo más allá, que la persona sigue viva de alguna manera en un sitio especial que llamamos cielo, pero que no es el cielo que tú ves. Otras personas piensan que no es así. Yo no lo sé».

«Nosotros venimos aquí para recordarlo, pero él no está ya aquí».

Haciendo esto, estáis ayudando a vuestros hijos a aprender que recordar, aunque os entristece, puede ser también una experiencia bonita. **Hablar de su fallecimiento y de su funeral con naturalidad es también una manera de mostrar un modelo de aceptación de la muerte como parte de la vida, y no como un tabú.** Visitar la tumba de vez en cuando –o un lugar especial de recuerdo donde se depositaron las cenizas– permite generar un espacio seguro donde niños y adolescentes expresen sus preocupaciones sobre lo que ocurre con el cuerpo y sobre el misterio que son la vida y la muerte.

Fechas especiales: rituales especiales

Seguir haciéndolo como otra manera de recordarle

Mi padre murió hace un año y pico, así, de manera inesperada. Yo tengo dos hijos pequeños, uno de 7 y otra de 10, y para ellos era una figura muy importante porque convivían mucho con él. Mi padre era muy «disfrutón», y le encantaba que fuéramos toda la familia para comer y que nos juntáramos en las celebraciones. Ahora lo seguimos haciendo con ese mismo espíritu. Cuando llegan fechas señaladas nos vamos todos —con mis hermanos y los primos— al restaurante que le gustaba, pedimos sus platos preferidos y contamos a los niños anécdotas suyas. Eso nos dejó como legado: poder compartir juntos, estar todos y recordarlo. Y, además, con esa energía de disfrute que él ponía cuando estábamos reunidos. En vez de dejar de hacerlo por la tristeza, decidimos seguir haciéndolo como una manera de recordarle y de mantener vivo su sentido de familia.

Carmen. Pérdida del padre.
Madre de dos niños de 7 y 10 años.

Las celebraciones familiares son otra buena oportunidad para compartir recuerdos del ser querido y mantener viva su memoria.

Durante los primeros meses o primer año de tu duelo, es posible que te plantees cancelar algunas de las celebraciones familiares que hacíais regularmente. Es natural que sientas que no tienes fuerzas para organizar nada. Además, su ausencia en la celebración va a resultar muy dura, demasiado quizá para ti. Date el tiempo que necesites.

Cuando te sientas capaz, y en la medida de lo posible, intenta recuperar esos encuentros tradicionales.

Para tus hijos, esos instantes son importantes porque son momentos de unión en la familia y de celebración de la vida. Aunque puedan ser muy difíciles de soportar –especialmente la primera vez después de la muerte de tu ser querido–, verás cómo poco a poco te son más llevaderos. Con el tiempo volverán a ser celebraciones significativas para ti. El dolor se habrá mitigado y, a pesar de la nostalgia, serán fuente de gratificación. (Para más recomendaciones sobre cómo organizar estas celebraciones de manera que sean más llevaderas para toda la familia y respondan a las necesidades emocionales de cada uno, véase el Apéndice A: «Afrontar celebraciones: consejos para familias en duelo»).

Mantener vivo el recuerdo del ser querido forma parte natural de nuestra manera de vivir el duelo.
Recordar nos da fuerzas porque nos transmite los valores y regalos que la persona nos dejó.

Pero fomentar el vínculo y la presencia del ser querido en la vida de tus hijos también puede tener un riesgo: cuando, en lugar de ser un impulso hacia la vida, esos recuerdos se convierten en un lastre para ellos.

Y de eso hablaremos ahora.

CUANDO EL VÍNCULO ES EXCESIVO: EL PADRE O HERMANO FANTASMA

Papá no nos mira

¡Mamá, basta! Papá murió. ¡No me está mirando continuamente! Necesito seguir con mi vida, y yo no tengo padre, por más que me digas que está ahí. A mí lo que me habría ayudado es que rehicieras tu vida con otra pareja, en vez de aferrarte a su recuerdo durante todos estos años. Es como si vivieras con un fantasma. No fue una vida sana para nosotros. Teníamos que oírte hablar de él todo el tiempo y ver sus fotos por toda la casa. Si no te seguíamos, parecía que no lo hubiéramos querido, pero lo hacíamos por ti y para no sentirnos culpables. Nosotros necesitábamos apostar por la vida y por los vivos, mientras que tú estabas ausente y aferrada al pasado.

Julieta. Adulta en duelo de niña (12 años).
Muerte del padre.

Qué difícil, ¿verdad?

Debemos ayudar a nuestros hijos a guardar un recuerdo bonito del ser querido, que los ayude a mantener en su interior esa figura simbólica con la que pueden relacionarse de manera fructífera. Pero **ese vínculo no puede ser tan constante e invasivo que acabe por ahogarlos**.

Si se mantiene al ser querido demasiado presente, por ejemplo, hablando de él o ella constantemente ensalzando sus cualidades (*«Tu hermana sabía hacer esto muy bien»*), buscando su consejo (*«Piensa qué te diría mamá»*) o hablando como si estuviera presente (*«Papá estaría muy contento de ver esto; hazlo por él»*), el peligro es que los hijos crezcan con una figura simbólica idealizada y omnipresente que, en vez de ser un impulso para su desarrollo, acabe invadiendo su vida –el fantasma de papá (o de mamá o del hermano)–. Lejos de ser consuelo liberador, su recuerdo acaba convirtiéndose en una carga, como muy bien nos explica Julieta en su testimonio.

Aunque sientas que para ti es necesario mantener vivo el recuerdo, debes ir con cuidado de no imponerles tu manera de vivir el duelo. Lo que te hace bien a ti puede no ser adecuado para ellos.

Algunas señales de alerta que pueden indicar que la conexión no es saludable para tus hijos (o para ti mismo) son: muestra una excesiva preocupación por recordarle, los recuerdos le generan más tristeza o abatimiento que consuelo, menciona constantemente el nombre del fallecido o repite de forma obsesiva y rígida pensamientos asociados a la ausencia. También si presenta síntomas como ansiedad, depresión o dificultades para retomar las actividades placenteras de su vida, podríamos estar ante un ejemplo de conexión excesiva. (Para más información, te invitamos a leer también el Apéndice B.14: «Cuando la conexión es excesiva»).

Si la muerte ha sido súbita, si el niño o adolescente no ha tenido la posibilidad de anticipar el desenlace, si la relación era muy dependiente o si tu hijo tiene una discapacidad intelectual, este tipo de conexión rígida o no elaborativa se da con más frecuencia.

Cómo evitar un vínculo excesivo

Hazte cargo tú, mamá

Los fines de semana siempre teníamos que ir al cementerio. Dejar unas flores. Hablar de papá. El mismo ritual durante años. Recuerdo un día —yo debía de tener ya 14 años— que ya no pude más y le dije: «Para ya, mamá. Déjalo. No voy a ir más al cementerio. Hazte cargo tú, mamá». Cuando lo pienso ahora, me apena habérselo dicho, pero creo que era necesario. Necesitaba poder enterrarlo ya y no vivir más bajo su sombra.

Ramón. Adulto en duelo de niño (9 años).
Muerte del padre.

Algunas recomendaciones prácticas que pueden ayudarte en este sentido son:

- No menciones su nombre de forma constante.
- Espacia los momentos dedicados a recordar.
- Limita el tiempo de recordar y asegúrate de cerrar la conversación cambiando el foco hacia la vida y las actividades del presente.
- Coloca los objetos y fotos en un lugar concreto, no repartidos por toda la casa (hablamos de ello en el capítulo 7).
- Sé claro: la persona ha muerto, no volverá, y cuando hablamos con ella, lo hacemos desde la imaginación.
- Evita la idealización. Reconoce también sus limitaciones o defectos, de forma amable y realista.
- Anímalos a ser ellos mismos, no a intentar imitar o sustituir al ser querido.
- Relaciónate con tus hijos también fuera del contexto del duelo. Comparte momentos y espacios donde hagáis cosas que os gustan a todos, sin que interfiera el recuerdo o la presencia del fallecido.

CUANDO LA RELACIÓN ERA CONFLICTIVA

No se ocupaba de sus hijos

Mi exmarido murió de forma súbita. Teníamos muy mala relación y prácticamente no se ocupaba de sus hijos.

Al principio pensé que no les afectaría; al fin y al cabo, era un padre ausente. Pero no ha sido así.

Los veo más irritables, retraídos. La verdad es que les cuesta mucho hablar de su padre, y conmigo lo evitan especialmente.

María. Muerte del exmarido.
Madre de dos hijos de 13 y 15 años.

La muerte de una persona significativa con la que manteníamos una relación conflictiva nos deja con sentimientos encontrados. Da igual si somos adultos, jóvenes o niños: elaborar el duelo en este tipo de vínculos supone un verdadero desafío por la mezcla de emociones contradictorias que nos invaden.

Si la relación era positiva, cálida y cercana, en la primera etapa el duelo es muy intenso por el sentimiento de ausencia que su pérdida provoca. Pero con el tiempo las personas pueden ir recuperando la alegría y la esperanza y adaptarse a la nueva vida sin el ser querido. En cambio, si el vínculo era difícil, conflictivo o traumático, en la primera etapa del duelo hay menos sintomatología aguda; sin embargo, a medida que pasa el tiempo, los sentimientos de enfado, culpa o vacío pueden dar más problemas de adaptación al duelo que en las relaciones cuidadoras positivas. Esto es especialmente así en adolescentes y adultos jóvenes. (Puedes ampliar información leyendo el Apéndice B.15: «La calidad de la relación»).

Fuentes de conflicto

El conflicto o la ambivalencia pueden tener distintas causas (Payàs, 2020). A veces, el ser querido tenía **rasgos de personalidad difíciles**: podía ser encantador, amable y cariñoso en ciertos momentos, y, en otros, perder el control y volverse desagradable, irrespetuoso o incluso agresivo.

Era como si convivieran en él dos partes muy diferentes: una capaz de proveer los cuidados que el niño necesitaba, y otra que podía ser negligente, despectiva, dura o simplemente ausente.

En otras ocasiones, la ambivalencia se refiere a **distintas etapas de la vida**. Puede que la persona haya sido, en un tiempo, un buen cuidador, atento, presente y comprometido, y, en otro, al hacerse mayor, por ejemplo, se haya convertido en alguien crítico, distante o despreciativo.

Hay casos en los que la complejidad del vínculo es más sutil, pero igualmente desorientadora para el niño. Por ejemplo, un cuidador que un día está de buen humor, es cariñoso y accesible, y al siguiente se vuelve agresivo, despectivo, o desaparece emocionalmente. Un buen ejemplo de esta ambivalencia son los casos en los que el progenitor tenía problemas con el alcohol u otras drogas, o bien problemas de salud mental. Esta imprevisibilidad en el carácter, con constantes cambios de humor, puede dejar una huella profunda en los hijos, generando mucha confusión y ambivalencia emocional.

Mamá tenía un problema de salud mental

Mamá tenía un problema de salud mental. Esto lo he comprendido ya de adulto. Pero mis recuerdos de antes de su muerte son muy confusos. Yo tenía 14 años. Recuerdo que, a ratos, era muy cariñosa conmigo, muy presente; me llevaba al colegio, me cuidaba… Pero ese mismo día, por la tarde, podía volverse agresiva y descargarse con-

tra mí. Yo le tenía miedo. Me escondía para que no me encontrara hasta que se le pasaba el descontrol. Recuerdo que, cuando murió, sentí mucho enfado. Me llegaron a expulsar del colegio por mal comportamiento. Creo que, por dentro, estaba muy confundido. Me preguntaba: «¿Qué estoy haciendo mal?». Creo que, en el fondo, sentía que todo eso había sucedido por mi culpa.

Juan. Adulto en duelo de niño (11 años).
Muerte de la madre.

Es importante comprender las particularidades que presenta el duelo en niños y adolescentes cuando la relación con el fallecido era ambivalente o conflictiva.

Si existió una parte positiva –ya sea relacionada con rasgos de carácter o con una etapa concreta de la vida–, lo que sienten es tristeza por haber perdido esa parte buena, que ya no volverá. Sin embargo, en lo que respecta a la parte difícil o problemática de la relación, pueden experimentar cierto alivio: la persona conflictiva ya no está, no les puede herir más, y con ella desaparece también la fuente de dolor o miedo.

Esta mezcla de sentimientos suele generar una fuerte confusión emocional: si se sienten aliviados, les asalta la culpa por no honrar lo positivo. Si no conectan con los buenos recuerdos, enseguida pasan a lo doloroso. Incluso pueden llegar a sentirse responsables del trato recibido: *«Si yo hubiera sido un mejor hijo, mamá no me habría tratado así».*

En algunos casos, el niño o adolescente puede haber llegado a desear que el progenitor o hermano conflictivo desapareciera, lo que después los puede llevar a sentirse responsables de su muerte.

Por otro lado, con la muerte de la persona también desaparece la posibilidad de que la relación mejorara en el futuro. **Para algunos adolescentes, esto implica la vivencia de un nuevo duelo: la pérdida de la esperanza de reparación.** Mientras la persona seguía viva, existía una posibilidad de reencuentro, de perdón, de transformación de la relación. Tal vez el ser querido se habría dado cuenta de las consecuencias de sus actos y hubiera cambiado de actitud, o milagrosamente se habría hecho presente en su vida brindando los cuidados que nunca había proveído.

Con su muerte, esta posibilidad se desvanece y pueden aparecer la culpa y la frustración por no haber hecho lo suficiente para arreglar la situación, y la tristeza por la certeza de que, definitivamente, la relación ya no puede repararse. Su percepción es la de haber perdido el modelo de adulto confiable, es decir, la pérdida de una figura de referencia: *«Nunca he sabido lo que es tener una madre cuidadora, y nunca lo sabré»*.

Si el niño es pequeño, no puede diferenciar estas emociones y lo que siente es una confusión intensa e incluso vergüenza porque se considera en parte responsable, sea de la conflictividad, sea de la muerte.

Cuando la relación con el ser querido fallecido fue conflictiva o ambivalente, los niños y adolescentes suelen evitar hablar del tema de forma directa. Lo que detectarás son comportamientos disruptivos que puedes interpretar como señales de que algo no va bien, como explica María al inicio de este apartado.

Ayudarlos a reparar el vínculo

Al leer el ejemplo del testimonio de Joaquín al inicio de este capítulo, habrás advertido que su madre pudo ayudarle porque primero fue capaz de perdonar y resolver ese conflicto en su interior. En vez de transmitirle amargura y resentimiento, pudo sobreponerse a su enfado y priorizó reparar en Joaquín el impacto de esa relación de maltrato. Claro que este es un ejemplo muy extremo, pero sí que podemos afirmar que:

Si la relación con el ser querido era ambivalente o conflictiva, el primer paso para ayudar a tus hijos es reparar la relación en tu corazón, para así asegurarte de no alimentar el resentimiento en ellos.

Aquí te damos unas recomendaciones que pueden ayudarte. Todas ellas provienen de nuestra experiencia acompañando a padres y también a adultos que fueron niños en duelo (Payàs, 2020).

Recuerda que son solo indicaciones y que debes valorar hasta qué punto se ajustan a vuestra experiencia o no. Es posible que estas ideas no las puedas poner en práctica ahora, sea por la edad de tus hijos, sea por el momento de duelo en el que estáis. Tal vez consideres que aún es demasiado pronto y que debes esperar unos meses, hasta que tú y ellos estéis mejor.

Si has detectado que tus hijos no progresan debido a que la relación era conflictiva, no esperes demasiado tiempo. Difícilmente mejorarán por sí mismos. Te animamos a que tomes tú la iniciativa de abrir oportunidades para conversar con ellos.

Cuando hables de él, descríbelo separando sus dos partes: diferencia con claridad los aspectos positivos de su personalidad y los difíciles

«Ya sabes que tu padre tenía una parte muy bonita: cuando estaba de buen humor, podías hablar con él, te cuidaba y te mostraba que te quería mucho. Y luego tenía esa otra parte tan difícil, ¿verdad? Cuando perdía el control, se enfadaba con facilidad y nos gritaba».

Si la ambivalencia surge en etapas distintas de la vida, puedes hablar de él o ella señalando las etapas de forma clara: *«Bueno, ya sabes cómo era mamá. Tal vez no lo recuerdes, pero cuando eras pequeño te quería muchísimo, se ocupaba de ti con dedicación y era una excelente madre. Con el tiempo, su carácter se agrió y se volvió mucho más difícil, y eso te hizo sufrir. Es como si hubieras tenido dos mamás»*.

Acompaña estas explicaciones con ejemplos concretos o recuerdos. Según la edad, puede ser apropiado usar dibujos para representar visualmente esas dos partes. Esto los ayuda a entender mejor lo que sienten y expresarlo.

AYÚDALE A PONER NOMBRE A LAS EMOCIONES QUE SIENTEN HACIA CADA UNA DE LAS PARTES Y SEPARARLAS

Si todavía son pequeños –tienen entre once y trece años– quizá deberás ayudarlos a poner nombre a sus sentimientos hacia cada una de las partes. Si son mayores –entre quince y diecisiete años–, ellos mismos podrán verbalizarlos. Al darles permiso para poner nombre a estas emociones, estás facilitando que diferencien dentro de sí dos partes: la que está triste por la pérdida de la parte buena y positiva, y la que siente alivio porque ha terminado su experiencia difícil con el ser querido, o enfado por no haber recibido lo que necesitaba. Exprésales de forma clara que está bien sentir todas estas emociones. Haciendo esto le ayudarás a no sentirse culpable y a poder vivir estas partes en su interior sin que le generen conflicto.

«Seguro que estás un poco triste al recordar los momentos buenos y un poco enfadada cuando te acuerdas de los malos. Es normal que sientas las dos cosas a la vez».

Ayúdale a entender la causa de esa parte difícil

Después de haber ayudado a tu hijo a entender que las personas no somos un todo cohesionado, que nada es o blanco o negro, y que todos tenemos luces y sombras, puedes ayudarle a entender por qué eso ha sido así. Dependiendo, claro está, de cada caso —edad y situación—, puede ser adecuado explicar que estos comportamientos del ser querido tenían una razón de ser.

«¿Sabes?, papá tuvo una infancia muy difícil».

«Vivió un duelo sin resolver en el pasado, y esto le amargó el carácter».

«Mamá tuvo un problema de salud mental que la llevó al alcoholismo, y eso le hacía perder la paciencia».

«El padre que yo conocí era muy bueno y cariñoso, luego le pasó en su cabeza algo que lo cambió todo».

Ofrecer este tipo de interpretaciones no justifica el daño, pero ayuda a contextualizar la parte difícil, y a que le resulte más sencillo comprender y aceptar la realidad.

En los duelos por relaciones ambivalentes o conflictivas, conseguir reconciliarnos con esa parte de nuestra historia nos hace crecer como personas, madurar en la aceptación incondicional de lo que hemos vivido y también abrazar el misterio que cada persona esconde en su historia de vida.

Es posible que para tu hijo este proceso sea muy lento. Pasar del enfado a la aceptación no es un camino de rosas. Puede llevar años. Quizá tenga una adolescencia difícil, con muchas conductas disruptivas, y luego, al iniciar la etapa adulta, pueda llegar a perdonar y reconciliarse con su historia.

El apoyo de un terapeuta de duelo puede darte más pistas sobre cómo ayudar a tus hijos si la relación ha sido conflictiva. No dudes en recurrir a un especialista si ves que no te sientes capaz de abordarlo tú mismo, o que, sin darte cuenta, les estás transmitiendo resentimiento desde tu propio enfado. Ya sea en sesiones familiares o individuales contigo o con tu hijo, la terapia os ayudará a recorrer este camino y rescatar lo positivo, reparar y perdonar lo difícil para así crecer y madurar como personas.

Asimismo, si notas que para ti es difícil mantener una comunicación abierta sobre los recuerdos más significativos de vuestro ser querido, si dudas de hasta qué punto la conexión que estás favoreciendo es sana, o si en tus hijos observas alguna conducta extraña que te hace dudar sobre cómo están integrando en su vida el recuerdo, pide ayuda. Compartirlo con un profesional te dará no solo recursos prácticos de comunicación, sino también seguridad interior para hacerlo mejor y evitar posibles complicaciones en su duelo debidas a una conexión no adaptativa.

Capítulo 10

SEGURIDAD EMOCIONAL: AYUDARLOS EN LOS SENTIMIENTOS DE ENFADO Y CULPA

ME ENFADO CON MI PADRE Y CON MI MADRE

Duelo y enfado

Terapeuta: *¡Hola, Laura! ¿Te parece que sigamos hablando de cómo es tu vida ahora? Qué cosas son buenas y cuáles son difíciles.*

Laura: *¿Cosas buenas?... Muy pocas. Solo mi amiga Araceli. El resto es una mierda: mi madre, sobre todo. Es pesadísima, siempre molestándome..., y quiere que papá se enfade conmigo. (Con tono muy agitado). Estoy enfadada con todos, menos con Araceli. Ella es mi amiga.*

T.: *¿Qué tiene de especial Araceli?*

L.: *Con ella puedo decir la verdad, sobre todo. No puedo hablar de mis cosas con mi madre porque se lo cuenta a todo el mundo. Siempre está haciéndome demasiadas preguntas, siempre está enfadada. Con ella tengo que fingir. Con Araceli no.*

T.: *¿Cuándo empezó todo eso, Laura? ¿Cuándo empezó mamá a ser así?*

L.: *Cuando yo tenía 3 años y Javier enfermó... Mamá tenía que cuidarlo todo el tiempo.*

T.: *¿Cómo era tu vida en ese entonces? ¿Qué recuerdas, Laura?*

L.: *Mis padres viajaban mucho por el tratamiento de Javier y pasaban mucho tiempo fuera. Me quedaba sola con mis abuelos. Luego volvían y se iban otra vez.*

T.: *¿Cómo los veías tú, Laura? ¿Recuerdas cómo los veías tú con tus ojos de niña?*

L.: *Siempre estaban tristes, con cara preocupada. Siempre muy ocupados.*

T.: *Entonces, eras una niña de 3 o 4 años que veía a sus padres tristes...*

L.: *Sí. Y luego, cuando Javier mejoraba, estaban todos contentos. Ha-*

címos cosas juntos. Venía gente a casa. Yo los veía felices... Pero ahora..., nada.

T.: *Cuando Javier estaba mejor, tu vida también era mejor.*

L.: *Él me protegía. Nos llevábamos muy bien. Y cuando volvió a estar enfermo, me dejaban sola con la abuela..., ellos se iban por mucho tiempo.*

T.: *Dime, Laura, ¿cómo es la vida para una chica cuyo hermano ha fallecido y sus padres están siempre tristes o enfadados?*

L.: *... (Silencio). Yo creo que no me quieren.*

T.: *¿Qué te hace pensar eso? ¿Cómo llegas a esa conclusión?*

L.: *Porque mamá está enfadada con todos..., pero sobre todo conmigo.*

T.: *¡Oh, Laura! Debe de ser muy duro verla así todo el tiempo.*

L.: *Ya estoy acostumbrada... De hecho, ya me da igual. Todo me da igual. (Tono de resignación). Dice que va a hacer recados, pero yo creo que se va con sus amigas. Siempre está de aquí para allá.*

T.: *Entonces me estás diciendo que cuando mamá se enfada con todos y se va con sus amigas, tú sientes que no te quiere.*

L.: *... (Silencio).*

T.: *Cuéntame sobre tu padre, Laura. ¿Cómo lo ves?*

L.: *Siempre está trabajando. No sé por qué trabaja tanto. Creo que está cansado. Mamá siempre se queja de nosotros con él, y entonces él se enfada, me grita, y yo me porto mal y le digo cosas horribles.*

T.: *Entonces, cuando papá trabaja todo el tiempo y está cansado, y mamá está enfadada, tú te portas mal y dices cosas horribles. ¿Y qué más te pasa?*

L.: *Creo que no me quieren. Quisiera tener otra familia, porque ellos no me quieren.*

T.: *¿Y qué haces cuando piensas eso?*

L.: *Voy a ver a Araceli y lloro. Pero no delante de mamá. Araceli es la única que me entiende. Mamá no me valora. (Enfadada). Siempre me está regañando.*

T.: *¿Cómo te gustaría que fuera mamá?*

L.: *Cariñosa. Que valorara las cosas que hago bien. Mis amigas tienen madres que les mandan mensajes diciéndoles cosas bonitas: «Lo estás haciendo muy bien». Pero la mía siempre está de mal humor. Solo sabe quejarse de mí.*

T.: *Y si mamá cambiara su actitud y te dijera cosas buenas, y estuviera de mejor humor, ¿qué cambiaría en ti?*

L.: *Sería más feliz... Pero ella nunca dice cosas buenas. Bueno, sí las dice... (piensa)..., pero no quiero escucharlas.*

T.: *Claro, tiene mucho sentido lo que dices: no puedes escucharlas porque estás demasiado enfadada con ella.*

L.: *(Silencio).*

T.: *Laura, creo que tu enfado es tan grande como tu tristeza.*

L: *Ella no me entiende. Pero tampoco estoy bien conmigo misma. No me gusto. No me gusta nada de mí: mi pelo..., he engordado y debería hacer dieta. Mis amigas son delgadas. No me cuido.*

T.: *Y cuando no te cuidas, ¿es tu forma de decir qué, Laura?*

L.: *¡Que estoy muy enfadada!*

T.: *¿Y qué más estás intentando decir engordando, portándote mal, diciendo cosas horribles?*

L.: *¡Que no soy feliz! ¡Y que nunca lo seré!*

T.: *¿Y a quién se lo dices? ¿Quién quieres que escuche esto?*

L.: *Pues todos, mi familia..., la vida.*

T.: *¡Qué historia tan triste estás contando, Laura!*

L.: *Es la verdad. Creo que no les importo... (Muy enfadada)... A veces desearía no existir.*

T.: *Laura, estás diciendo algo muy importante: cuando papá está ocupado y mamá, enfadada y regañándote..., tú sientes que no mereces ser querida. Y entonces te preguntas: ¿para qué existir?*

L.: *Sí. (Gran suspiro).*

T.: *Te haré una pregunta importante: ¿qué necesitarías ahora de tus padres para sentir que vale la pena existir?*

L.: *Sentir que me quieren. Poder ser feliz. (Tristeza y silencio). Si algún día tengo hijos, haré que ellos se sientan felices. (Con tono fuerte).*

T.: *¿Qué tiene que hacer una madre para que un hijo se sienta feliz?*

L.: *Cuando un hijo dice que está triste, una madre no tiene que decirle que tiene muchas cosas para ser feliz, ni darle sermones... Ellos no me hacen caso, no me quieren, no soy importante para ellos.*

T.: *O sea que, para sentirte feliz, necesitas una madre que te escuche en vez de sermonearte, que dé valor a tus sentimientos, ¿es así?*

L.: *Sí... Con Javier sí lo tenía: él me hacía sentir importante. Me quería mucho.*

T.: *¿Qué hacía Javier para que tú te sintieras importante?*

L.: *Me escuchaba. Me ayudaba con los deberes. Estaba conmigo. Era muy bueno. Cuando estaba en tratamiento, hablábamos siempre por videoconferencia. Pero luego murió. Yo ese día estaba con unas amigas. Mamá lloraba todo el tiempo. Papá corría por un lado, mis abuelos por otro...*

T.: *Imagino que estabas muy triste.*

L.: *Sí... Pero ya no lloro. Prefiero no pensar en él. Si no, lloraría mucho.*

T.: *Entonces parece que ahora es importante no pensar en él, ni en tu infancia triste, ni en cómo estuviste de sola con los abuelos, ni en su muerte, ni en cómo viste y ves aún a tus padres tristes, ni en sentir que no te quieren, desear no existir..., ¿verdad?*

L.: *Sí, prefiero no pensar en todo esto.*

T.: *Y ahora te hago una pregunta importante: En lugar de pensar en todo eso, ¿qué haces?*

L.: *Me enfado.*

T.: *¡Qué buena manera de tapar tu tristeza, Laura! ¿Y cómo muestras este enfado?*

L.: *Portándome mal. Siendo rebelde. Insultando. Especialmente a mamá.*

T.: *Eres una chica lista. En lugar de sentir tristeza por todo lo que pasó en tu familia, te enfadas y descargas en mamá.*

L.: *Lo hago para hacerle daño. Pero no creo lo que digo.*

T.: *Entonces lo haces para impactarlos..., a tus padres..., porque parece que no se den cuenta de lo que está ocurriendo dentro de ti.*

L.: *Exacto.*

T.: *Y cuando estás enfadada, ¿qué es lo que realmente estás intentando decirles portándote mal?*

L.: *¡Estoy muy enfadada con vosotros! ¡Quiero que me hagáis caso!*

T.: *Entonces, portarte mal es tu forma de pedir atención.*

L.: *Sí..., pero les hago daño...*

T.: *Imagino que el daño que les haces es proporcional a tu desesperación.*

L.: *Sí... (Suspira). Y a veces papá me grita..., y yo le insulto.*

T.: *Entonces insultas, te portas mal, no te cuidas, engordas..., todo para que te presten atención, para que vean que..., que estás sufriendo mucho.*

L.: *(Fuerte suspiro, aparece tristeza).*

T.: *Tienes tanto dolor dentro que lo que haces es pincharles...*

L.: *¡A ver si se despiertan! Siempre se lo hago a mamá... y consigo que llore.*

T.: *¿Y cómo te sientes cuando la ves llorar?*

L.: *Me quedo más tranquila.*

T.: *Claro..., porque por fin te ha escuchado..., y parece que le importas. Cuando ella llora, te calmas porque ves que tu dolor la ha impactado, ¿verdad?*

L.: *(Silencio, deja caer unas lágrimas).*

T.: *Y si, en lugar de pedir atención con enfado, la pidieras directamente, ¿qué le pedirías a mamá? Dame un ejemplo concreto de qué le pedirías que para ti significaría que te presta atención.*

L.: *Que me ayude a estudiar. No solo decir «estudia», sino sentarse conmigo, ayudarme. No solo pagar a alguien para que esté conmi-*

go ayudándome con los deberes. Y que no esté siempre de mal humor ni fuera de casa.

T.: *Tenemos que pensar en algo concreto, que creas que ella puede hacer.*

L.: *Que se siente a mi lado mientras estudio. Aunque no diga nada. Solo que esté.*

T.: *¿Y papá? ¿Qué necesitarías de papá para sentir que te presta atención?*

L.: *Que pase tiempo conmigo, solo los dos, sin mis hermanas. Hacer algo juntos.*

T.: *Me parece excelente... Lo hablaremos en la próxima sesión familiar.*

L.: *¡Ufff! Estar sola con él, en un viaje..., sería algo único.*

T.: *Imagina que estas dos cosas que pides pasan: ese viaje con papá, mamá contigo mientras estudias..., ¿cómo te sentirías?*

L.: *Más feliz. Sonreiría más. No estaría tan enfadada.*

T.: *Claro, te prestarían atención, podrías estar con ellos más relajada y sentirías que vale la pena vivir, ¿verdad?*

L.: *Sí, así es.*

T.: *¿Te parece si paramos aquí? ¿Puedes ponerte de pie, moverte un poco por la sala? Tómate tu tiempo.*

L.: *(Se levanta y camina, suspira con emoción). Sabía que había tristeza debajo de mi enfado..., ahora lo he sentido de verdad.*

Transcripción de una sesión terapéutica (A. P.).
Laura (16 años). Muerte del hermano (14 años).

Te preguntas cómo puedes llegar a odiar a alguien que ya no está

Durante muchos años te guardé odio y rencor por haberte ido, por dejarnos solos y con todo por aprender. Y después me sentía culpable por odiarte. Te preguntas cómo puedes llegar a odiar a alguien que ya no está. Cómo puedes sentirte tan abandonada y perdida por alguien que no lo eligió. Pero dentro de mí había rabia. Me preguntaba por qué me habías dejado, por qué me había tocado a mí, por qué tenía que ser tan diferente. Cargué años con esas preguntas sin encontrar respuesta.

Al final he ido entendiendo que esa rabia también era una respuesta al enorme peso de haber tenido que crecer antes de tiempo. De haber tenido que aprender a cuidar cuando aún nadie me había cuidado lo suficiente. De haber tenido que sostener a una madre que se esforzaba por hacerlo todo sola, pero no llegaba. Fue demasiado. Demasiado pronto. Demasiada responsabilidad. Demasiada soledad.

Mariona. Adulta en duelo de niña (5 años).
Muerte del padre.

LOS SENTIMIENTOS DE ENFADO EN EL DUELO

El enfado es una respuesta natural ante la pérdida: protestamos porque se ha roto el vínculo afectivo con una persona importante en nuestras vidas. No es indicio de una patología, y tampoco es un signo de complicación en el duelo. Debemos entender y aceptar que nuestros hijos tienen muchas razones para estar enfadados por lo sucedido. Nosotros, al igual que ellos, experimentamos esta poderosa emoción, pero nuestra capacidad para comprenderla y manejarla suele ser mucho mayor.

Los niños y adolescentes pueden sentirse enfadados principalmente por dos razones: por algunos de los aspectos relacionados con las circunstancias de la muerte y la ausencia —el duelo por la pérdida del ser querido—, y porque sus necesidades vitales no están siendo satisfechas: la dinámica familiar ha cambiado, y no reciben la atención que necesitan de los adultos de quienes depende su estabilidad física y emocional —el duelo por la pérdida colateral.

Este enfado que sienten lo dirigen contra la vida —por considerarla injusta—, contra Dios si son creyentes —por haberlo permitido—, contra los médicos —por no haber hecho lo suficiente—, contra el posible responsable de la muerte —si sienten que era algo que se habría podido evitar—, o incluso contra el padre, la madre o el hermano fallecido —por haberles abandonado.

Si este enfado se mantiene en el tiempo, puede transformarse en un estado generalizado, como irritación, ira o rebeldía, que suelen desplazar hacia el entorno. Entonces pueden mostrarse malhumorados con sus hermanos, con sus compañeros de clase, sus amigos y con los padres o educadores que los acompañan en el día a día. Vemos un ejemplo de esta reacción en el testimonio de Laura.

Y este desplazamiento ocurre fuera de su conciencia: ni ellos mismos entienden por qué se sienten tan enojados. Esto puede llevarlos a sentirse culpables por experimentar una emoción que no comprenden ni saben manejar.

Dependiendo de su edad, temperamento y de la dinámica familiar en la que estén viviendo el duelo, los adolescentes y los niños pueden expresar su enfado de forma directa o indirecta. **Las expresiones directas** incluyen manifestarlo verbalmente *—«Estoy enfadado»—* o físicamente, alzando la voz o agitando los brazos. Sin embargo, lo más habitual es que, debido a sus dificultades para expresar emociones intensas, lo hagan de forma indirecta.

En **la forma indirecta activa** pueden mostrar comportamientos inadecuados, como protestar por cualquier cosa, sabotear la dinámica familiar, desafiar la autoridad o provocar conflictos. En **la forma indirecta pasiva**, en cambio, tienden a aislarse y encerrarse en sí mismos, negarse a hablar o, en casos más graves, llegan a autolesionarse.

El enfado es una emoción que encubre la tristeza. ¿Recuerdas la descripción del «niño rebelde» que vimos en el capítulo 3? Si tu hijo muestra comportamientos de rebelde, darte cuenta de que detrás de su enfado hay un niño o adolescente que necesita llorar, te ayudará mucho a entenderle.

Para un adolescente es más fácil expresar el duelo a través de enfado que conectando con la tristeza, que es mucho más incómoda física y emocionalmente. Instalarse en el enfado es una manera de expresar que no están de acuerdo con lo que ha pasado, mientras que permitirse la tristeza implica una forma de rendición, de aceptación de la realidad. Todo esto, por supuesto, ocurre en el inconsciente.

Fíjate en cómo nosotros, los adultos, podemos oscilar entre la tristeza y el enfado de manera automática: estamos enfadados por lo injusto de lo que nos ha sucedido, y unos minutos después rompemos a llorar, conectando con la aflicción de echar de menos a nuestro ser querido. El enfado puede mitigarse facilitando la conexión con la tristeza o aflicción subyacentes.

En el ejemplo de la sesión de terapia de Laura, al principio de este capítulo, ella se da cuenta de que su enfado es una expresión de su dolor por no sentirse reconocida y apreciada, y también un intento de generar un impacto en sus padres. Si los hijos perciben que los padres en duelo están emocionalmente ausentes, absorbidos por el propio dolor y con dificultades para atenderlos, mostrarse rebeldes es asimismo una forma de llamar la atención, de intentar sacarlos de ese «coma emocional» en el que están metidos.

Todo lo que puedas hacer para garantizarles un hogar donde su seguridad física, emocional y mental esté asegurada (tal y como hemos descrito en los capítulos 4, 5 y 6) va a ayudarlos a estar mucho menos enfadados por lo que están viviendo. Todo lo que hemos compartido hasta ahora, si puedes aplicarlo, va a favorecer que el impacto por la pérdida colateral sea el mínimo posible. Entonces tu hijo tendrá menos razones para estar enfadado.

Pero sabemos que esto es muy difícil porque, por más que nos esforcemos, siempre habrá aspectos a los que no somos capaces de dar respuesta.

Necesitas un tiempo para recuperar las fuerzas físicas y emocionales. Y la teoría está muy bien, todo es muy razonable, pero cuando estás ahí, ante esa situación concreta, y se disparan la emoción o el cansancio, poner en práctica todo esto es casi una meta inalcanzable.

Recuerda que estás haciendo lo que puedes: en medio de la incertidumbre y tu agotamiento, estás intentando dar lo mejor de ti. Y lo que haces, aunque te pueda parecer poco, es mucho.

CÓMO AYUDARLOS EN SUS SENTIMIENTOS DE ENFADO

¿Por qué ha sido tan injusta la vida conmigo?

Lo que me viene siempre es el enfado, más que la tristeza. Mi enfado es con la vida. Sé que tengo a mi abuela y que mi familia me quiere un montón, pero es todo tan injusto... Me siento enfadada con el hospital, por cómo la trataron, con la persona que le transmitió ese virus o lo que sea, con el mundo en general. ¿Por qué ha sido tan injusta la vida conmigo? ¿Por qué me ha quitado a la persona que más quiero? ¡Mi madre tendría que estar aquí conmigo!

Y también me enfada no tener recuerdos de ella viva, de ella conmigo porque yo tenía solo 7 años. Es como si viviera faltándome algo importante. Y no pude despedirme, decirle adiós... Hace ya doce años que murió, pero el vacío que siento es el mismo. Y cuando me pasa algo, siempre lloro sola, y entonces me enfado con ella: «¿Por qué no estás aquí, mamá?».

Rocío. Adulta en duelo de niña (7 años).
Muerte de la madre.

Es importante que puedas responder de forma adecuada a las expresiones de enfado de tu hijo, especialmente si se mantienen en el tiempo y aumentan de intensidad. Obviarlas o reaccionar de forma negativa pueden hacerle sentir peor.

Si tu hijo expresa su enfado de forma muy intensa y maltratando a alguien o algo –incluido el mobiliario–, hay que pararlo. No puedes permitir que se descontrole pegando o pataleando. Con suavidad, pero con firmeza, debes indicarle que entiendes que esté enfadado, pero que esta conducta no es adecuada. Primero le das la razón, y luego lo frenas:

«Entiendo que estés muy enfadado, y creo que tienes razones para estarlo. Pero debes parar de (...). Esta no es la manera de expresar tu enfado. Estoy aquí a tu lado para escucharte».

Los consejos que aquí te ofrecemos son para situaciones de manifestaciones de enfado puntuales, con una intensidad media. Por ejemplo, si tu hijo está de mal humor y lo expresa con su tono de voz, actitud rebelde, contestando o reaccionando con agresividad, o traspasa un límite, es el momento en que tú debes intentar intervenir.

Si sigues estos consejos, verás cómo poco a poco irá mitigándose su enojo y encontrará maneras más sanas de expresar lo que está sintiendo. Todas estas indicaciones provienen de nuestra experiencia acompañando a familias en duelo (Payàs, 2020).

Ponerse en su lugar

Antes de dirigirte a tu hijo para intentar ayudarle en su enfado debes prepararte para atenderlo lo mejor posible. Entender sus distintas funciones, las maneras en que se expresa y sus posibles causas te permitirá estar mucho más presente, no reaccionar de forma negativa y ajustar tu acompañamiento atendiendo a la necesidad o carencia expresada a través de esa muestra de enfado.

Un ejercicio que te proponemos —y que solemos realizar con los padres a los que acompañamos— es tomarte unos minutos para cerrar los ojos e imaginar que eres tu hijo. Siente que estás en su cuerpo, en este momento, y que has vivido esta pérdida. Repasa mentalmente lo que puedes estar experimentando, como si fueras él. Ahora, desde esa perspectiva, responde a estas preguntas (para una descripción más detallada de esta técnica, véase Payàs, 2015):

- Mírate a ti desde su punto de vista: ¿cómo te ve? ¿Qué ve en ti?
- Lo que ve en ti, ¿cómo le impacta? ¿Qué emoción le despierta?
- Mira al resto de la familia con sus ojos. ¿Qué ve en los demás? ¿Cómo le impacta?
- ¿Qué tenía antes y ahora no tiene? ¿Cómo ha cambiado la familia?
- ¿Qué otras pérdidas está sufriendo ahora?

Si haces este ejercicio, tendrás una lista de aspectos de su vivencia que pueden estar en la raíz de su enfado.

He podido sentir su enfado como si estuviera en su piel

> *De lo que me he dado cuenta al hacer el ejercicio y ponerme en su lugar es de que no solo se ha quedado sin su hermana, a la que tanto quería y acompañó, sino que posiblemente se siente culpable de no haber podido salvarla de su enfermedad. Ella fue donante de médula y creía que así la salvaría. También he visto con claridad que siempre me ve a mí destrozada, hundida, y a ratos malhumorada. No le puedo dar la atención que necesita y creo que se da cuenta de que su padre y yo nos hemos distanciado. He podido sentir su enfado como si estuviera en su piel, y también su miedo al verme como estoy.*
>
> *Magda. Madre de Inés (15 años). Muerte de la otra hija.*

Darte cuenta de todo lo que tu hijo está viviendo te ayudará a tener más paciencia con su enfado y también a acompañarlo para que pueda expresarlo de una forma elaborativa. Al poder conectar y entender un poco mejor las razones de su malestar, te será mucho más fácil responder de la manera adecuada, utilizando alguna de las ideas que te damos a continuación.

No reaccionar negativamente

Cuando tu hijo esté expresando su enfado, no reacciones impulsivamente. No respondas con dureza, aun en el caso de que te esté provocando. No te confrontes con él.

No le hagas chantaje emocional. Expresiones como «si te pones así, me haces daño», «estás haciendo sufrir a mamá» o «cálmate, hazlo por mí» no son adecuadas. Aumentan su percepción de no ser escuchado, de no tener permiso para expresar sus necesidades y de sentirse inadecuado por experimentar unos sentimientos naturales ante las pérdidas que está viviendo.

Mantén la calma: no te muestres angustiado, ni enfadado ni triste. Respira hondo y espera, ten paciencia. Recuerda que detrás del enfado hay un niño o adolescente que necesita pasar su duelo y lo está haciendo lo mejor que puede en este momento.

Ser consciente de esto puede ayudarte a no reaccionar enfadándote tú también o juzgándolo o manipulándolo para que deje de expresar lo que siente.

Dar permiso para expresar su enfado

No lo interrumpas. Deja lo que estés haciendo y siéntate a su lado o frente a él, respetando su necesidad de espacio físico y de expresión emocional. Escucha atentamente. No muestres incomodidad, juicios ni prisa. Y, tenga la edad que tenga, no sonrías: podrías darle a entender que no lo tomas en serio o que minimizas su dolor. Respira hondo y deja que exprese todo lo que necesita decir. **La manera más clara de darle permiso para expresar su enfado es con tu actitud, más que con tus palabras.**

Reconocer que tiene sentido que esté enfadado

Puedes imaginar o sabes concretamente las posibles causas de su enfado: comunícale que comprendes y aceptas que tiene razón en lo que está sintiendo. Utiliza la palabra *enfado* como forma de reconocimiento. Por ejemplo:

«Entiendo que estés muy enfadado porque papá no está aquí para ayudarte».

«No me extraña que estés tan enfadado, porque no te estoy atendiendo como necesitas».

Paradójicamente, **este reconocimiento de su enfado por tu parte hará que este disminuya en intensidad, porque muestras que le estás escuchando, que comprendes lo que le ocurre y que tiene sentido para ti.**

Ayudar a conectar con la causa real

Señala con delicadeza que lo que está sintiendo o haciendo está relacionado con su duelo tanto por la pérdida del ser querido como por la pérdida colateral –la afectación del ambiente en la familia–. **Reconocer tus limitaciones como persona de apoyo puede ayudarle a sentirse menos enfadado.** Por ejemplo:

«Siento mucho que tu hermana haya revuelto tus cosas. No me extraña que estés enfadado con ella. También entiendo que debes de estar muy enfadado porque mamá no está aquí para apoyarte y, además, me ves a mí muy mal, y no te doy la atención que necesitas».

«Te he visto todo el día de mal humor con todos nosotros, y quiero que sepas que me llegan tu enfado y tu malestar. Has perdido a papá, que tanto te quería, y además me ves a mí mal, y no te estoy dando lo que necesitas. No me extraña que, con todo esto, estés tan enfadado. Lo siento mucho».

Animar a seguir hablando de cómo se siente

Ayúdale a poner palabras a lo que está pensando mientras expresa su enojo. Independientemente de si el motivo que expresa es real o si está desplazando una emoción, ofrécele la misma atención y no lo contradigas. Puedes preguntarle, por ejemplo:

«¿Qué es eso tan importante que hace que estés tan enfadado?».

«¿Qué estás pensando ahora?».

«Háblame de todas las cosas que te enfadan».

Busca un valor en todo lo que te diga, aunque no estés de acuerdo, intenta ponerte en su lugar, reconoce que su enfado es lógico.

Hasta que su enfado no haya disminuido no podrá escucharte ni estar receptivo a tus palabras. Dale el tiempo que necesite para verbalizar lo que está sintiendo, sea lo que sea. **Aunque lo que diga no sea razonable, espera a que se haya calmado antes de ofrecer tu punto de vista.**

Facilitar poner nombre a lo que necesita

El enfado de tus hijos es una señal de que hay una necesidad no satisfecha: algo importante que no están recibiendo. Como niños o adolescentes que son, no saben reclamarlo de forma directa.

Si tu hijo fuera un adulto, te diría:

«Mamá, no me gusta nada verte así. Necesito que esto cambie porque me hace sentir mal. ¿Puedes cambiarlo?».

Pero, como no es capaz de expresar esto, se enfada con quien sea, aunque esa persona no tenga relación directa con el origen de su malestar. Esa es su forma indirecta de exteriorizar que algo no va bien.

Pregunta qué cambios considera necesarios en la familia. Identificar y poner nombre a lo no le gusta de cuanto está viendo y viviendo le permite entrar en contacto con sus propias necesidades y expresarlas de forma directa y sin miedo a hacernos daño. Además, **transformamos el monólogo interno que suele acompañar a su enfado –hablar con uno mismo en soledad acrecienta la angustia– en un diálogo abierto con un adulto que lo quiere, se preocupa por él y está dispuesto a escuchar sus sentimientos y necesidades.**

Disculparse por nuestras limitaciones como persona de apoyo

Al finalizar la conversación, termina siempre con un reconocimiento de tus propias limitaciones o las de los adultos en general. Evita ofrecerle una justificación larga con pormenores acerca de lo que tú estás viviendo. Ellos responderán mucho mejor a una frase corta, dicha con sinceridad, reconociendo tus límites, o los de los demás, que a una larga explicación que les priva de nuevo de tener tu atención focalizada en ellos.

Puedes decir, por ejemplo:

«Lamento no haber estado a la altura…».

«Creo que ninguno de nosotros ha sido capaz de entender por lo que estás pasando. Lo siento».

Después mantén el silencio para que pueda responder a lo que han escuchado. Acaba la conversación con una apreciación positiva sobre su forma de ser y sobre cómo está afrontando el duelo. Exprésale que siempre estarás disponible para escucharle cuando sienta frustración por todo lo que está viviendo.

Agradecer su sinceridad y proponer una actividad de ocio o distracción al acabar

Al cerrar la conversación, agradécele de forma explícita su honestidad y su coraje al compartir. Luego, sugiere hacer juntos algo que no sea emocional ni implique conversación o expresión de sentimientos. Preferentemente, propón una actividad de distracción activadora: un paseo, jugar al fútbol o preparar un pastel. Enséñale así que podéis estar juntos y disfrutar de un momento como padre e hijo.

Si la intensidad y la frecuencia de su enfado son muy elevadas, y parece que pierde el control y no es capaz de regularse solo o con tu apoyo, debes buscar la ayuda de un profesional que te oriente y te dé indicaciones más precisas sobre cómo acompañarlo.

Permanece atento a la posibilidad de que su enfado no esté relacionado con el duelo. Puede que esté atravesando otras dificultades en su vida. No todo está necesariamente conectado con la pérdida. Aparte del duelo, ¡tiene otros problemas en su vida!

Recomendaciones para ayudar a tus hijos a manejar su enfado y su ira:

1. **Intenta ponerte en su lugar y entender su punto de vista.**
2. **No reacciones negativamente.**
3. **Con tu actitud, dale permiso para expresar su enfado.**
4. **Reconoce la parte de razón de ser de su enfado.**
5. **Facilita que conecte con la causa de su enfado.**
6. **Ayúdale a poner nombre a sus necesidades.**

7. **Reconoce tu parte de responsabilidad al no poder responder a esas necesidades.**
8. **Discúlpate por tus limitaciones como persona de apoyo.**
9. **Dale las gracias por compartir y agradece su honestidad.**
10. **Cierra con una actividad compartida que sea energizante.**

LOS SENTIMIENTOS DE CULPA EN EL DUELO

La culpa es el sentimiento natural que las personas experimentamos cuando tenemos la percepción –sea real o imaginaria– de haber fallado, en el presente o en el pasado, a otra persona. Este «fallo» puede estar relacionado con palabras (por ejemplo: *«Le dije muchas cosas negativas que no debería haberle dicho»*) o con actos (como: *«Yo pegaba mucho a mi hermano y le quitaba sus juguetes»*), pero también con omisiones. Es decir, podemos sentirnos culpables por algo que creemos que deberíamos haber dicho o hecho (*«Debería haberme dado cuenta de que mamá estaba tan enferma. No la cuidé como ella necesitaba»*).

Sentirse culpable no es algo negativo: los remordimientos nos empujan a crecer como personas, a ser más empáticos, a responsabilizarnos de nuestros actos y del impacto que tienen en los demás.

Sin embargo, **si los sentimientos de culpa aparecen en una etapa en la que el niño aún no es capaz de comprenderlos ni manejarlos, pueden volverse en contra de ellos y convertirse en una fuente de malestar emocional.** Este malestar, al no poder canalizarse de forma adecuada, puede redirigirse hacia uno mismo, transformándose en algo destructivo que no solo afecta a la vida presente del niño, sino que también puede comprometer su desarrollo como adulto.

La culpa y el marco de referencia

Un aspecto fundamental de esta emoción es que **para que exista debe haber un marco de referencia o una creencia nuclear que la sustente**.

Te contamos un ejemplo personal que puede ayudar a entender lo que queremos decir: yo no me siento culpable cuando mato una mosca —ya sabes, esas pesadas que se posan una y otra vez sobre la pantalla mientras intentas trabajar—. Sin embargo, otra persona, firme defensora del mundo animal, se horrorizaría ante mi falta de empatía e insistiría en que no debería matarlas, sino soportarlas estoicamente o ayudarlas amablemente a salir por la ventana. ¿Por qué reaccionamos de forma tan distinta? Porque nuestro marco de referencia respecto al valor de la vida de una mosca es distinto.

Detrás de cada sentimiento de culpa hay una creencia: sobre uno mismo, la vida, los demás, los animales… Esa creencia es la que define lo que interpretamos como un fallo y, por tanto, despierta el sentimiento de culpa, que se manifiesta como un malestar físico. Esta respuesta no es racional. De hecho, la creencia puede ser inconsciente, y por eso la culpa puede vivirse como irracional y activarse de forma automática, fuera de nuestro control.

Por ejemplo, si el hijo muere debido a un cáncer, un accidente o una enfermedad degenerativa, algunos padres pueden expresar: *«Sé en mi cabeza que no soy culpable de que mi hijo haya muerto, pero aquí dentro, en mi pecho, así lo siento»*. Cuando exploramos con ellos cuál es la creencia que sustenta esa culpa, se dan cuenta de que es una creencia referida al sentido del rol: *«Un buen padre siempre debe proteger a sus hijos y salvarlos de todo mal»*. Como nos decía una madre tras la muerte de su hija con una discapacidad:

«Sé que es un poco absurdo lo que digo y que no debería sentirme culpable, pero en el fondo de mi corazón pienso que una buena madre no engendra un niño con una discapacidad».

CÓMO AYUDARLOS EN SUS SENTIMIENTOS DE CULPA

Educamos a nuestros hijos fomentando, durante un tiempo, su dependencia, y este mecanismo natural tiene beneficios para su maduración. Así, los enseñamos a ser empáticos y a responder emocionalmente a lo que viven. Cuando sonreímos a un bebé, él nos devuelve la sonrisa. Si nos ve tristes, se entristece. Lo mismo ocurre a la inversa: si están alegres, nos hacen reír, y si lloran, nuestra voz se vuelve más suave y cariñosa.

Este proceso los lleva a creer que son capaces de influir en nuestros estados emocionales. Este es su marco de referencia. Por eso, si mamá o papá no están bien, ellos piensan que han hecho algo que ha causado esa emoción. Como parte de ese «narcisismo», sano y natural en los primeros años, llegan a creer que tienen el «superpoder» de hacer que mamá o papá estén contentos o estén tristes.

Este proceso evoluciona hasta el inicio de la etapa adulta. Si el proceso de individuación —esto es, enseñar a volar a nuestros hijos, empujarlos fuera del nido y confiar en que volarán bien solos, lo cual no es tarea fácil— se produce de forma sana, el joven adulto aprenderá a diferenciar entre lo que es su responsabilidad y lo que es responsabilidad del otro. Sentirá pena si te ve mal, afligido o preocupado debido al duelo, pero no se sentirá absorbido por tu emoción ni culpable de lo que te sucede. Se ha construido como individuo separado de ti.

Ante una situación de duelo familiar, lo más frecuente es que los niños o adolescentes respondan con sentimientos de culpa, porque este proceso de individuación no se ha completado aún.

He aquí algunos aspectos del duelo que, según nuestra experiencia, pueden provocar sentimientos de culpa:

- Culpa por no haber muerto en lugar del hermano.
- Culpa por no haber podido salvar al ser querido o por sentirse causa de su muerte.
- Culpa por no haber ayudado lo suficiente en la enfermedad.
- Culpa por momentos difíciles. No haber podido despedirse.
- Culpa por haber sobrevivido al ser querido.

La culpa es una emoción tan común en la experiencia de pérdida que **siempre deberíamos preguntarnos: *«¿De qué se puede estar sintiendo culpable mi hijo o hija ahora?»*, y estar atentos a las señales de alerta para ayudarlos a manejar esos sentimientos que, si permanecen con intensidad en el tiempo, pueden tener consecuencias negativas en su desarrollo**.

Puedes pensar en tu hijo e imaginar qué tipo de culpa puede estar sintiendo. Si es un adolescente, incluso se lo puedes preguntar de forma directa: *«¿Hay algo que lamentas cuando piensas en tu papá? ¿Te haces algún reproche?»*.

En el caso de que lo llegue a expresar de forma abierta, lo que no va a ayudar es utilizar expresiones como *«no deberías sentirte culpable»*, *«hiciste todo lo que pudiste»* o *«la culpa es una emoción que no conduce a nada»*. Posiblemente estas afirmaciones sean en parte verdad, pero no tienen ningún impacto porque la culpa se genera de forma inconsciente –el marco de referencia–; por tanto, no atiende a razones: *«Yo ya sé que no debería sentirme culpable, pero es lo que siento»*, nos dicen muchas personas en duelo.

Si podemos identificar a qué tema corresponde la culpa que ellos están sintiendo, debemos aplicar una especie de «antídoto» para desmontar la creencia o el marco de referencia subyacente. ¿Cómo lo hacemos? Primero, con nuestra actitud de escucha, nuestra presencia que les da permiso para sentirse así, nuestro tono calmado, no interrumpiéndolos, no dándoles explicaciones largas y tediosas y permitiendo que sean ellos los que hablen.

Y luego, con nuestras palabras, mediante afirmaciones suaves que cuestionan esas creencias equivocadas. A continuación te damos ejemplos de cómo hacerlo procedentes de nuestra experiencia clínica (Payàs, 2020).

No haber muerto ellos en vez del hermano

Siento como una presión de intentar ser como él

Él estaba por delante en todo. Mi hermano era el mejor en todo. Todo lo hacía bien: los deportes, los estudios, la relación con mis padres. Yo siento que estaban muy orgullosos de él porque era como el hijo perfecto. Yo le admiraba, pero estaba muy relajado porque no sentía encima la mirada de mis padres. Para mí ahora es un esfuerzo, pero intento hacer como él. He empezado con la bicicleta y el gimnasio y también intento estudiar más... Esto es un reto difícil para mí, pero siento como una presión de intentar ser como él. Creo que lo hago para sentirme más cerca de él... y para que mis padres estén bien, para que no noten tanto el vacío. No lo sé muy bien. Creo que si hubiera sido yo el que hubiera muerto, estarían mucho mejor.

Carles (17 años). Muerte del hermano mayor.

Cuando los padres están profundamente consumidos por el dolor tras la pérdida de un hijo y, a su pesar, no pueden responder a las necesidades emocionales del hermano que ha sobrevivido, esta sensación de ser ignorado, unida al hecho de ser testigo del intenso sufrimiento de los padres —que hablan constantemente del hermano fallecido (o al menos así lo percibe él)— puede llevar al niño o adolescente a **concluir con la creencia de que:**

«Habría sido mucho mejor que hubiera muerto yo».

Si, además, el hijo fallecido era considerado «especial» por alguna razón –por ejemplo, era el único varón, el más cercano a la madre, o el que más cumplía con las expectativas del padre o la madre, era más responsable, más estudioso, más líder–, la creencia que sustenta este tipo de culpa puede verse reforzada. En el caso de hermanos gemelos, que comparten la experiencia vital al máximo, esto puede acentuarse y hacer que el superviviente sienta que no tiene derecho a seguir con vida.

Muchas veces los padres no son conscientes de que, desde una tristeza y añoranza que no pueden ocultar, lanzan miradas sutiles, hacen gestos de frustración o muestras de mal humor que tiñen el ambiente del hogar y que los hermanos pueden interpretar erróneamente como algo dirigido contra ellos. **Esto los hace sentirse impotentes, distintos, desconectados, y llegan a pensar que son el «hermano equivocado».**

Pretender sustituir al fallecido, adoptar su rol dentro de la familia, o incluso copiar su personalidad son maneras de intentar compensar este supuesto fallo. Si tu hijo muestra esta clase de comportamientos, intentando llenar el vacío que ha quedado, es probable que esté experimentando culpa por no haber muerto él en vez de su hermano.

«Su hermana era mucho más madura y responsable que él. Desde que murió, lo vemos esforzarse por comunicarse más con nosotros y portarse mejor. Es como si la figura de su hermana se hubiera convertido en un modelo a seguir».

Es cierto que, en algunos casos, cuando el fallecido era el mayor o más responsable, esta actitud puede ser algo positivo, en el sentido de que procuran mejorar y crecer siguiendo «el modelo de mi hermana», como en el ejemplo anterior. Estos casos son adaptativos cuando el esfuerzo por parecerse al hermano no implica una renuncia al disfrute de la vida –especialmente en el ámbito social– ni supone dejar de lado las propias potencialidades y capacidades, y, por tanto, va acompañado de una buena autoestima.

Pero si detrás de ese intento de sustituir al hermano o hermana hay un deseo de llenar el vacío que ha dejado, este esfuerzo puede generar sentimientos de baja autoestima, la sensación de «ser un impostor» en la vida —es decir, estar viviendo una vida que no les corresponde—. **Incluso pueden terminar dedicándose a algo que no los representa ni los hace felices, porque es una elección que va en contra de sus necesidades y capacidades personales.**

¿Cómo ayudarlos?

Si observas que tu hijo está triste, retraído, con baja autoestima o con comportamientos de sustitución de su hermano fallecido, es importante actuar cuanto antes. No basta con decirle *«Entiendo por lo que estás pasando»* o *«Te quiero mucho y eres importante para mí»*. Estas afirmaciones pueden ayudar, pero a menudo son insuficientes. **Hazle sentir que es importante, valioso y necesario para ti tal y como es, y que no necesita fingir que es distinto.**

- Concédele atención individual, fuera del contexto del duelo. Pasad tiempo juntos, haciendo actividades que le den placer.
- Ofrécele una «sobredosis» de reconocimiento: ponlo en el centro de tu atención durante un tiempo.
- Valora sus esfuerzos, sus logros, incluso sus pequeñas iniciativas.
- Admira sus fortalezas y cualidades, y comunícaselo con palabras explícitas, claras y con tu actitud.
- Inclúyelo en la toma de decisiones, hazle sentir que su opinión es interesante y necesaria.

Puedes expresarle mensajes como:

«Estoy muy orgullosa de ti. Y lo que más aprecio de tu personalidad es…».

«Qué suerte tengo de poder vivir estos momentos tan difíciles contigo. No sé qué habría hecho sin ti. Me gusta mucho cómo eres, y lo que me gusta más de ti es…».

«Gracias por estar aquí. Solo con tu presencia me ayudas mucho. Lo que me ayuda de ti es…».

Respondiendo así le ayudarás a combatir esa dolorosa y profunda sensación de ser una decepción, y verás cómo, en poco tiempo, va recuperando su alegría y la confianza en sí mismo.

Ser la causa de su muerte: no haber podido salvarle

De no haber sido por mí, a lo mejor serías tú el que estaría vivo

Quiero pedirte perdón. De no haber sido por mí, a lo mejor serías tú el que estaría vivo. Siento mucho haberme cambiado de asiento en el coche antes del accidente. Es algo que me ha perseguido toda la vida. ¿Casualidad o destino? Supongo que estas cosas pasan; debido a ese cambio, tú dejaste de vivir y yo continúo luchando en este valle de lágrimas. A veces también me he sentido como un ladrón que te ha robado una larga vida. Y he sentido ganas de volver a cambiarte el sitio, de darte la posibilidad de vivir esa vida. ¡Seguro que habrías triunfado! No sé… Ahora me siento responsable de hacer de mi vida algo útil, que os hiciese sentir orgullosos a mamá y a ti… Y sé que me has perdonado.

Eduard. Adulto en duelo de niño (12 años).
Muerte de dos hermanos y la madre.

No es raro que un niño se sienta culpable de haber causado la muerte de su ser querido. Como hemos explicado, desde muy pequeños aprenden que lo que hacen o dicen tiene un impacto en los demás: si hacen algo «malo», nos ven enfadados; si hacen algo gracioso, nos reímos. Por eso, cuando nos ven tristes o angustiados, lo primero que suelen pensar es: *«He hecho algo malo y por eso mamá está así»*.

Viven con la fantasía de que tienen un poder especial sobre su entorno. Desde esa creencia, pueden llegar a pensar que la muerte o la enfermedad ocurrieron por su culpa. Por ejemplo, si en algún momento –en medio de un disgusto, porque el ser querido los riñó o se pelaron– fantasearon con la idea de que *«Estaría mucho mejor sin él»*, es posible que luego asocien este pensamiento con lo que sucedió y lleguen a sentirse los causantes de la muerte.

Este tipo de culpa aparece con más frecuencia si el niño no recibe la información adecuada acerca de las circunstancias del fallecimiento –por ejemplo, en casos de suicidio o accidentes domésticos–. También puede presentarse cuando la muerte fue causada por una enfermedad, porque el niño crea que podría haber hecho algo más para salvar a la persona fallecida.

Las creencias subyacentes que suelen estar detrás de este tipo de culpa son:

«Si te quiero, puedo salvarte».

«Debería poder protegerte».

«El amor verdadero lo puede todo».

«Si en la familia pasa algo malo es porque yo he hecho algo mal».

No haber ayudado lo suficiente en la enfermedad

Mi papá no quería morir

Mi padre murió cuando yo tenía 16 años. Él no quería morir..., bueno, nadie quiere, claro. Pero él me lo mostraba con mucho enfado y frustración. Esa amargura me hacía sentir impotente. No sabía qué decirle ni cómo animarlo. A veces sentía que estaba enfadado conmigo. Y fue así hasta el final. Luego empecé a salir por las noches, a beber, a descontrolarme. Me sentía siempre amargado.

Álvaro. Adulto en duelo de niño (16 años).
Muerte del padre.

Otro tipo de culpa se genera cuando el proceso de enfermedad o del fallecimiento ocurre en un contexto emocional intenso para los hijos: la enfermedad ha sido muy larga e incapacitante, con vaivenes entre episodios de recuperación y de recaídas, en los que los hijos han percibido un gran sufrimiento; o de una situación en la que el ser querido expresa un fuerte rechazo a la muerte, acompañado de enfado o angustia, y lo expresa abiertamente delante de ellos.

En estos casos, **los hijos o hermanos creen que no hicieron lo suficiente, que no cuidaron, no acompañaron o no animaron lo bastante al ser querido.** Si la enfermedad fue prolongada, pueden recordar ocasiones concretas en las que sienten que no estuvieron a la altura. Cuando se produce la muerte, esos recuerdos ocupan todo el espacio de la memoria, eclipsando los momentos positivos.

Cuando la muerte ocurre por suicidio, este sentimiento de culpa puede intensificarse aún más. Los hijos llegan a pensar que su propia existencia no fue motivo suficiente para que el ser querido apostara por seguir viviendo.

La creencia, o marco de referencia, que subyace bajo esta culpa es:

«Si yo hubiera sido mejor hermano (o hijo), él no habría tomado esta decisión».

«Si yo hubiera sido mejor hermano (o hijo), él hubiera tenido una mejor muerte».

«Si yo hubiera sido mejor hermano (o hijo), hubiera podido aliviarle sufrimiento en su enfermedad».

¿Cómo ayudarlos?

Lo que puede ayudarlos en los dos últimos tipos de culpa descritos es darles toda la información posible acerca de las causas del fallecimiento, explicándoles los detalles que les permitan saber por qué y cómo ocurrió la muerte (hemos visto cómo hacerlo en el capítulo 8). En esta conversación es importante subrayar que lo sucedido no tiene nada que ver con algo que ellos hayan hecho, dicho o pensado.

Si el fallecimiento fue por enfermedad, repasa los detalles acerca de las circunstancias y afirma de forma categórica que no había nada más que pudiera haberse hecho. Explica que esta enfermedad la sufren pocas personas, que ha sucedido en nuestra familia y que se hizo todo lo posible. Puedes decir, por ejemplo:

«Los médicos hicieron todo lo posible por salvarla. Tu hermana estaría muy contenta con todo lo que hicimos por ella».

Si fue por un accidente, pregunta si tiene dudas acerca de algún detalle. Explícale que se trató de una desgracia poco frecuente. Señala que estas situaciones ocurren, que no se pueden evitar y que nadie tiene responsabilidad en lo que pasó. Valida que es normal preguntarse si se podría haber evitado, pero reafirmar que no fue así:

«Esto sucede muy muy pocas veces. Nos ha tocado a nosotros, pero no hay nada que tú pudieras haber hecho para cambiarlo».

Es fundamental ayudarlos a comprender que, aunque el amor sea muy poderoso, no puede protegernos de todo. Algunas frases que pueden servir como «antídoto» frente a las creencias que sustentan este tipo de culpa son:

«Querer a alguien muchísimo no significa que podamos salvarle siempre».

«Hay cosas que escapan a nuestro control: enfermedades, accidentes, situaciones inesperadas...».

«Estuviste mucho con ella, pero no es posible estar al cien por cien. Seguro que ella no te lo tendría en cuenta».

Repetir estas afirmaciones con serenidad y firmeza ayuda a desmontar las creencias distorsionadas que alimentan este sentimiento de culpa por no haber hecho lo suficiente.

Momentos difíciles con el ser querido: no haber podido despedirse

Nos enfadamos mucho y le insulté

Mi hermano murió en un accidente de montaña, durante una excursión. La noche anterior habíamos tenido una bronca muy intensa, nos enfadamos mucho y le insulté. Sé que él me habría perdonado, que no me lo habría reprochado, porque la verdad es que nos queríamos mucho..., pero siento una opresión en el pecho cada vez que lo pienso. Yo no me lo perdono.

Carles (17 años). Muerte del hermano.

Este tipo de culpa surge de lo que llamamos «asuntos pendientes»: conflictos no resueltos, discusiones, enfados, palabras duras, o incluso gestos y omisiones que creemos que pudieron herir al ser querido fallecido. A veces, el conflicto puede haber girado en torno a un tema aparentemente irrelevante. Pero para un niño o adolescente ese momento puede quedar magnificado en su memoria, llegando a pesar más que todos los recuerdos positivos. Les cuesta ver la relación en su conjunto; al pensar en el ser querido solo les aparece ese recuerdo difícil.

Cuando en la familia no se ha hablado de forma abierta acerca de la inminencia de la muerte, es posible que los hijos o hermanos sientan culpa por no haberse podido despedir o no haberlo hecho de la manera que consideran adecuada. En las muertes súbitas, la despedida se convierte en un asunto pendiente central tanto para adultos como para niños. No haber podido expresar gratitud y amor deja al doliente con la sensación de que al ser querido le habría gustado escucharlo –aunque ya lo supiera, no es lo mismo– y poder expresarlo personalmente habría sido una experiencia positiva y reparadora para ambos.

Las creencias –marco de referencia– que suelen sostener esta clase de culpa son:

«Si quiero a alguien, nuestra relación debe ser perfecta».

«Si quiero a alguien, nunca debo enfadarme con esa persona».

«No he sido una buena hermana (o hija): debería haberme despedido expresándole lo que siento».

¿Cómo acompañarlos?

Es muy importante que, como madres y padres, los animemos a hablar de esos recuerdos difíciles. Podemos interpelarlos directamente, pero con delicadeza:

«Cuando piensas en papá, ¿hay algo que sientes que podrías haber hecho mejor, y que ahora te pesa? A veces se trata de cosas pequeñas pero que nos pesan: unas palabras fuera de tono, por ejemplo».

Permitirles hablar de ese recuerdo difícil, compartirlo y

expresar el sentimiento con alguien como tú, que los escucha atentamente y con cariño, es ya un paso importante para reparar su culpa. Después de escuchar, puedes contextualizar lo ocurrido en la historia global de la relación y normalizarlo, presentarlo como algo natural de cualquier vínculo entre dos personas.

«Fueron solo unas palabras: ella sabía que la querías».

«Es normal que te sientas así, eso indica que le querías mucho».

«En todas las relaciones entre hermanos (o padres e hijos) hay momentos en que uno se enfada, pero eso no quiere decir que no os queráis».

«Seguro que no te lo tendría en cuenta».

Combinar la escucha con la validación de los sentimientos de culpa ayudará, poco a poco, a que la culpa vaya mitigándose y prevalezca la parte positiva.

Finalmente, animándolos a poner en palabras qué les hubiera gustado expresar al ser querido se puede completar este trabajo de reparación. Podemos ayudarlos a escribirlo en un papel, verbalizarlo en un diálogo imaginario con el ser querido o, en función de la edad, proponer un ritual con alguna actividad expresiva simbólica. Por ejemplo: hacer un dibujo y quemarlo, lanzar al aire unos globos con unas palabras escritas, encender una vela junto a una fotografía y expresarlo en voz alta. A veces la expresión ritual es mucho más poderosa que las propias palabras, y a ellos les puede resultar mucho más fácil para articular aquello para lo que no tienen palabras.

Haberle sobrevivido

¿Cómo voy a volver a ser feliz si ella ya no está?

¿Cómo voy a volver a ser feliz si toda mi vida se basaba en hacer feliz a una persona que ahora ha muerto? No quiero vivir una vida feliz sin mi hermana. Prefiero no vivirla. No quiero seguir fingiendo

que estoy contento ante los demás..., porque no es verdad. Ella no está... Entonces, ¿para qué vivir ahora la vida? No puedo compartir nada con ella, y cada vez que lo paso bien, cada vez que me siento contento, después me da un bajón terrible, el triple. La verdad, no me compensa. No compensa tener algo bueno que no puedo compartir con ella ni usarlo para hacerla feliz, que era lo que me motivaba y me hacía sentir bien. Cada vez que me pasa algo que me da ilusión o alegría, pienso en ella..., pero ella no está. Entonces lo corto. Prefiero no sentirlo. Es algo automático, no lo pienso conscientemente.

Quique (17 años). Muerte de la hermana.

Este es un tipo de culpa en el que el «fallo relacional» que la persona percibe no tiene que ver con haber dañado a alguien, sino con del mero hecho de estar vivo y disfrutar de la vida mientras que la otra persona ya no puede hacerlo.

Se da especialmente en los casos de muerte de hermano o hermana, y con menor frecuencia en la muerte de un progenitor.

En adolescentes –la etapa en la que la culpa del superviviente se da con mayor intensidad– puede aparecer cuando se ríen, disfrutan con sus amigos o simplemente viven experiencias agradables. También puede surgir con el paso del tiempo, cuando la familia comienza a retomar su rutina y aparecen momentos de alegría como los de antes. Es entonces cuando el adolescente o adulto joven puede sentir que no tiene derecho a pasarlo bien.

La creencia subyacente es:

«No puedo estar bien ni ser feliz si tú no estás aquí».

A veces, sentirse culpable es una forma inconsciente de mantener el vínculo con la persona fallecida a través del dolor, desde una especie de «falsa empatía» –*«Si no disfruto la vida, estoy más cerca de ella»*–. Como si hacer cosas placenteras fuera una traición a quien ya no está, y este sentimiento se manifestara en no darse permiso para disfrutar de experiencias agradables.

Esta culpa puede intensificarse en momentos clave de la vida como los aniversarios del fallecimiento, las celebraciones importantes —cumpleaños, Navidades—, con ocasión de logros personales —graduaciones, bodas, nuevos comienzos— o cuando superan la edad que tenía el hermano fallecido.

Cuando esta culpa no se elabora, puede derivar en autosabotajes inconscientes en la vida adulta, como por ejemplo decisiones personales, profesionales o económicas que limitan la posibilidad de disfrutar. Sin ser conscientes de la causa, estos niños o adolescentes acaban construyendo, ya de adultos, una vida en la que no hay alegría ni plenitud, porque eso significaría enfrentarse al sentimiento de culpa por disfrutar sin el ser querido. Entonces pueden fracasar en la elección de la pareja, no alcanzar éxito profesional o decidir no formar una familia o tener relaciones estables. (Para saber más, puedes leer los Apéndices B.5 y B.6: «El impacto del duelo en niños y adolescentes: consecuencias negativas en la vida adulta» y «El impacto del duelo en niños y adolescentes: consecuencias positivas en la vida adulta»).

¿Cómo podemos ayudarlos?

Todo lo que hemos explicado en este apartado puede ayudarte a aliviar en tu hijo la culpa del superviviente. Además, **hay algo muy poderoso que tú puedes hacer: muéstrale con tu ejemplo que, a pesar del dolor, es posible volver a disfrutar de la vida**.

¡Sabemos que esto puede ser muy difícil! Pero cuando ellos ven que, aunque estás triste, también eres capaz de conservar la esperanza en el futuro, aprenden de tu modelo que la vida, incluso con pérdidas, sigue valiendo la pena.

Si ahora no te sientes capaz de hacerlo —porque la pérdida es reciente o porque tú mismo todavía estás atrapado en el dolor más intenso—, puedes transmitir esperanza con tus palabras. Dile que, aunque en este momento estáis muy abatidos, con el tiempo las cosas mejorarán. Puedes decir, por ejemplo:

«Mi deseo es que volvamos a disfrutar la vida, como ella (o él) hubiera querido». Esta afirmación actúa como un antídoto frente a la creencia de *«No puedo disfrutar si ella no disfruta»*.

«Esto es lo que ella hubiera querido para nosotros».

«Estoy segura de que le haría feliz verte reír».

Si tu hijo recuerda algo que le hacía especial ilusión compartir con la persona fallecida, puedes decir:

«Me alegra mucho verte disfrutar con tus amigos y pasarlo bien haciendo deporte. Sé que a ella también le encantaría verte así».

Sí, supone un gran esfuerzo, pero ¡por ti y por los que te rodean, vale la pena intentarlo!

En el próximo capítulo profundizaremos en este aspecto: cómo transmitir que la vida sigue valiendo la pena a pesar de lo que nos ha sucedido.

Cómo puedes ayudar a tu hijo a aliviar su culpa:

- **Regálale momentos solo para él, aunque sean breves, pero que sienta que son exclusivamente vuestros.**
- **Hazle saber lo que te parece especial de su forma de ser y sus fortalezas.**
- **Reconoce cada pequeño esfuerzo que está haciendo para seguir adelante.**
- **Recuérdale, con calma y firmeza, que lo ocurrido no tiene nada que ver con algo que haya hecho, dicho o pensado.**
- **Ayúdale a entender que en todas las relaciones hay**

enfados o momentos difíciles, y que eso no significa que falte amor.

- **Enséñale con tu ejemplo que, aunque el dolor siga ahí, es posible reír, disfrutar y vivir cosas bonitas.**
- **Dile que esto no es una traición a la memoria de quien falta, sino una forma de honrarle, porque es lo que él o ella hubiera querido.**

Todas estas sugerencias debes adaptarlas a las capacidades cognitivas, la edad y la situación particular de tu hijo. También puedes apoyar estas conversaciones integrando métodos expresivos, como dibujar, jugar con plastilina, utilizar muñecos, que son recursos muy útiles con niños. Si tu hijo es adolescente, puedes sugerirle que recurra a la escritura creativa —escribir una carta al ser querido, o un diario—, la pintura, la música, el cine… Finalmente, como hemos señalado, le ayudará realizar algún ritual cuyo objetivo sea elaborar estos sentimientos de enfado o culpa.

Como hemos ido comentando, si te resulta complicado abordar este acompañamiento emocional por ti mismo, no dudes en pedir ayuda profesional. Un terapeuta especialista en duelo puede darte **seguridad, orientación y herramientas específicas** para atender estas emociones de tu hijo y facilitarle que viva el duelo con más paz.

Capítulo 11

SEGURIDAD EXISTENCIAL: TRANSFORMAR LA CRISIS DE LA IDENTIDAD Y DEL SENTIDO DE LA VIDA

ME SIENTO MUY ORGULLOSA DE MIS HIJOS

El duelo como camino de transformación

Mi marido falleció una noche de verano, en casa y sin previo aviso. Habíamos estado mirando las estrellas con los niños, y apenas unas horas después estaba llamando a emergencias médicas. Él acababa de cumplir 42 años, y yo, con 41, me quedé viuda y con tres hijos: una de 4 años y dos de 18 meses.

Nosotros ya veníamos de haber sufrido la muerte de nuestra primera hija, Lucía, seis años antes. La muerte de Lucía fue muy dura, pero José y yo, con todas nuestras dificultades, nos acompañamos para recomponernos y reconstruir nuestra familia. Y entonces la vida me volvió a golpear. Pensé: «¿Por qué otra vez? ¿Por qué a mí?».

De esos primeros días recuerdo las ganas de salir corriendo y no mirar atrás, que nadie me detuviera..., para no ver, para no enfrentarme a lo ocurrido. Y tengo claro por qué no lo hice, por qué no hui: lo hice por mis tres hijos. En esos momentos tan atroces sentí un instinto maternal de protección más intenso que cualquier otra cosa. El deseo de protegerlos fue mayor que el de escapar de la realidad.

Me dolían partes del cuerpo que ni sabía que existían. Me sentía sola, culpable, sobrepasada. Incluso creo que, en algunos momentos, pensé que estaba enloqueciendo. Muchas veces tuve ganas de meterme en un agujero y no salir, pero por ellos tomé decisiones. Busqué ayuda terapéutica, que fue mi faro en un camino donde no había nada. Con su ayuda pude organizar el día a día, enfrentarme al dolor, al miedo, tocar fondo... y volver a salir a la vida.

En la primera sesión, pocas semanas después del fallecimiento de José, le dije a la terapeuta que mi prioridad por encima de todo era protegerlos a ellos. Ella me habló de la doble tarea a la que me enfrentaba en esos primeros años: mantener el hogar protegido y, a la vez, vivir mi duelo, y del esfuerzo que eso supondría para mí en ese momento.

Con su ayuda, y un sobreesfuerzo por mi parte, en medio de mi pena, pude mantener la estructura de la casa para ellos: los horarios, las comidas, los ratos de ocio y juego, las salidas a solas con la mayor. Decidí no anular celebraciones como la Navidad, los cumpleaños y esas fechas tan dolorosas que una nunca quiere que lleguen sin la persona querida. Inventé rituales y pequeños altares para que ellos tuvieran un espacio donde comunicarse con su padre.

Mantuve —y mantengo— costumbres con la familia política y con su red más cercana de amistades. Siempre he pensado que, para mis hijos, sería importante para poder construir la figura de su padre. Aunque fue muy duro sentarse a la mesa y tratar de disfrutar de esos momentos sin él, es una de las cosas de las que más orgullosa me siento hoy: haber mantenido vivo su recuerdo, porque para mí era importante que no perdieran el contacto con sus raíces ni el legado que les dejó.

Me impacta mucho mirar fotos de esos tiempos. Y cuando veo las de hoy, solo pienso: «¿Cómo lo has hecho?». Sé que uno de mis puntales más importantes ha sido mi red de apoyo: mi familia, sobre todo mi hermana, y mis amistades. He tenido la suerte de estar bien acompañada en la vida.

No ha sido un camino fácil. Ha sido muy duro en muchos aspectos. La crianza en solitario es agotadora, y cuando te enfrentas a un duelo con hijos tan pequeños, es todavía más difícil. Sé que he renunciado a muchas cosas para sacarlos adelante, a título profesional y personal, pero también sé que lo volvería a hacer.

Hoy, cuando los miro, me siento orgullosa de ellos y del trabajo realizado. Sé que aún me queda mucho camino por recorrer, pero tienen buenos pilares. Para ellos no ha sido fácil vivir sin su padre, pero hemos hablado de ello. Hemos hablado de la muerte y del amor. Han podido expresarme sus sentimientos cuando lo han echado de menos, o cómo se han sentido cuando el resto de los niños hablaban de sus papás en clase. Conocen la historia de la familia y también tienen incorporada a su hermana Lucía como parte de sus vidas.

Hemos hablado de las prioridades en la vida, y sé que, aunque el duelo los ha marcado, son —y serán— niños y adultos felices, con otra mirada hacia el dolor, con otro concepto de la vida.

Hoy me siento profundamente agradecida por el amor de Lucía y de José. Ellos siguen viviendo en nosotros. No soy creyente, al menos no de manera religiosa, pero sé que siempre nos acompañan, aunque haya muchos días en los que su ausencia todavía duela.

No quiero que parezca que todo ha sido fácil, porque no lo ha sido. El camino, en los dos duelos —por mi hija y por mi marido—, ha sido de dolor inmenso, y en algunos momentos he sentido desesperación, agotamiento, ganas de tirar la toalla y enfado con la vida por sentir que no me ha tratado bien.

Creo que, como madre que ha perdido a una hija y a su esposo, hay dos aspectos fundamentales que nos pueden facilitar el duelo. Uno es pedir y aceptar la ayuda de las personas que te quieren, y dejarte acompañar. Y el otro es no perder de vista a esos niños que dependen de ti y que también están sufriendo.

Con estos dos pilares puedes construir el camino y seguir adelante. Y lo que sí puedo asegurar es que vale la pena.

¡La persona que soy hoy se ha construido, en gran parte, gracias a todo esto que hemos vivido como familia!

Pilar. Muerte de una hija y del esposo. Tres hijos.

Cada día las abrazo

Yo trabajo desde casa. Cada día, cuando oigo que mis hijas llegan del instituto, dejo todo lo que estoy haciendo, sea lo que sea, les doy la bienvenida y nos sentamos los tres en el sofá. Es ya nuestro ritual: les pregunto cómo les ha ido el día, y estamos un rato los tres abrazados charlando tranquilamente. Luego, durante la semana, busco siempre un tiempo para cada una, por separado. Creo que esto es importante para ellas: tener un tiempo a solas conmigo en el que hacemos algo juntos. Hago esto desde hace ocho años, desde que falta su madre, y creo que ha sido algo muy valioso para ellas, que les ha dado mucha estabilidad. Aunque a mí me ha limitado mucho en los ámbitos laboral y social, creo que ha valido la pena. Las veo alegres y motivadas.

Oriol. Muerte de la esposa. Dos hijas.

Todo me da igual

Todo me da igual. No creo que esto tenga solución. Mi padre me dice que tengo que cambiar de actitud, pero yo digo que no, que la actitud ni la cambio ahora ni la cambiaré. No me apetece nada..., nada tiene sentido para mí. Hago las cosas por hacer: estudio porque toca, no porque me guste o me haga ilusión. Y cuando suspendo un examen, mi padre me mete bronca. Pero él nunca está ahí, siempre está trabajando y estamos solas, mi hermana y yo. El problema es que ahora no hay NADA, pero NADA que me apetezca ni que me motive. Solo estoy bien en mi habitación, encerrada, cuando me dejan tranquila. Me hacen venir aquí para que «me arregle», pero ¿qué? ¿Me enseñarán a vivir con esto? Pues no, gracias... ¿Me devolverán a mi madre?

Isabel (16 años). Muerte de la madre.

Fíjate en estos dos testimonios: ambos describen la misma situación de pérdida, pero el impacto en las hijas en cada caso es muy diferente. ¡Qué contraste, ¿verdad?! Mientras que las hijas de Oriol se muestran motivadas y alegres, Isabel está enfadada, y muestra signos de claudicación y depresión que, si no se atienden, seguramente afectarán a su vida adulta tanto en el ámbito emocional como en el intelectual. Para Isabel, «la vida no vale la pena». ¿Qué la ha llevado a esta conclusión? ¿Qué malestar la conduce a esta claudicación?

DEFINICIÓN Y MANIFESTACIONES DE MALESTAR EXISTENCIAL

Hablamos de malestar existencial para **referirnos al sufrimiento psicológico que surge al enfrentarnos a preguntas fundamentales sobre el sentido de nuestra vida y de la vida en general: *«¿Qué es la vida?», «¿Qué es la muerte?», «¿Quién soy yo?», «¿Cuál es el sentido de mi existencia?», «¿Qué sentido tiene el sufrimiento?».*** Estas cuestiones suelen aparecer en la adolescencia y al inicio de la vida adulta. Sin embargo, si un niño está expuesto a la enfermedad, la muerte o la pérdida –seguramente en su primer contacto con ellas–, se hará estas preguntas mucho antes. Para buscar respuesta, recurrirá al entorno más cercano y a sus figuras de referencia. Pero, si estas personas están también afectadas por el duelo, puede que no tengan la disponibilidad emocional necesaria para ayudarle a encontrar sentido a estas inquietudes existenciales.

La inseguridad física, mental, emocional e interpersonal a la que están expuestos niños y adolescentes en familias que viven una pérdida significativa, puede convertirse en otra fuente de sufrimiento existencial. Las carencias en el ambiente familiar y en la red social —lo que hemos denominado *pérdida colateral* a lo largo del libro— van a intensificar este malestar. La pregunta central no será solo *«¿Quién soy yo y qué sentido tiene mi vida sin mi ser querido?»*, sino también *«¿Quién soy yo y qué sentido tiene la vida cuando vivo en un entorno en el que mis necesidades no están atendidas, veo a mis cuidadores sufrir, debo asumir roles que no me corresponden y me enfrento a emociones desconocidas que no sé manejar?»*.

En la infancia y la adolescencia, este malestar no suele expresarse de forma directa, ya que, como hemos visto antes, no se cuenta con la capacidad de comprender lo que sucede ni de identificar el origen de la angustia. Los niños lo manifestarán emocionalmente, a través de enfado o depresión con rasgos de claudicación, como en el caso de Isabel («todo me da igual»). Estas actitudes suelen derivar de creencias como:

- **Sentir que son una decepción para los padres**
  La percepción de que son una decepción para los padres —o para el progenitor superviviente— les genera una crisis de identidad acompañada de mucha angustia. Ver a los progenitores inmersos en la pena y sentir que no son capaces de hacer nada para aliviarlos, o creer que en parte son la causa, puede llevarlos a conclusiones falsas: *«Yo no soy suficiente. No soy suficiente motivación como para que mamá esté contenta»*; *«Debería haber muerto yo, mis padres estarían mejor»*.

- **Sentir que la vida no tiene ningún valor**
  Al enfrentarse con la propia mortalidad o la de los demás, especialmente si la muerte fue súbita, los niños o adolescentes pueden llegar a la conclusión de que: *«Si en cualquier momento puede suceder la catástrofe de morirte, ¿qué sentido tiene la vida?»*. Entonces deciden que no vale la pena esforzarse. Esta actitud de claudicación acaba manifestándose con decisiones de autosabotaje ante planes futuros de vida.
- **Sentir que no tienen derecho a vivir la vida**
  Sentirse culpables de vivir cuando el hermano o la hermana no han sobrevivido puede llevarlos a la creencia de que no tienen derecho a vivir la vida. Si el fallecido era un hermano mayor, creen que morirán antes de alcanzar su edad, o expresan un deseo inconsciente de no superarla, de no vivir más allá de lo que él pudo vivir. Si superan esa edad, tal vez decidan no disfrutar, saboteando experiencias gratificantes como forma de expiar su culpa por seguir con vida.

Como ves, el malestar existencial es otra de las consecuencias del impacto del duelo que puede afectar a tus hijos. ¡Qué difícil poder sostener tantos frentes, ¿verdad?!

Pero también hay buenas noticias: **el malestar existencial puede convertirse en un camino de crecimiento y en una oportunidad de desarrollo personal**. Muchos de nosotros hemos vivido carencias importantes en la familia durante la infancia –dificultades económicas, enfermedad de un ser querido, ausencia de un progenitor, un traslado forzoso, etc.– que se han convertido en un motor para desarrollar resiliencia, responsabilidad, empatía, una escala de valores renovada y un propósito vital más claro. Parece que hay un sufrimiento existencial que forma parte inevitable de nuestras vidas, pero que en determinadas circunstancias puede devenir la condición necesaria para que se den este crecimiento y desarrollo personal.

Una infancia con carencias no es necesariamente una tragedia, también puede ser un terreno fértil donde nuestros hijos aprendan a madurar y fortalecerse como personas.

Como cuidadores de estos niños y adolescentes, nos hacemos tres preguntas clave:

- ¿Podemos mitigar, al menos en parte, este sufrimiento existencial?
- ¿Cómo lograr que la parte de malestar existencial inevitable se cronifique y deje secuelas negativas en su vida futura?
- ¿Qué podemos hacer para que este sufrimiento inevitable que van a vivir se convierta en un acicate para la transformación personal?

El malestar existencial es un sufrimiento profundo que ataca nuestro núcleo más esencial. Quizá al oír a tu hijo expresar este dolor tengas el impulso de llevarlo a un psiquiatra. Sin embargo, no hay medicación que lo cure: puede adormecerlo momentáneamente, pero no resolverá la causa.

La medicina más efectiva para los hijos es el contacto emocional y la seguridad existencial que les podáis brindar vosotros, sus cuidadores.

El malestar existencial se intensifica cuando sienten que deben abordar estas cuestiones solos, sin poder compartir sus miedos. Si tu hijo percibe el calor de la familia, la presencia de personas amorosas y cuidadoras, y tu atención individual, la angustia se irá mitigando —un buen ejemplo es el de Oriol, en el testimonio inicial—. Requiere un esfuerzo por tu parte, pero los resultados valen la pena.

A continuación te ofrecemos algunos consejos prácticos. Recuerda: aplica solo lo que se ajuste a tu experiencia y capacidades. Es una guía: toma lo que te sirva y deja lo demás. (Si te interesa conocer las investigaciones que se han realizado sobre este tema, puedes consultar el Apéndice B.16: «El malestar existencial»).

TRANSFORMAR LA CRISIS DE LA IDENTIDAD: REFORZAR EL VÍNCULO

¡Hemos ido de compras solas!

Seguí tus indicaciones y esta semana le propuse a mi hija, la mayor, ir de compras. ¡Impensable! Hace cuatro meses que ha muerto mi hijo, y me he ido de compras. Nos hemos reído. Nos hemos probado ropa las dos, nos mirábamos y nos aconsejábamos. Ha sido un muy buen momento. He visto a mi hija feliz de nuevo, hacía tiempo que esto no pasaba. Realmente ha sido muy bueno para las dos.

Carolina. Muerte de un hijo. Dos hijas.

Dar tiempo individual a cada hijo, fuera del duelo

La forma en que un niño se percibe a sí mismo se construye, en gran medida, a través de la atención que recibe de sus figuras de referencia durante la infancia. Cuanta más atención individual y de calidad recibe un niño, más sólida será su autoestima en la vida adulta. La atención nutre internamente: es una fuente de sentido vital, una forma de decirle al niño «te veo, eres importante».

Durante el duelo, el dolor puede absorber tu energía emocional. Es natural que tu atención esté centrada en los recuerdos, que te preguntes el porqué de su muerte y estés sumergido en el dolor. Eso te impide darte cuenta de que tus hijos te necesitan —ahora más que nunca—. No los ves. Puede que estén preocupados por ti, que se sientan culpables de tu tristeza, o que simplemente no sepan cómo reconectar contigo. Ellos pueden estar sintiendo que también te están perdiendo a ti. Hemos descrito en varios puntos de este libro este impacto en ellos y la importancia de que puedas responder de forma adecuada para poder paliar estas consecuencias.

Aunque suponga un esfuerzo más para ti, intenta ofrecer un tiempo individualizado a cada hijo (si tienes más de uno). Un tiempo «en exclusiva» en el que estéis juntos, compartiendo alguna actividad fuera del contexto del duelo. No se trata de hacer grandes cosas, sino de vivir momentos sencillos que transmitan amor, presencia, interés genuino por su mundo y por lo que le importa. **Necesita, en estos momentos, una auténtica sobredosis de atención positiva: saber –y sentir– que sigue siendo una prioridad para ti, que puede contar contigo y que su existencia aún puede darte alegría, incluso en medio del dolor.**

Estar con ellos, brindarles afecto, contacto físico, decirles lo mucho que agradeces tenerlos contigo y mostrarte contento de disfrutar de vuestra relación… son gestos poderosos. Les transmiten un mensaje profundo: *«Soy afortunada de tenerte. Aunque esté de duelo, puedo y quiero seguir cuidándote. La vida, contigo, sigue teniendo sentido».*

Utilizar imágenes que los incluyan

Es posible que, como forma de mantener viva la memoria de tu hijo fallecido, hayas colocado su foto en el perfil de WhatsApp o compartas imágenes suyas en redes sociales con cierta frecuencia. Es comprensible y conmovedor. Cada vez que ves esa imagen en el teléfono, te reconforta: estás diciéndote a ti mismo y a los demás que siempre está en tus pensamientos.

Pero ¿te has parado a pensar cómo puede vivir esto su hermano o hermana?

Imagina que ya ha pasado un año, y la foto en tu móvil sigue siendo la misma. Para ellos, puede convertirse en un recordatorio constante de que ya no forman parte central de tu vida emocional. Que no ocupan ese lugar especial en tu corazón. Que quizá tú hubieras preferido que ellos no estuvieran, y que fuera el otro quien siguiera vivo.

Ese gesto, que nace de tu necesidad como persona en duelo, puede tener un efecto negativo en tu hijo: hacerle sentir menos importante, menos valioso. Puede llegar a pensar que su existencia no basta para que tú estés bien. Y ten en cuenta que usamos el móvil constantemente: ese símbolo (una foto) está siempre ahí, comunicándole un mensaje que quizá no se corresponde con todo tu sentir, pero que él interpreta de esta manera negativa.

Sorpréndelo cambiando esa imagen por una en la que aparezca solo él, o él contigo. Es un gesto sencillo que puede tener un impacto profundo en su autoestima. Es una forma de mostrarle que estás en la vida, que él también es tu presente, que sigue siendo una fuente de sentido para ti. Y si se acerca una fecha especial —el aniversario del fallecimiento, un cumpleaños, Navidad—, incluye fotos donde estén todos los hermanos (si tienes más de un hijo). Hazles sentir que siguen siendo parte esencial de tu familia. Que tu corazón, aunque herido, sigue abierto a los que te quedan.

No sobreprotegerlos: evitar generar dependencia

¡Me resulta casi imposible no sobreproteger a mis otras hijas!

¡Me resulta casi imposible no sobreproteger a mis otras hijas! Me doy cuenta de cómo las controlamos, estamos atentos a lo que hacen, las llamamos para saber dónde están. Es evidente que intentamos hacer todo lo posible para protegernos de la posibilidad de perder a otro hijo. Como si pensáramos que hemos cometido algún error como padres. En mi cabeza sé que no es verdad —su muerte no se podría haber evitado—, pero en mi corazón lo siento así. Lo que me es de gran ayuda ahora es poder hablar en voz alta de mis miedos y reconocerlos. Cuando soy consciente de ellos, puedo controlar mis impulsos de sobreprotegerlas.

Lurdes. Muerte de un hijo. Dos hijas adolescentes.

Ayudar a tus hijos a crecer y desarrollarse como personas implica acompañarlos en el camino hacia la autonomía. Para poder hacerlo, es importante que confíes en ti mismo como padre y también en ellos, en sus fortalezas y sus capacidades. Esta doble confianza será el pilar sobre el que construirán la seguridad emocional que les permitirá, poco a poco y a medida que maduren, tomar distancia, explorar el mundo y, llegado el momento, volar del nido con confianza y recursos propios.

Sin embargo, el duelo sacude esa confianza. Vivir una pérdida tan dura como la muerte de un hijo o de una pareja despierta muchos miedos —algunos de ellos completamente irracionales— y también mucha culpa. Es posible que estas emociones, sin que te des cuenta y con la mejor intención, te estén empujando a sobreproteger a tu hijo.

¡Qué difícil es ser un padre en duelo!

El equilibrio de sostener tu propio dolor y, a la vez, tener que cuidar y proteger, pero sin ahogar, es un difícil malabarismo en el que surgen principalmente dos miedos que pueden llevarte a establecer vínculos sobreprotectores o dependientes con tu hijo.

Miedo a que les pase algo malo: temer otra pérdida

Mi madre empezó a controlarme

Yo era una niña muy sociable y me relacionaba con los chicos del barrio, jugábamos en la calle o con las amigas del cole. Pero, a partir de ese momento, mi madre empezó a controlar la hora de llegada a casa. Tenía que pasar por casa antes de ir a otro sitio, y si alguna vez me quedaba más tiempo fuera del cole jugando y no la había avisado, llegaba hecha una furia diciendo: «Pero ¿cómo se te ocurre quedarte sin avisarme?». Recuerdo sentirme muy culpable. La sensación era como si te dijera: «Después de lo que ha pasado, ¿cómo puedes ser tan inconsciente de no avisarme solo porque estás a gusto jugando?». Había que «fichar» en casa una y otra vez para decir dónde estabas y para que supieran que estabas bien.

Clara. Adulta en duelo de niña (12 años).
Muerte del hermano.

La pérdida de tu pareja o de un hijo puede haberte conectado con la imprevisibilidad de la vida, despertando en ti una respuesta de miedo hacia el futuro. Si la muerte ha sido súbita o traumática, es normal que saques conclusiones como *«En cualquier momento les puede pasar algo a mis seres queridos»*. Y desde esa creencia estás sobreprotegiendo a tu hijo: necesitas asegurarte a toda costa de que esté a salvo. No estás preparado para otra pérdida y tampoco quieres que él sufra más.

Desde este miedo, quizá reacciones con actitudes como:

- **Necesitas saber siempre dónde y cómo está**
  Te muestras hipervigilante. Estás pendiente de todo lo que hace, le controlas las salidas, le preguntas constantemente cómo está.
- **Le privas de experiencias que supongan situaciones nuevas**
  Por ejemplo, no le permites que vaya de excursión o de campamentos con la escuela, o que duerma fuera de casa con unos amigos, o que vaya solo al colegio.
- **Reaccionas con ansiedad si está lejos de ti o no sabes dónde está**
  Si intenta hacer por su cuenta cosas que suponen estar fuera de tu control, aunque estén ajustadas a su capacidad, edad y madurez, te muestras ansioso y excesivamente preocupado.
- **Intentas resolver sus problemas por ellos**
  Quieres evitarle más sufrimiento y te adelantas a hacerle las tareas escolares, intervienes en exceso en sus problemas o no le permites equivocarse.

Miedo al vacío y a la soledad: temer perder tu rol

Otro miedo que tal vez esté afectándote es el de quedarte sin propósito de vida. La muerte de tu ser querido puede hacerte sentir que tu proyecto de «pareja», ser esposa o marido, envejecer juntos, tener otros hijos, se ha arruinado. Si has perdido a un hijo, tu proyecto de «maternidad» o «paternidad» ha perdido parte de su sentido. Quizá también tengas miedo a no poder sostenerte solo frente a todo lo que se te echa encima. Y, de forma progresiva, para restaurar un sentido de identidad, de rol en la vida, y llenar el vacío de esta pérdida, estás convirtiendo a tus hijos en el centro exclusivo de tu vida emocional. Pierdes el interés por algunas áreas personales de tu vida, como la social, la laboral o las actividades de ocio, deportivas o culturales.

Algunas de las actitudes asociadas a este miedo a perder el rol son:

- **Tus hijos son tu único proyecto de vida**
  En los primeros tiempos después de la pérdida pusiste toda tu energía exclusivamente en cuidar de tu hijo –cosa muy natural y necesaria–, pero ha pasado el tiempo, quizá años, y tu hijo ha acabado convirtiéndose en tu única fuente de sentido. Poco a poco has ido renunciando a poner energía e ilusión en proyectos laborales, creativos o sociales. Afirmaciones como *«Eres lo único que me queda en la vida»* pueden reflejar este patrón si son transmitidas de forma categórica y permanente a los hijos.
- **Buscas en ellos el consuelo emocional**
  Sin darte cuenta quizá, conviertes a tu hijo en tu «apoyo emocional». Compartes todos tus pensamientos o emociones, sin filtrar lo que puede o no tolerar. Lo buscas para mitigar tu aflicción o descargar tus pensamientos más difíciles. O, por ejemplo, recurres a su compañía como refugio afectivo para tu soledad acostándote con él por las noches (más allá de lo natural que pueda ser hacerlo puntualmente los primeros días o semanas).
- **Te es difícil marcarle límites**
  Le permites que haga lo que quiera: te cuesta corregirle com-

portamientos inadecuados. Evitas confrontarte con él creyendo que esto le va a hacer daño. No tienes energía para hacerlo, o te da miedo ejercer tu autoridad. Esta permisividad, en vez de favorecer su crecimiento, hace que no pueda construir figuras de referencia de contención, regulación y responsabilidad claras.

Todas estas respuestas de sobreprotección son naturales y humanas. Estás respondiendo desde tu miedo: has perdido la confianza en la vida y deseas protegerlos de todo peligro. Si ha fallecido tu pareja, intentas compensar su ausencia ejerciendo un rol de parentaje excesivo. Y tiene sentido que respondas así, al menos en el primer tiempo después de la pérdida.

Es importante que poco a poco te vayas dando cuenta de que se trata de una sobrerreacción desajustada a la realidad. Seguramente, no va a tener un efecto negativo en tus hijos si la muestras de forma puntual, por ejemplo, durante los primeros meses después del fallecimiento, cuando es natural volcarse en el cuidado de los hijos.

Pero si estas actitudes descritas anteriormente se cronifican en el tiempo, van a tener consecuencias desadaptativas en tu hijo. Son patrones que los mantienen en el «estado de niño» al privarlos de experiencias fundamentales para su crecimiento: dificultan su individuación porque acaban dudando de sus propias capacidades y competencias, les transmiten que el mundo es un lugar peligroso y que no están preparados para afrontarlo por sí mismos, y les generan dependencia emocional. Todo esto puede comprometer la construcción de su sentido vital, la autoestima y el desarrollo de su autonomía.

Estás haciendo todo lo que puedes dadas las circunstancias. Lo que es importante ahora es que identifiques estos patrones. Tomar conciencia de ellos ya supone un gran primer paso. Cuando puedas y te sientas preparado, puedes ir cambiando progresivamente estas actitudes hacia unas más adaptativas.

Insistimos, si lo necesitas, pide ayuda a un profesional experto en duelo que te acompañe en este camino: crearéis un espacio en el que podrás hablar de tus miedos, de tu tristeza, tu culpa, tu enfado. Son emociones naturales y forman parte del duelo, pero pueden impedirte ofrecer la presencia estable que tu hijo necesita. Un buen acompañamiento te ayudará a vivir el duelo de manera que, poco a poco, puedas recuperar la seguridad en ti mismo y en la vida. Así serás capaz de transmitirle confianza a tu hijo, sentirá que su existencia, su sentido y propósito de vida siguen ahí, lo que favorecerá el desarrollo de todo su potencial. (Para saber más, puedes leer el Apéndice B.6: «El impacto del duelo en niños y adolescentes: consecuencias positivas en la vida»).

TRANSFORMAR LA CRISIS DEL SENTIDO DE LA VIDA: TRANSMITIR LOS VALORES DE LA FAMILIA

Una cena de celebración y agradecimiento

Siguiendo lo que trabajamos en la sesión aquí, decidimos organizar una cena con nuestras hijas en un restaurante, como solíamos hacer antes. Les dijimos que era una cena de agradecimiento y de celebración. Fue una experiencia muy bonita. Fuimos a nuestro restaurante favorito (la primera vez después de la muerte de su hermano). Les preparamos un regalo para cada una, algo especial, y en los postres se los entregamos con un agradecimiento por lo que le habían dado a su hermano durante la enfermedad y por el esfuerzo que habían hecho en este tiempo de duelo para sostenerse y sostenernos a nosotros. Intentamos que para cada una fuera algo único, distinto de las demás. Les transmitimos que eran «lo mejor que nos había pasado en la vida» y que éramos «muy afortunados de poder vivirlo juntos», y que su hermano estaría orgulloso de todos nosotros y de cómo lo llevamos. Que eso era lo que él quería. Nuestra hija mayor, la de 16 años, respondió diciendo que éramos «los mejores padres que podrían haber tenido». Nos emocionamos todos, pero fue una tristeza mezclada con amor y gratitud.

Carolina. Muerte de un hijo. Dos hijas.

La importancia de la familia como transmisora de valores

Cada familia construye su día a día alrededor de unos valores que marcan su manera de vivir: cómo se relacionan, cómo educan a los hijos, cómo eligen sus actividades, cómo organizan el tiempo y las prioridades. Estos valores no son ideas abstractas, son creencias, más o menos conscientes, que transmiten un sentido y propósito a la existencia.

La muerte de un ser querido puede llevarte a revisar estos valores y a reorientarlos. Tal vez antes «tener éxito» significaba disponer de un buen trabajo, estabilidad económica, reconocimiento, imagen…, pero ahora ese «éxito» lo definas de otra manera. Has descubierto que estos logros, aunque útiles —y algunos necesarios—, no son los que realmente sostienen a tu familia en estos momentos difíciles. Las cosas materiales no ofrecen consuelo, ni paz ni sentido en medio del dolor. El vacío del ser no se llena con el tener.

Y te das cuenta de que lo que os da fuerzas ahora son valores como el amor, la bondad, el cuidado mutuo, la capacidad de compartir afectos, el compromiso con los demás, la creatividad, la espiritualidad.

Estos valores, si ya estaban presentes, probablemente van a fortalecerse; si no lo estaban, es posible que vayan apareciendo a medida que avancéis en vuestro duelo.

Mostrar a los hijos que, a pesar de la pérdida, esos valores siguen vigentes les transmite la seguridad existencial que, como un faro, les orientará en la oscuridad. Saber que, a pesar del dolor, en vuestra familia sigue habiendo un proyecto vital compartido, les dará una base sólida para construir su propia forma de entender el mundo, la vida..., y también una guía interna para sostenerse en el futuro, cuando afronten nuevas pérdidas.

Mostrar a tu hijo que, a pesar de la pérdida, en vuestra familia sigue habiendo un proyecto vital compartido, le transmitirá la seguridad existencial necesaria a partir de la cual construir su propia forma de entender el mundo, la vida...
Esta base sólida será una guía interna para sostenerse en el futuro, cuando afronte nuevas pérdidas.

Cuando una familia vive sin valores claros o con valores muy centrados en lo material o lo externo, los hijos pueden crecer con una sensación de vacío existencial. Esto ocurre especialmente en hogares en los que no se propicia una reflexión sobre el sentido de la vida —de por qué hacemos lo que hacemos o sentimos lo que sentimos—, se evitan las cuestiones existenciales o espirituales o, si aparecen, se ridiculizan; o donde el modelo de vivir la vida está orientado exclusivamente al éxito económico o intelectual, la imagen, qué pensarán los demás. En estos contextos, los hijos pueden crecer sintiéndose desconectados de sí mismos, como si para ellos nada tuviera profundidad ni propósito, lo que en la adolescencia puede traducirse en crisis profundas a las que, para compensar la angustia, pueden responder con conductas destructivas dirigidas hacia sí mismos o hacia los demás.

Por eso, mostrarles que, como adultos, somos capaces de reflexionar sobre preguntas como *«¿Quién soy?»*, *«¿Por qué estoy aquí?»*, *«¿Qué da sentido a nuestra vida?»*, *«¿Qué sentido tiene el sufrimiento?»*, aunque carezcamos de respuestas claras, supone transmitirles un espíritu de búsqueda de autoconocimiento. Este modelo se manifiesta, en lo concreto, en la empatía, el apoyo, el respeto y el cuidado mutuo dentro de la familia. Al vivir en ese ejemplo, ellos pueden encontrar seguridad, autoestima y pensamiento crítico, que, en definitiva, son la mejor herencia que les podemos dejar como padres.

Aquí te proponemos algunas cosas que puedes hacer para ayudar en este sentido. Verás que muchas ya se han mencionado a lo largo del libro.

Tu modelo de vivir con sentido

Yo le digo que viva la vida

—¿Qué transmites tú a tu hija acerca del futuro?

—Yo le digo que viva la vida y que la disfrute.

—¿Y con tu actitud, ella qué ve en ti?

—La verdad..., me ve siempre serio, preocupado, doy importancia a cosas que no lo son tanto. Salgo poco con los amigos.

Xavier. Muerte de la esposa. Una hija (16 años).

Nos vamos a cenar

Siguiendo las indicaciones de la última sesión, este sábado nos arreglamos y nos pusimos guapos para ir a cenar, tal y como hacíamos antes: «una cena romántica», lo llamábamos. En el momento de salir de casa dijimos: «Eh, chicas, esta noche nos vamos a cenar. Os quedáis solas». Entonces nuestras dos hijas se asomaron por la puerta de su habitación: «¿Os vais? ¿Y os vais solos?». «Sí, nos vamos, necesitamos una cena romántica». «Ahhh». Mi hija mayor soltó un gran suspiro y vi cómo se le relajaba todo el cuerpo. Creo que para ella el impacto fue como: «Ah, vale. Mis padres sienten ilusión por estar juntos y solos, como antes. La vida les vale la pena y no debemos preocuparnos de ellos».

Carolina. Muerte de un hijo. Dos hijas.

Ya hemos comentado anteriormente que lo que más impacto tiene en tus hijos no es lo que dices, sino lo que muestras a través de tu comportamiento. Transmites mucho más con tu ejemplo –acciones, gestos, actitudes– que con palabras o discursos.

Si tu hijo te ve serio, apagado, sin ilusión, centrado en tu dolor –como se narra en el primer testimonio de este apartado–, aunque verbalmente afirmes que la vida vale la pena y lo animes a disfrutarla, la conclusión a la que llegará es que, en realidad, no tiene sentido, por más que tú lo digas. Al fin y al cabo, eres el modelo de referencia adulto más importante que tiene.

Aquí van algunas ideas de actitudes personales que pueden ayudar en caso de crisis de sentido vital porque les transmiten esperanza. Fíjate en que son cosas aparentemente muy sencillas, y en todas ellas el elemento central es la calidad de las relaciones.

- **Reduce el tiempo dedicado al trabajo y aumenta el tiempo dedicado a tus hijos**

Si algo nos enseña la muerte de un ser querido es que el tiempo que invertimos en nuestras relaciones significativas es una fuente de sentido para ellos y para nosotros.

- **Valora cada momento y vive el presente**
  Muestra que puedes disfrutar de este tiempo gratuito solo por el placer de estar juntos. La vida cotidiana –nuestro mejor maestro– nos da un sinfín de oportunidades para compartir. Aunque las actividades sean muy triviales –ordenar, cocinar, jugar, ir a comprar–, compartirlas transmite valores como la importancia de cuidarnos mutuamente y el disfrute de la relación.
- **No tengas prisa: ralentiza el ritmo cuando estés con tus hijos**
  Las cosas importantes que suceden en una relación íntima solo se aprecian si no tenemos prisa. Ir despacio permite estar más en el presente y observar con atención. Haz cosas por el simple placer de estar juntos, disfrutando tanto del camino como de la meta.
- **Si estás en pareja, muestra a tus hijos que seguís deseando estar juntos y disfrutar de la relación**
  Veros unidos y afectuosos les transmite mucha seguridad. Sentir que vuestra relación es estable constituye una garantía de que el hogar sigue en pie, que va a estar atendido, y de que vuestro afecto os sostiene y os da fuerza para vivir porque la vida aún vale la pena.
- **Muéstrales que tu amor es incondicional y que va acompañado de una disciplina consistente**
  Muéstrales tu cariño de una manera que les llegue. No basta con sentirlo o decirlo en voz alta: exprésalo físicamente, con contacto, y gestualmente, con detalles hacia ellos. No claudiques a la hora de ejercer tu autoridad: verte fuerte, marcando límites y exigiéndoles que sean responsables les

transmite confianza en el futuro, para el que necesitan estar preparados, y que tú estás comprometido en ofrecerles los recursos necesarios para hacerlo y confías en sus capacidades.

La lucha contra la enfermedad no ha sido un fracaso

Tantos años de lucha para nada

Yo, la verdad, si pudiera, simplemente me moriría. Es lo único que quiero. Tantos años de lucha para nada. Nunca imaginé que el desenlace pudiera ser este. De verdad lo digo: lo que quiero es irme ya de aquí. Lo siento mucho por mis otros hijos, pero ¿qué quieres que te diga? La vida es una mierda.

Fernando. Muerte de la hija (16 años).

A pesar del dolor, ha valido la pena

Les preguntamos a mis hijas si había valido la pena tanto esfuerzo, tantos años de enfermedad, de verle sufrir y sufrir nosotros. Lo hablamos y fue muy bonito. Todos coincidimos en que sí: aunque el desgaste ha sido muy grande, ha valido la pena. Ellas remarcaron que habían descubierto muchas cosas de su hermano que no conocían, y que también se habían dado cuenta de lo fuertes que eran. Que el hecho de que la enfermedad durara tanto tiempo les permitió mostrarle cariño y cuidarlo hasta el final, y que, en ese tiempo, hubo muchos momentos de alegría. También que compartir la pena, aunque fue muy duro, nos había unido como familia.

Al acabar la conversación les agradecimos cómo lo habían llevado, cómo habían sido capaces de cuidarle a él y sobrellevar su pena intentando hacerle la vida bonita en esta última etapa. Luego recordamos tanto los momentos graciosos como los difíciles. Creo que fue algo importante para ellas y que nos hizo bien a todos.

Carlos. Muerte del hijo (17 años).

Si vuestro ser querido ha fallecido tras un tiempo largo de enfermedad, con vaivenes entre la esperanza de recuperación y las recaídas, es probable que, al llegar el desenlace, estéis todos muy agotados. Mantenerse firme ante las situaciones complejas y estresantes que conlleva una enfermedad grave, sumado al cuidado del resto de la familia, requiere un esfuerzo y una implicación enormes.

Durante esos meses o años, lo que os ha sostenido es la esperanza de que se lograría la recuperación. Cuando ocurre la muerte, la sensación puede ser de fracaso: *«¿Para qué tanto esfuerzo si finalmente ha muerto?»*. El duelo se mezcla con el cansancio y la impotencia de haber estado en primera línea de batalla contra la enfermedad. Como cuenta Fernando, en el primer testimonio de este apartado, pensar que la vida «es una mierda» resulta lógico. Es normal sentirse así, especialmente si la lucha contra la enfermedad ha sido larga.

Una parte de este agotamiento puede estar relacionada con sentimientos de culpa que, como padre, puedas albergar por no haber sido capaz de salvar a tu hijo. Esta sensación de fracaso en el rol protector genera vergüenza, tanto ante la mirada de los demás como ante uno mismo, por no haber cumplido con la expectativa de *«un buen padre debe proteger de todo mal a sus hijos»*. Y de esta vergüenza por no haber sido un buen padre o madre a desear desaparecer o morir hay un paso muy pequeño. Y entonces lo que haces es «morir en vida». Desde ahí, transmites claudicación: *«Nada vale la pena, la vida es una mierda»*. A menudo, este proceso ocurre de forma inconsciente.

Sin embargo, si logras ser consciente de esta culpa y puedes liberarte de ella, tu mirada se ampliará, y al observar con atención lo que ha sucedido durante la enfermedad, posiblemente encuentres algunos regalos. Como explica Carlos, en el segundo testimonio, descubres en ti mismo fortalezas que no sabías que tenías: *«Nunca imaginé que podría aguantar tanto como aguanté»*. **También descubres fortalezas en tus hijos que te eran desconocidas: cómo supieron estar presentes, cuidar y apoyarse entre ellos.** La enfermedad puede incluso haber revelado aspectos profundos del ser querido: su entereza al afrontar la enfermedad, su manera de protegeros esforzándose por no transmitir sus propias preocupaciones, su forma de despedirse, ya fuera con sus palabras o a través de la mirada y con gestos de ternura.

Liberarnos de la culpa de no haber podido salvar a nuestro ser querido nos permitirá poder observar con atención todo lo que ha sucedido durante la enfermedad y entonces, probablemente, descubramos algunos regalos.

Durante la enfermedad de tu ser querido quizá tuviste la fortuna de vivir momentos en los que pudisteis expresar la gratitud y el amor entre vosotros. Si es así, recuérdales a tus hijos esos instantes de intimidad compartida: escenas que quedarán grabadas en la memoria de todos para siempre. Instantes que, como en el caso de Carlos, nos enseñan que, en medio del dolor, podemos encontrar ese regalo de amor.

Es verdad que también habrán abundado muchos momentos muy dolorosos. Sin duda, vivir la enfermedad, especialmente si fue larga, con deterioro progresivo y con recaídas frecuentes, no ha sido un camino fácil. Las personas, en contextos de mucho estrés, a veces respondemos con irritabilidad, ganas de huir y desaparecer, discusiones sobre decisiones, agotamiento y pérdida de humor. Pero recuerda: cada uno de vosotros habéis hecho lo que podíais dadas las circunstancias. No hay que culpar ni reprochar a nadie por nada.

Ahora es el momento de buscar ese valor, por pequeño que sea, que podemos poner de relieve ante nuestros hijos y que los ayude a observar en perspectiva, de forma más positiva, el tiempo de la enfermedad.

Si puedes, comunícales esto a tus hijos de forma explícita –como en el ejemplo de Carlos– y acompáñalo con algún ritual, sea dándoles un regalo o compartiendo alguna actividad como ir a cenar fuera, o preparar un plan especial para un fin de semana.

Un modelo de familia que integra el legado

Solemos decir que nadie muere del todo mientras es recordado. Y nos esforzamos en familia por que eso sea así. Tal y como hemos señalado en el capítulo 9, intentamos centrar la atención en sus cualidades, en lo que nos aportó y la huella que ha dejado en nuestras vidas.

Para muchas personas en duelo, es reconfortante y motivo de esperanza sentir que el recuerdo del ser querido se transforma en una fuente de significado que pueden incorporar en sus vidas, llevando a cabo cambios valiosos en memoria del fallecido.

A este crecimiento lo llamamos «el legado»: una especie de herencia intangible que el ser querido nos ha transmitido y que nosotros podemos hacer fructificar en nuestras vidas, y así sentir que el vínculo sigue vivo de alguna manera. (Para saber más, puedes leer el Apéndice B.13: «La importancia de mantener vivo el vínculo» y el Apéndice B.16: «El malestar existencial»).

Basándonos en nuestra experiencia clínica, identificamos cuatro tipos de legado (Payàs, 2023):

- El legado por cómo nos amó.
- El legado por su manera de vivir la vida.
- El legado por su forma de morir.
- El legado por lo que hemos aprendido al vivir el duelo.

El legado por cómo nos amó se refiere a todo aquello que recibimos del ser querido por cómo nos hizo sentir, con su manera de tratarnos, con su mirada, con sus gestos hacia nosotros.

Puedes ayudar a tu hijo a recordar esos momentos en que el ser querido, fuera padre, madre o hermano, le demostró su cariño, le hizo sentir bien, valioso, importante. Esos recuerdos, a pesar del dolor que puedan despertar, van a ser una fuente de gratificación y significación.

El legado por su manera de vivir la vida se refiere a todo lo que hemos aprendido de nuestro ser querido por su forma de ser, su personalidad.

¿Qué prioridades guiaban su vida? ¿Qué rasgos de carácter admirabais? Ayuda a tu hijo a recordar cómo era, cómo se comportaba en ciertas situaciones, y señálale aquellos valores que pueden ser una fuente de inspiración. Si ha fallecido un hermano pequeño, también su carácter, su inocencia, su modo de jugar, de disfrutar del presente, de dar alegría a la familia, puede ser un recuerdo que nos anime a conservar este espíritu de niño en nuestro corazón.

El legado por su manera de morir se refiere a lo que hemos aprendido de cómo que afrontó su enfermedad o su muerte.

En el caso de que el ser querido haya tenido una muerte anticipada, en su forma de afrontar la enfermedad e incluso la muerte tal vez haya algún regalo para vosotros. Quizá, en lugar de responder con desesperación, rechazo o enfado, se esforzó por mostrar que aceptaba la situación, más dedicado a vuestro bienestar que al suyo, intentando no causar preocupación, no ser una carga. No deseaba dejaros un legado de amargura, unos recuerdos dolorosos sobre su muerte que os impidieran seguir con la vida felizmente. Entonces hizo este último esfuerzo. Un último acto de amor hacia vosotros: sonreír, no transmitir sus miedos, despedirse y soltar la vida.

Estos gestos heroicos son un potente recordatorio a la hora de afrontar los retos de la vida, porque nos empujan a vivir con plenitud y a no temer la muerte. Recordar cómo el ser querido os cuidó durante su enfermedad y en su muerte –si es el caso– puede ser para tus hijos una fuente de inspiración y sentido que recordarán toda la vida.

Fue una maestra en su manera de morir

Durante toda la enfermedad, no la oímos quejarse nunca. Recibió tratamientos muy agresivos en varios hospitales, por lo que tuvo que soportar pesados traslados y viajes en avión. En los últimos, estaba ya agotada, sin fuerzas. Creo que lo hacía por nosotros, para complacernos: a sus 17 años, estaba más preparada para aceptar su muerte que nosotros, que seguíamos luchando convencidos de que en algún lugar encontraríamos un tratamiento que la salvara.

Cuando le preguntaba, siempre me sonreía y me decía: «Estoy bien, mamá, pero me preocupas tú, te veo cansada». Siempre así, aceptándolo todo sin una sola palabra de contrariedad. El día de su muerte estuvimos todos juntos en la habitación y ella sonreía, pero con la mirada triste. Yo creo que estaba muy dolorida y exhausta. Sus últimas palabras fueron para su padre: «Vigila que mamá esté bien». Ahora que han pasado unos meses, puedo ver con claridad que ella sabía que se moría y no nos quiso preocupar. Quería protegernos a nosotros, en vez de que fuera al revés. Ha sido una maestra para todos nosotros, no solo por cómo vivía la vida, sino también por la entereza, el amor y la generosidad con que vivió su enfermedad y su muerte.

Magda. Muerte de la hija (17 años).

El legado por el proceso de duelo se refiere a todos aquellos aprendizajes que hemos hecho acerca de nosotros mismos y de los demás miembros de la familia al vivir esta experiencia de pérdida.

Observa los esfuerzos que tu hijo está realizando en muchos aspectos, sea ayudando en casa, estando atento a sus otros hermanos, si los tiene, a los abuelos, estudiando y portándose bien y ocultando sus temores para no preocuparte. Seguro que puedes identificar cambios positivos en él. Toma nota y señálaselo. Transmítele lo orgulloso que estás de este crecimiento, que indica madurez, responsabilidad y empatía, y señala que es una forma de seguir mostrando amor al ser querido. Date cuenta de cómo estos cambios positivos favorecen la unión en la familia. En vez de enfadaros, huir, estar ausentes o encerraros en vosotros mismos, el duelo os ha brindado la oportunidad de conoceros mejor y haceros más fuertes y conscientes.

Ponemos de manifiesto este legado en nuestras vidas de distintas maneras:

- Integramos sus valores recordándolos en momentos difíciles y dejando que nos sirvan de guía. Adoptamos algunos rasgos de carácter que creemos que eran valiosos.
- Nos esforzamos en lograr metas que el ser querido hubiera deseado.
- Invertimos en proyectos que hubieran sido de su interés.
- Nos volvemos más tiernos o cuidadosos con los demás.
- Realizamos actos de servicio, por ejemplo, en relación con las circunstancias de su muerte, como hacer un voluntariado en el hospital donde le atendieron.

Integramos el legado a través de actos, que pueden ser muy íntimos y personales o muy sociales y visibles. Son maneras de honrar al ser querido que nos reconfortan y mitigan el sufrimiento existencial porque aportan valor y sentido a nuestras vidas.

Muéstrale a tu hijo cómo a través de estos gestos mantenéis vivo este legado, y ayúdale a identificar también otras maneras en las que desea seguir honrando al ser querido.

Y asegúrate de que es algo sano, o sea, que empuja a tu hijo a ser más libre y explorar sus capacidades, cualidades y potencial personal.

Cuando el legado es una carga

La admiración que le tenía se convirtió en una imposición

Yo recuerdo muy poco a mi padre. Creo que las imágenes que tengo de él conmigo son las de las fotos que mi madre me enseñaba de pequeña y que aún conservo. Ella siempre nos hablaba de él, y de alguna manera, a pesar de su ausencia física, su recuerdo era como una luz hacia donde yo podía encaminarme en la vida o en el mundo. Creo que esto fue así hasta los 14 o 15 años. Lo que ocurrió es que, a partir de esa edad, hubo un cambio. Resulta que mi padre tenía un reconocimiento académico importante en la ciudad donde residíamos: siempre estuvo muy presente en la vida social y universitaria, participaba en eventos como conferencias, congresos y publicaba mucho sobre su tema. Así que en mi familia empezaron a repetirme: «Es que tú tienes que ser...», «Es que, mira, tu papá era así...», «Mira, él leía esto». Y me traían libros que tenía que leer, y me llevaban a los lugares donde él había estado o que habían significado algo, y me presentaban a sus amigos como «la hija de...». Entonces la admiración que tenía hacia él empecé a vivirla como una carga, como una imposición de ser como él o alcanzar sus mismos logros. Era como si me impusieran una responsabilidad de perpetuar su legado que me obligaba a ser de una manera que yo no era.

Gisela. Adulta en duelo de niña (5 años). Muerte del padre.

Honrar al padre, madre o hermano fallecido debe ser algo liberador, no una losa de responsabilidad que los ahogue y condicione su vida. El legado debe contribuir a que sean más libres, más auténticos.

Si el legado se vive como una misión que tus hijos deben realizar con un gran esfuerzo y que va en contra de sus necesidades personales (capacidades o intereses), se convertirá en una carga con importantes consecuencias negativas en su vida adulta.

Querer ser como el hermano fallecido puede ser tanto un acicate para mejorar y potenciar su desarrollo como una carga excesiva. Ellos no pueden sustituirlo ni ocupar su lugar ante la familia ni ante el mundo. Quizá no serán capaces de lograr los supuestos éxitos que él hubiera alcanzado. Del mismo modo que, si ha fallecido la madre, no deberías educarlos con la esperanza de que sean como ella: que se ocupen de la familia, que ejerzan de cuidadores de todos o que estudien la misma carrera alcanzando la misma notoriedad que ella tuvo. Estas maneras de mantener vivo el vínculo pueden ser perjudiciales para el desarrollo de los hijos (puedes revisar, en el capítulo 9, el apartado «Cuando el vínculo es excesivo: el padre fantasma»).

Ser hijo de un padre o una madre exitosos puede ser una carga difícil de llevar. Y si el progenitor fallece, puede darse el caso de que los hijos quieran emular o completar la tarea que consideran inacabada o perpetuar su trayectoria profesional. Lo hemos visto en algunos pacientes –adultos en duelo de niños– especialmente si sus padres eran personajes con reconocimiento social. De alguna forma, el entorno les transmitió –o ellos interpretaron– que la mejor manera de vivir el duelo y compensar la pérdida era ocupar su lugar en el mundo.

Mandatos del tipo «sé como mamá, es lo que ella hubiera querido», «acaba la obra inacabada de papá o mamá: sigue con sus proyectos», «haz las cosas que hacía tu hermana, ocupa su lugar» se ponen en marcha ya sea por las afirmaciones que el ser querido, antes de fallecer, ha transmitido, o por los mensajes que el padre o la madre superviviente, o el entorno familiar, de manera explícita o implícita, han ido comunicando.

Si ves que tu hijo, a medida que crece, se vuelve excesivamente exigente hacia sí mismo y hacia los demás, que se esfuerza en sustituir al ser querido a costa de sus propias preferencias, que vive sus decisiones como un sacrificio, eso significa que ese legado se ha convertido en una carga y debes ayudarle a liberarse de esa voz interna que le condiciona. Aquí te damos algunas ideas que pueden ayudarte en este objetivo.

- **Estimula su pensamiento crítico**
  Puedes combinar expresiones como: *«¿Qué hubiera hecho mamá en este momento?»* o *«¿Cómo hubiera resuelto ella esa situación?»* con *«Lo que es importante ahora es que decidas tú según tu criterio. No el de mamá. Mamá muchas veces se equivocaba». «Papá era de una manera, y tú eres de otra. Decide tú lo que consideres mejor para ti ahora».*
- **Identifica si detrás de ese intento de asumir el legado hay un sentimiento de culpa**
  Puede darse el caso de que tu hijo asuma un legado excesivo

para poder paliar su sentimiento de culpa por haber sobrevivido al ser querido. Puedes comunicarle que la mejor manera de honrarle es siendo uno mismo y disfrutando la vida: *«Papá estaría muy contento de ver que haces tu vida según tus intereses». «Si te gusta el deporte, seguir los pasos de tu hermano puede ayudarte. Si no te gusta, busca otra cosa que te motive». «Si te interesa estudiar Medicina porque te gusta y te apetece, hazlo. Pero no lo hagas por tu hermano. Lo que él hubiera deseado es que seas feliz con la carrera que escojas».*

- **Es importante no idealizar al ser querido**
  En toda relación hay aspectos más difíciles, y un buen legado es transmitir a tu hijo la realidad sobre la persona: sus luces y sus sombras. Todos tenemos aspectos imperfectos, negativos o no tan ideales. Transmitirles esta parte también le da permiso para vivir su vida sin culpa, sin que una visión sublimada ejerza de juez crítico que lo vigila en todo momento o una figura con la que tiene que compararse constantemente.
- **Libéralo de la carga de asumir un proyecto de vida inacabado**
  Que pueda escoger desde la libertad, no desde la obligación: *«Papá murió, ya no está aquí. Si decides seguir con esto, hazlo porque te da placer a ti y porque es tu proyecto, no el suyo».*

Invertir en cosas que dan sentido

¿Sabías que, en el lecho de muerte, nadie lamenta no haber pasado más tiempo en la oficina? Y puedes cambiar lo de «pasar tiempo en la oficina» por «invertir dinero en la bolsa», «pasar horas viendo series», «comprar un coche más lujoso» o «conseguir un título académico más».

Si estuvieras al final de tu camino, en tu lecho de muerte e hicieras un repaso a todo lo que has hecho en la vida, ¿qué recuerdos te reconfortarían? ¿De qué estarías orgulloso? ¿Qué de tu vida te daría satisfacción y paz? Si supieras que solo te quedan un año o dos de vida, ¿cómo los pasarías? ¿Qué actividades seguirías haciendo y cuáles dejarías? ¿Cómo cambiarías tu manera de relacionarte con los tuyos?

Estas reflexiones nos ayudan a identificar las cosas que dan sentido a nuestra vida y las que no. Nos señalan dónde deberíamos invertir más para tener una vida más satisfactoria. Por supuesto, debemos seguir trabajando, cuidando de la casa, pagando impuestos y cumpliendo obligaciones, pero esa consciencia de la finitud nos empuja a tomar decisiones e invertir de una manera que dé sentido y propósito a nuestra existencia y la de los que nos rodean.

Si hay algo que la pérdida nos ha enseñado es lo valioso que es cada instante. Transmite tus valores a tus hijos con el ejemplo.

Así nos lo recomienda un padre después de la muerte de su hijo:

Disfruta cada segundo

Lo que yo recomendaría a otros padres es que recuerden que tienen que vivir el ahora. No pueden dejarse atrapar por las cosas del día a día: los horarios, las rutinas, las tareas, cocinar o pasar la aspiradora. Si algo he aprendido de mi duelo es que las personas que te quedan en la vida son lo que importa. Si tienes otros hijos, pasa más tiempo con ellos. Si tienes pareja, disfrutad juntos de las cosas que os gustan. Vive el presente centrado en lo que es más importante. Valora cada minuto que tienes. Disfruta cada segundo porque... simplemente no sabes lo que te puede deparar el futuro.

Carlos. Muerte del hijo.

El sentido espiritual y trascendente

Este camino de sentido puede construirse desde valores humanistas, tal y como hemos ido describiendo a lo largo de este libro: el respeto por los demás, la libertad de ser uno mismo, la solidaridad, el cuidado en nuestras relaciones, el reconocimiento de todas las personas y la aceptación incondicional de lo que la vida nos presenta. Pero también puede abordarse desde la espiritualidad y el sentido de trascendencia, sea en el marco de una espiritualidad abierta o de una religión concreta.

Si en tu familia sois creyentes o practicantes, seguramente muchos de los contenidos de este libro resuenen profundamente en ti. La espiritualidad está presente en todos los momentos de nuestra vida: en el duelo, en el apoyo mutuo, en el cuidado de los demás. También los sentimientos de rabia, de injusticia, de culpa o abandono forman parte del camino espiritual. No hay nada de malo en enfadarse con Dios, en sentir que uno no se merecía lo que ha vivido, o en experimentar una sensación de abandono. Son etapas naturales en la experiencia de fe y deben ser vividas sin culpa.

Si crees en el reencuentro con el ser querido, esto te da confianza y consuelo. Sin embargo, la fe no elimina por sí sola la añoranza, la soledad y la culpa. La religión no es un refugio que suprime todo el dolor, pero sí puede ofrecer una mirada esperanzadora que nos ayuda a vivir la ausencia con más aceptación, y eso es algo que podemos transmitir a nuestros hijos.

Recuerda que la esperanza en el más allá o en la existencia de un ser superior no se transmite con discursos ni con lecciones sobre creencias. Cuando se discute sobre la existencia de Dios, probablemente Dios ya se ha retirado de esa conversación. **La fe la transmites desde tu presencia: al estar ahí para tus hijos, con calma, ternura y cuidado, mostrando tus emociones de una manera que no les haga daño, tal y como hemos ido des-**

cribiendo. Esa forma de acompañar –tu modelo de vivir el duelo– es la que verdaderamente les transmitirá confianza en sí mismos, en la vida, en la existencia de un sentido que nos trasciende, y quizá también en la posibilidad de un reencuentro más allá de la muerte.

En este capítulo final hemos definido qué es el malestar existencial, cómo se origina y cómo podemos identificarlo en nuestros hijos. Hemos visto las distintas maneras en que podemos ayudarlos a buscar respuestas a estas preguntas existenciales que emergen tras la pérdida y que les causan un profundo sufrimiento, no de forma directa, sino a través del modelo de adultos conscientes que les brindamos. Apoyarse en nosotros como referencia de sentido y propósito les permitirá encontrar respuestas a estas inquietudes y podrán crecer, desarrollarse, y en definitiva estarán mejor preparados para afrontar futuras crisis vitales.

Si evitamos o adormecemos su sufrimiento existencial –sea a través de medicación o de la distracción–, es posible que el malestar se atenúe y se encuentren mejor momentáneamente. Pero, ante una nueva crisis, puede reaparecer, y con más fuerza. Las pérdidas del futuro van a reactivar todo lo no resuelto en el pasado.

Si, en lugar de huir, penetramos este sufrimiento y con atención abrimos la búsqueda de sentido, entonces el dolor se convierte en un camino de transformación. Esta transformación implica identificar nuestras creencias, cuestionarlas y renovarlas. También permitir que nuestros comportamientos se alineen con esta nueva comprensión. Solo así podremos prepararnos mejor, nosotros y ellos, para los desafíos de crisis y pérdidas que la vida aún nos deparará.

Apéndice A

AFRONTAR CELEBRACIONES: CONSEJOS PARA FAMILIAS EN DUELO

Queremos compartir contigo algunos consejos para ayudarte a afrontar celebraciones familiares y sociales. Verás que aquí giran en torno a la Navidad, unas fiestas que, aunque tengan un origen religioso, compartimos en la mayor parte de nuestra sociedad occidental. Sin embargo, **todo lo que te contamos puedes aplicarlo adaptándolo a rituales de despedidas o a cualquier celebración religiosa o social, como bodas, aniversarios y otros encuentros familiares**. Aplica aquello que creas que puede ser útil para tu familia.

ES UN DÍA ESPECIAL... Y EN CASA HAY UNA SILLA VACÍA

Cuando se acercan las fiestas de Navidad, las vemos anunciadas en las decoraciones luminosas que engalanan las calles, los pesebres en las tiendas o en la televisión donde publicitan el regalo perfecto. Para la mayoría de las personas estas fechas son motivo de reencuentros familiares, alegría y mucha diversión; pero, para aquellas familias que han sufrido la muerte de un ser querido, se trata de un encuentro muy temido, que se afronta con mucho dolor.

La esencia de la Navidad se encuentra en la vida familiar, en compartir de forma simbólica el afecto que nos profesamos y en el gozo de poder estar juntos. Comemos los platos tradicionales, nos hacemos regalos, compartimos rituales según nuestras creencias y organizamos actividades con los pequeños. Pero esta efervescencia de actividad y reencuentro de relaciones choca con el vacío y la añoranza de la silla vacía. Si estás en duelo, todos estos momentos despiertan sentimientos de aflicción por la ausencia de la persona fallecida. Más que ningún otro momento del año, la Navidad es una contradicción. Cada gesto, cada actividad o cada encuentro es un recordatorio de la dura realidad: él o ella no están... Entonces, ¿qué sentido tiene celebrar estas fiestas?

Solo quieres cerrar los ojos y esperar a que todo haya pasado

«Ahora vuelven las Navidades, tiempo de felicidad, y la verdad es que yo no me siento feliz, me siento triste, te echo de menos, te añoro, y empezaré un nuevo año sin ti». Escribí esto en mi diario tras la muerte de mi hija Lucía, que murió un 1 de diciembre, con 7 meses de vida, después de que le diagnosticaran una grave enfermedad. Nunca habría pensado que esta celebración pudiese ser tan dolorosa: molestan las luces, la música, las personas comprando, te sientes pequeñita y solo quieres cerrar los ojos y que todo haya pasado.

Pilar

Es normal que te sientas triste, sobrepasado e incluso algo enojado, y estas emociones pueden entrar en conflicto con lo que se espera que hagas estas fiestas. Los otros: la familia que te queda, tus amigos más íntimos, te piden que estés presente, que estés bien, que hagas lo de siempre, que te muestres feliz; pero te sientes roto por dentro, no tienes fuerza y desearías ya que estos días hubieran pasado. No puedes dejar de pensar en la persona querida ausente. Te molestan las luces de las decoraciones, la música tradicional de las fiestas y pensar en los regalos y las comidas. Empiezas a temer estas fechas mucho antes de que lleguen. Te preguntas cómo podrás resistirlo y cómo lograrás que la tristeza no te embargue, arruinando las fiestas al resto de la familia.

¿Cómo podía yo celebrar algo?

Mi pareja murió de forma repentina dos meses antes de Navidad. Recuerdo que durante el funeral deseé cerrar los ojos y que pasaran dos años para que así, cuando despertara, mi dolor hubiera desaparecido. Fueron dos meses terribles: un dolor insoportable y que parecía no tener fin. Nada podía consolarme, parecía que había caído en un agujero negro como un pozo. No celebramos nada esos días, hicimos como si fueran días normales. ¿Cómo podía yo celebrar algo? No entendía cómo todos los demás podían seguir con su vida como si nada, mientras yo me sentía rota por dentro. Estaba cabreada con la vida y con todo lo que significaba la Navidad. Además, la muerte era como un tabú: nadie me hablaba de él, era como si nada hubiera sucedido.

Magda

Suprimir la celebración

Lo más natural es, como cuenta Magda, pensar que la mejor opción es suprimir las Navidades. Es comprensible y muy tentador: hay muchas familias que, ante el dolor de lo que les espera, prefieren cancelar la Navidad, no organizar nada que les recuerde estas fechas o hacer algo distinto: un viaje, por ejemplo, a un sitio lejano, un lugar que no les recuerde nada de lo sucedido, donde nadie los conozca, lejos de casa, los amigos y los rituales.

Núria y su marido tomaron esta decisión las primeras Navidades.

Una Navidad para evitar la emotividad

Se acercaba la Navidad. La primera sin nuestra hija. No somos creyentes, pero la Navidad siempre ha sido nuestra festividad favorita. Ella no se había perdido nunca ni una, aunque su trabajo la obligaba a estar largas temporadas fuera del país. La cuestión me inquietaba bastante, así que, después de pensarlo y hablarlo con el resto de la familia, decidimos optar (más bien lo decidí yo) por la estrategia de la huida. Compramos billetes de avión para irnos a México. No nos alivió el dolor, pero evitamos situaciones que nos habrían llevado a una emotividad demasiado intensa. Los paisajes eran espectaculares; la cultura, el clima..., todo nos ayudó a distraernos. Viajar te obliga a estar pendiente de cosas intrascendentes: buscar un restaurante, un tren que no llega, perderte en un lugar desconocido... Todo ayuda a desconectar de la realidad del dolor que sientes en tu interior. Suprimir la Navidad, esa es la idea. No sé qué haremos este año, todavía no lo hemos hablado. Mi impulso sería volver a huir, pero entiendo que no lo podré hacer indefinidamente.

Núria

Decidir evitar los recuerdos y las obligaciones que conlleva la celebración de la Navidad es natural y humano. Es posible que esto te haga estas fechas más llevaderas, pero recuerda que la pena está allí adonde tú vayas, y que la próxima Navidad (u otra celebración significativa) vas a tener que afrontar la misma decisión, con la diferencia de que habrá pasado un año, pero el dilema será el mismo: ¿cómo organizar la primera Navidad sin él o ella? Eludir una situación no la resuelve: el dolor emocional podemos posponerlo, pero nunca suprimirlo, siempre acaba emergiendo, y con el tiempo crece. Muchas familias que han escogido esta opción cuentan que al siguiente año es peor. Otras han acabado por no organizar nunca más una fiesta de Navidad: año tras año, el dolor se ha ido acumulando y cada vez cuesta más romper lo que ya se ha convertido en un hábito de evitación. Hay familias que llevan años sin celebrar las Navidades (u otra celebración significativa) y esto ha tenido un importante impacto en los niños y adolescentes. Muchos de ellos, ya de adultos, manifiestan la sensación de haberse perdido una experiencia especial de la infancia, de asociar para siempre estas fiestas con algo doloroso, triste, y cómo esto los ha marcado en el futuro a la hora de transmitir a sus propios hijos el significado de estos encuentros.

Hacer lo de siempre como si nada hubiera pasado

Quizá perteneces a una familia que ha escogido otro camino, hacer lo de siempre, en un intento de seguir con la vida como si nada hubiera pasado. Para algunas familias funciona el lema «Hay que hacerse el fuerte, y lo mejor para sobrellevar la situación es no hablar de ello». Se intenta no hablar de la persona ausente y apartar todo lo que pueda suscitar un recuerdo emotivo. El dolor se esconde, se controla tras una máscara de duelo, ese «finjo que lo llevo bien». Es posible que en algún momento estas defensas no funcionen, que alguien se emocione y las lágrimas le humedezcan los ojos. Entonces otro miembro de la familia saltará con un *«No te pongas así, por favor, hazlo por nosotros»*. Y la cocina o el baño son el único refugio donde, los que lo desean, pueden expresar sus sentimientos. En estas familias, el dolor se vive en soledad. Todos sufren en silencio y esto acrecienta más y más los sentimientos de inadecuación y de aislamiento; todo ello a veces va acompañado de mucha tensión, fruto de los esfuerzos para mantener esos muros de silencio. Esta tensión a menudo se traduce en situaciones de agotamiento, irritabilidad e incluso ansiedad.

Fingir que no había pasado nada

Mi marido murió un mes de febrero dejándome con tres hijos de 17, 13 y 10 años. La primera Navidad fue horrorosa. Tomamos la decisión de fingir que no había pasado nada, una decisión consciente de no hablar de nada, de ignorar lo que había sucedido y hacer lo de siempre. Nos esforzamos en evitar todo lo que pudiera despertar emociones. Cuando pasaron las fiestas yo quedé agotada y con una sensación de vacío. Creo que a los demás les pasó lo mismo. La lección más importante que aprendí es que el dolor escondido te sacude de nuevo después. Las segundas Navidades fueron mucho mejores: decidimos incorporar los recuerdos de mi marido, tenerle en cuenta, no ignorar su ausencia y construir algo nuevo.

Miriam

CONSEJOS PARA AFRONTAR FECHAS SEÑALADAS

Nuestra recomendación es que consideres la posibilidad de construir una nueva Navidad. Nunca nada volverá a ser como antes, pero tú y tu familia podéis empezar a afrontar las fiestas de una manera distinta. Podéis crear nuevas formas de vivir estas fiestas, manteniendo todo aquello que creéis que os va a ayudar, y eliminando lo que, por ahora, no os sentís capaces de sostener.

Estas sugerencias son fruto de nuestro trabajo con familias

que, como tú, han perdido a un ser querido, pero recuerda que debes adaptarlo a tu situación familiar particular y también a la celebración que estés planificando en este momento.

Planificar con antelación

Planificar en detalle lo que harás cada uno de estos días te ayudará. Es mucho mejor saber qué nos toca hacer durante el día que tener que afrontarlo sin ningún plan. Puedes incluso preparar un plan A que incluya más actividades sociales y de mayor riesgo emocional, y un plan B con más tiempo de descanso, no tanto ajetreo y más intimidad. Date permiso para seguir el que más te convenga.

Hacer esta planificación te dará mayor sensación de control y no estarás tan sometido a la angustia de tener que decidir sobre la marcha. Si en algún momento te desbordas emocionalmente, tener un plan ya establecido te dará la estabilidad necesaria para seguir adelante.

Hacer una reunión familiar antes de que lleguen las fechas

Para poder diseñar este plan, te recomendamos convocar a toda tu familia a una reunión abierta para hablar de cómo os organizaréis. Es importante que en el encuentro participen los mayores, los niños y adolescentes también, y los amigos significativos si los hay. Seguramente no todos estarán dispuestos, pero da igual. Solo el hecho de convocarla ya está transmitiendo un mensaje importante en la familia: tu deseo de que las fiestas sean una oportunidad para compartir, disfrutar y apoyaros mutuamente.

La reunión debe hacerse con tres normas muy sencillas: intentar no interrumpirse, transmitir que cada uno tiene permiso para mostrar sus sentimientos, aunque estos sean dolorosos, y dar espacio y tiempo a cada uno para expresar su opinión, adolescentes y niños incluidos.

Procura que los demás se sientan cómodos contigo hablando explícitamente de lo que ha sucedido y de la ausencia de tu ser querido:

«Estamos juntos aquí para planificar estas Navidades que serán las primeras (o las segundas, terceras, etc.) sin... (nombra al ser querido fallecido)».

«Le echamos mucho de menos y queremos que esta sea una oportunidad de celebrar todo lo que nos queda de bueno en nuestra familia porque tengo la certeza de que es lo que ella/él hubiera querido».

Si no mencionas su nombre ni lo sucedido, los otros pueden suponer que no deseas que se hable de ello, y eso levantará un muro de silencio entre vosotros. Es importante reconocer desde el corazón, aunque duela y te emociones, que esa persona no está. No hacerlo provocará que la familia consuma mucha energía en disimular y en esconder sentimientos naturales y humanos. Los más afectados por el duelo no hablan para no «estropear el momento a los demás», y los que viven un duelo menos intenso no hablan «para no preocuparlos», y todos sufren en aislamiento.

El hecho de que tú lo verbalices de forma explícita rompe ese tabú y hace que todos los miembros sientan que les das permiso para hablarlo si es su deseo. Les muestras que no te da miedo mencionar su nombre, hablar de su fallecimiento o del dolor que causa su ausencia a pesar del dolor que eso puede suscitar.

En el encuentro, hablad de vuestros deseos para las fiestas y de las inquietudes o temores que os despiertan, de las distintas opciones: ¿queréis hacer cosas como siempre? ¿Qué cosas deseáis? ¿Cuáles afrontáis con temor? El simple hecho de hablar de todo esto abiertamente ya supondrá un gran cambio en la manera de comunicaros en la familia: estás diciendo que os necesitáis mutuamente, que habéis vivido una experiencia muy triste pero queréis compartirla en familia, y que la expresión de vuestros sentimientos estos días es esencial; os vais a dar permiso y no vais a dejar que se instalen entre vosotros muros de silencio. Pilar nos lo cuenta así:

> *Mi marido falleció un mes de agosto de forma súbita. En ese momento yo tenía tres hijos, una de 4 y los gemelos de 18 meses. Hasta entonces las Navidades las habíamos celebrado en casa de sus padres junto con hermanos, cuñados, sobrinos, algunos tíos y primos. Decidimos hablarlo todos juntos y vimos la importancia de celebrar la Navidad para los niños, pensamos que para ellos lo mejor sería la normalidad y que no entenderían que no lo hiciéramos. Hablamos de las cosas que podíamos o no modificar, planeamos otras nuevas e incorporamos algunos rituales. Vi con quién de la familia podía plantear cambios, y en quién podía delegar algunas tareas que no me sentía capaz de realizar. También me comprometí a cuidarme tomándome tiempo para mí, para dar algún paseo por la montaña, reservar algún tiempo de descanso o pedir ayuda si la necesitaba.*
>
> *Pilar*

Repasar los rituales habituales de vuestra familia

El árbol de Navidad, el pesebre, las comidas, los regalos, Nochevieja, los Reyes, la fiesta de fin de año...: dejad que cada uno manifieste su sentir respecto a cada uno de ellos. Habrá algún miembro de la familia que dirá que su deseo es no hacer nada; otros, como los niños y adolescentes, expresarán su ilusión de celebrar a pesar de lo sucedido. Escuchaos mutuamente y pactad lo que podéis o no hacer y compartir.

Haced saber a la familia extensa, y a los que no han podido o querido participar, lo que habéis decidido, explicadles que os habéis reunido y lo que necesitáis de ellos. Vuestros amigos y familia más lejana respetarán vuestras decisiones y agradecerán saber cómo pueden ayudaros.

M.ª Jesús lo explica así:

Después de hablarlo en el grupo de duelo, decidí seguir las recomendaciones y empezar a construir mi primera Navidad sin mi esposo. Hablé con mis hijos y acordamos hacer el pesebre como cada año habíamos hecho, pero esta vez con un nuevo elemento: la foto de su padre acompañada de las felicitaciones, poemas de Navidad que los niños habían escrito en el colegio y tres velas. Me di cuenta de que me resultaría menos difícil si me dejaba llevar por la iniciativa de esos dos pequeños que en ese momento parecían tener más fuerzas para tirar del carro... Antes de empezar el día, con toda la familia alrededor de la foto y las velas encendidas, nos dimos un tiempo cada uno para expresar nuestros pensamientos o sentimientos con palabras, o con algo de música o en silencio. Los niños recitaron los poemas de Navidad y nos enseñaron dibujos que habían hecho para la ocasión. Una vez deshecho el nudo que teníamos todos, nos fue mucho más fácil darnos los regalos, comer y celebrar el día con los niños.

M.ª Jesús

Incluir a los niños y adolescentes en la planificación

Incorporad a los pequeños en la planificación. Preguntadles qué ideas tienen sobre qué hacer estos días. Los niños necesitan que se les asegure que se mantendrán los regalos de los Reyes o Santa Claus, según las costumbres de cada familia, y que, a pesar de que estamos tristes por lo sucedido, es normal desear disfrutar de las fiestas y tienen permiso para ello.

Cuando un niño afronta una situación de crisis, lo primero que hace es mirar a los ojos al adulto que lo acompaña. Si ve miedo, responderá con miedo. Pero si tiene la fortuna de estar rodeado de adultos que sienten su dolor y lo expresan sin temor, entonces reaccionará de la misma manera, y estaremos educando a niños fuertes para la vida. Lo que intranquiliza al niño no es nuestro miedo a la muerte, sino nuestro miedo a hablar de ella. Por eso, la experiencia de pasar las fiestas fingiendo que nada ha sucedido, que la persona ausente no ha existido nunca o está de viaje no es buena para ellos. Un niño no teme a la muerte si los adultos que lo rodean no temen sus preguntas ni esconden sus sentimientos.

Entonces, cuando sean mayores preguntarán sobre esas primeras Navidades sin papá o mamá, o el hermano, o el abuelo, y les podremos explicar las cosas que hicimos con ellos y cómo participaron en los rituales: les podremos dar la certeza de que hicieron algo en honor de la persona fallecida. A muchos niños les gusta preparar dibujos, o redactar escritos emotivos que podemos leer al empezar o terminar la comida, colgar en el árbol de Navidad o depositar en un rincón especial del pesebre.

Eduard perdió a su madre y dos hermanos en un accidente de automóvil. Cuenta así su primera Navidad:

Esa primera Navidad después del accidente fue un infierno. Mi padre se encerró, desesperado, dejó de hacer de padre. Lo eché de menos en el momento en que más lo necesitaba. Estaba solo, sin nadie a mi lado, nadie lloraba conmigo, tenía 11 años y dos hermanos pequeños. Intentábamos vivir como si nada hubiera ocurrido. Mis hermanos pequeños parecían no recordar mucho de lo ocurrido. Papá y yo sobrevivíamos en silencio. Pero como niño eché de menos una presencia simbólica que me acompañara, escuchara y sostuviera en esas fiestas. Creo que todos, tengamos la edad que tengamos, necesitamos llorar, ser acogidos y despedirnos de alguna manera. Me habría gustado ir al funeral, que se celebró unos días antes de Navidad..., pero no me dejaron. He aprendido con mi duelo que los padres deben saber hablar con sus hijos de los seres queridos que fallecen, tenerlos en cuenta tengan la edad que tengan: recordar los momentos tristes y los alegres y sobre todo eso tan importante que es poder llorar juntos.

Eduard

Buscar una manera simbólica de recordar a la persona fallecida

Al planificar el día, buscad entre todos una manera, un espacio o un tiempo específico para recordar al ser querido. Quizá alguien proponga una visita al cementerio, un pequeño ritual antes de comer o antes de abrir los regalos. Si marcáis de forma clara el inicio y el fin del tiempo de compartir, esto ayudará a que el resto del día pueda vivirse con menos dolor. Comunicad que todo el que lo desee puede participar de este momento, pero no es obligatorio.

Podéis empezar expresando cuánto os habría gustado que la persona querida estuviera con vosotros y que vuestro deseo es que este momento sea para celebrar y honrar su vida. Luego, el que quiera puede contar alguna anécdota, o compartir lo que le hacía tan especial, o el legado que dejó, o los adolescentes leen un escrito o los niños muestran un dibujo que han preparado. Encender una vela en su honor, o poner su música favorita, son también buenas ideas para acompañar este momento de recuerdo. Sed creativos: los niños y adolescentes os darán muchas ideas y querrán participar activamente.

Al expresar estos recuerdos es posible que alguien se emocione, y ante este dolor natural bastará con darle la mano u ofrecerle un hombro afectuoso.

Nuria lo cuenta así:

Antes de empezar a comer, cuando estábamos todos sentados a la mesa, sugerí si podíamos cogernos de las manos, cerrar los ojos un instante y sentir que nuestra hija, Susana, formaba parte del encuentro. Que, aunque su silla estuviera vacía, ella estaba con nosotros, pero de otra manera. Hubo mucha emoción y muchas lágrimas, pero... ¿qué otra cosa podía haber en esa primera Navidad? Y... ¿qué mejor que compartirlo con aquellas personas que tanto la querían y a quienes ella quería tanto? Cuando llegó la hora del brindis, brindamos también por ella, y no hay Navidad ni celebración en la que no la recordemos y brindemos por ella y por la vida en mayúsculas que vivió tan plenamente a pesar de su brevedad.

Nuria

Planificar tiempo para descansar

Planifica un tiempo de silencio para estar contigo mismo durante estos días. Estar en duelo es agotador y nos consume mucha energía. Cuando lo necesites, descansa, échate o da un paseo por la naturaleza.

Si tu duelo es reciente, ten presente que necesitarás tiempo para estar mejor. No quieras ir deprisa: habrá días difíciles y también días mejores. Solo sobrevivir al día a día ya es un reto. Seguramente serán unas Navidades muy tristes. También puede que de pronto suceda algo que te levante el ánimo, pero sean cuales sean las circunstancias recuerda que son solo unos días, que pasarán y sobrevivirás. Necesitas ir poco a poco, cuidarte a ti mismo y acoger con afecto tus emociones, ser amable

Anticipa momentos difíciles y situaciones especiales

Estos días, en muchos momentos te sentirás como si estuvieras caminando en un campo de minas emocionales. Puede ser que tengas que acudir a un encuentro social donde hay personas que desconocen lo que te ha sucedido. Ahí es posible que escuches comentarios inocentes que para ti serán como una punzada en el corazón: *«Damos gracias por estar todos juntos»*; *«Mira las fotos de mis hijos: aquí estoy con mi pareja»*; *«¿Cómo están tus hijos?, ¿a qué se dedican?»*; *«Espero que tú y tu familia tengáis unas buenas fiestas»*; *«Felicidades y buen año nuevo»*.

Es importante que siempre tengas una puerta de salida de estas situaciones por si las cosas se ponen demasiado difíciles. Habla de antemano con las personas que han organizado el encuentro, y diles que es posible que te vayas en cualquier momento. Serán comprensivas con tu situación. Date permiso para cambiar de opinión a última hora y cancelar una actividad que suponga demasiada exposición para ti. Está bien esforzarse, pero también está bien cuidarse cuando las energías nos fallan.

Abrirás una caja de regalos y encontrarás ese objeto que tanto le gustaba a tu ser querido, o quizá una manualidad que tu hija hizo en la escuela. Montando el pesebre aparecerá su figurita preferida, o en la hora de la comida recordarás que ya nunca preparará esos platos que tanto apreciabais. Estos recuerdos aparecen como si una mina explotara ante ti. No estás preparado y te asaltan causándote un dolor punzante. Respira hondo, no tenses el cuerpo alrededor de esta punzada, déjate sentir este dolor y afloja tu corazón. Son situaciones normales y un reflejo del amor que aún sientes y de tu añoranza. Solo debes acoger estos momentos como regalos a pesar del dolor que te suscitan; mantente presente y déjate sentirlo.

Pilar nos lo cuenta así:

> *Hay cosas que no pude controlar ni prever. Momentos en que las emociones aparecieron sin que pudiera hacer nada para pararlas. Fue especialmente duro para mí el momento de adornar el belén y el árbol de Navidad. Mi marido y yo teníamos la tradición de ir cada año a la feria de Santa Lucía a comprar los adornos. Luego él se encargaba de colocarlos. Esa primera Navidad no pensé que sería tan doloroso: cada vez que sacaba un adorno de la caja, acudían a mí todos esos maravillosos recuerdos de lo que vivimos juntos. Mi hija mayor me preguntaba todo, de cada objeto, y yo le iba explicando mientras me iban cayendo las lágrimas. Hoy recuerdo ese momento como una oportunidad que tuve de transmitirles a mis hijos todo el amor y lo vivido con su padre.*
>
> *Pilar*

Simplificar tus obligaciones

Pide ayuda y delega. Date permiso para no hacer aquello de lo que no te ves capaz. No seas exigente contigo mismo. Es posible que pienses que estás haciendo mal el duelo y que te está tomando demasiado tiempo, pero el duelo no sabe de prisas. Sigue su ritmo, no quieras ir rápido. Paradójicamente, si estás presente y aceptas todo lo que te va trayendo, va a pasar de manera más suave.

Puede sucederte que las peores Navidades para ti no sean las primeras, sino las segundas o incluso las terceras. Porque es posible que en la primera Navidad te encuentres en estado de *shock* y eso te ayude a sobrellevarlo, como quien está en una nube de irrealidad. La segunda se presentará entonces sin paliativos, la realidad se habrá hecho más patente. Quizá también ya sea un momento en el que no tienes el mismo apoyo emocional que al principio, la gente espera que «lo hayas superado». No te preocupes, todo lo que experimentas es normal. Intenta no huir de tus emociones ni de tus recuerdos, verás que, estando presente y acogiendo toda la experiencia, poco a poco vas recuperando la esperanza.

Perdí primero a mi hija y años después a mi marido. También, hace poco, a mi madre. He pasado ahora ya muchas Navidades sin mis seres queridos. Con el tiempo he podido ir respirando más y el dolor se ha suavizado. Tengo una cosa clara: que lo que me ha ayudado es aprender a mirar la Navidad con los ojos y la ilusión de mis otros hijos, y tener a mi lado a personas que quiero y me quieren, con las que he podido compartir el dolor y el sufrimiento. Personas que respetan mis tiempos, no me juzgan, y todos juntos podemos hablar y brindar por nuestros seres queridos con normalidad. Hoy me siento afortunada de poder celebrar la Navidad, de estar con mis hijos y transmitirles las tradiciones y costumbres familiares, de poder hablarles de sus seres queridos. Sé que este es el mejor legado que me dejó mi madre, y es el que espero dejar a mis hijos. Sé que mi marido se sentiría contento de cómo lo estoy llevando, y esto me hace sentir más fuerte.

Pilar

La importancia de crear recuerdos significativos

Todas las personas, en un momento u otro de nuestras vidas, sentimos como si camináramos entre las ruinas de un terremoto. ¿De qué depende que podamos mantenernos en pie? En gran parte, de las experiencias que tuvimos en el pasado, cuando nos sentimos amados. En periodos difíciles de la vida, al afrontar situaciones de estrés, de duelo, de escasez afectiva o de soledad existencial, nuestra mente debe sustentarse y nutrirse de recuerdos relacionales significativos. Recuerdos de cómo alguien nos ha enseñado lo que es sentirse querido, sentirse especial, que nos ha transmitido el amor por la vida. Si estamos bien aprovisionados de momentos especiales de nuestro pasado, los cimientos de nuestra vida son más sólidos y los sucesos que nos sacuden serán menos destructivos.

Las Navidades, los rituales de despedidas y otros momentos especiales de celebración familiar pueden ser una oportunidad de crear estas vivencias y aprovisionar así a nuestros hijos, que nos necesitan ahora más que nunca. Si algo puede enseñarnos la pérdida es la importancia de nuestras relaciones significativas y el valor del tiempo de dedicación y amor a los que nos quedan.

Creemos que este último testimonio de este padre nos ilustra con su ejemplo la importancia de estos momentos compartidos y la huella que pueden dejar en nuestros hijos:

Seguramente, esta será mi última Navidad. Lo intuyo, así que he decidido vivirla intensamente, y eso significa que no voy a huir de las cosas emotivas como siempre he hecho.

El gran regalo ha sido la visita de mi hijo, que esta vez ha venido una semana antes para poder estar juntos. Ya tiene 27 años, y lleva dos haciendo trabajo personal. En los últimos correos me explicaba su enfado por el pasado, y lo he animado a que hablemos. Sus escritos supuraban rabia y reproches. La verdad es que me sentía un poco preocupado por cómo iría todo, pero esta vez no he querido hacer como si no pasara nada. Tengo que aprovechar el tiempo que me queda. De hecho, cuando lo he visto solo he sentido montañas de amor hacia él. ¡Cuánto se puede llegar a querer a un hijo!

Cuando por fin hemos podido quedarnos solos, lo he animado a que me dijese lo que necesitaba decir: me ha hablado de la rabia que sentía contra mí desde su parte de niño y del terror que había sentido al darse cuenta de sus sentimientos; de su duelo por una infancia perdida y de las maneras en que le fallé como padre.

Me ha preguntado cosas que nunca se había atrevido a preguntar: «¿Por qué no estabas nunca? ¿Por qué cuando estabas siempre parecías distraído o cansado? Después te pusiste enfermo y ya no podía estar enfadado contigo. Me sentía culpable y asustado por mi odio».

Y todo eso delante de la chimenea: nunca en mi vida había escuchado a alguien con tanta atención. He reconocido todo lo que me ha dicho y lo he animado a sacarlo todo. Esta vez no me he justificado. Cuando hemos acabado, estábamos bastante cansados, nos hemos abrazado y hemos llorado juntos. Ni él ni yo hemos intentado huir de nuestras emociones. Lo he alabado y le he agradecido el valor de decirme todo eso.

Es posible que esta sea mi última Navidad, lo siento en este cuerpo torpe que ya no me responde y en las miradas de los que me rodean, pero, sin duda, habrá sido la mejor de mi vida.

Eolath

Apéndice B

APORTES DESDE LA INVESTIGACIÓN

En este Apéndice queremos compartir la información relativa a los aportes de la investigación que apoyan gran parte del material que hemos ido presentando a lo largo del libro. Está organizado de forma secuencial siguiendo el orden de los capítulos.

Los apartados 5 y 6 están dedicados a los estudios que describen las consecuencias a largo plazo que puede tener el duelo infantil, tanto en sus posibles efectos difíciles como en los potencialmente positivos.

Tomar conciencia del impacto negativo que el duelo puede tener en la vida adulta de nuestros hijos puede resultarnos duro. Quizá, si tú mismo fuiste una niña en duelo, te resuene tu propia biografía. Si eres madre o padre, puede impactarte descubrir que un duelo mal resuelto en ellos puede condicionar tantos aspectos distintos de su futuro desarrollo, y con efectos tan impactantes.

Nuestro deseo al dar esta información es concienciaros de ello a vosotros, padres, cuidadores, y también profesionales, para poder tomar medidas que garanticen la ayuda necesaria para prevenir estas consecuencias negativas en los niños y adolescentes a los que acompañáis.

Creemos que los trabajos realizados por los investigadores en estas últimas décadas confirman lo que los terapeutas clínicos constatamos en nuestras consultas, ya sea acompañando a padres o a adultos que fueron niños en duelo. Hay niños que parecen responder bien al duelo tras los primeros años después de la pérdida, pero más tarde, en la adolescencia o en la vida adulta, emergen unas consecuencias que afectan de forma negativa a su vida emocional, relacional, intelectual e incluso física. Las manifestaciones de su duelo cambian con el tiempo, y pueden obstaculizar los procesos de desarrollo al entrar en la vida adulta. El duelo infantil «cuece lento».

Como cuidadores, tener esta información de antemano nos empuja a acompañar de una manera más consciente. Sabiendo que el ambiente familiar va a tener una importancia clave, podemos actuar preventivamente poniendo nuestro foco en ellos y visibilizar sus necesidades mucho antes: detectar las primeras señales de que algo no va bien, intervenir ajustando nuestros comportamientos para facilitar un ambiente de apoyo, promover conversaciones y una comunicación abierta, y pedir ayuda para nosotros mismos para responder a estos retos y, al mismo tiempo, estar cuidados en nuestro propio duelo.

También los terapeutas debemos adquirir esta conciencia. La terapia de duelo siempre debe tener una mirada puesta en la familia. Aunque en la consulta solo atendamos a uno de los progenitores, siempre debemos prestar atención a todas las personas que componen la familia, y muy especialmente a los niños y adolescentes. La manera de afrontar el duelo de cada miembro afecta a los demás. Todo modelo de intervención en el duelo debe incluir esta mirada familiar que contemple los procesos interdependientes de los distintos miembros y que ponga el foco en los más vulnerables.

Perder a un ser querido en la infancia no es necesariamente un predictor de complicaciones en el duelo. Pero el impacto de la pérdida colateral –es decir, la afectación del entorno de cuidadores– sí parece ser uno de los factores determinantes de la aparición de estas consecuencias negativas, sea a corto plazo o ya en la vida adulta. Por eso, contar con esta información puede ayudarnos a responder de manera más adecuada, minimizando su impacto.

Aunque el duelo en la infancia es una experiencia difícil, también puede sembrar las bases de un desarrollo emocional profundo, una vida más significativa y un mayor compromiso con los demás y con uno mismo. Todo va a depender de cómo el entorno de cuidadores es capaz de acompañar ese dolor y de qué recursos puede ofrecerle al niño o adolescente para poder afrontarlo.

1. LA IMPORTANCIA DEL ENTORNO FAMILIAR EN LA EVOLUCIÓN DEL DUELO DE NIÑOS Y ADOLESCENTES

Las investigaciones realizadas en las últimas décadas coinciden en señalar que la muerte de un cuidador, un hermano u otra figura afectiva significativa representa uno de los sucesos potencialmente más impactantes en la vida de un niño o adolescente (Kaplow *et al.*, 2010; Worden y Silverman, 1996).

Si bien la mayoría de los niños en duelo parecen transitar el proceso de manera adaptativa y mantienen un funcionamiento relativamente normal en distintas áreas de su vida, sabemos que una parte de ellos desarrollan formas de duelo desadaptativas, acompañadas de un deterioro en su funcionamiento psicosocial (Kaplow *et al.*, 2010; Kaplow *et al.*, 2018; Melhem *et al.*, 2011).

Hay tres grandes factores que van a tener un peso importante en cómo el niño o el adolescente afrontan su duelo (Kaplow *et al.*, 2012; Kaplow *et al.*, 2023):

Los factores circunstanciales se refieren a la manera en que se ha producido la muerte. No es lo mismo perder a una madre por una enfermedad terminal —habiendo tenido la posibilidad de acompañarla, recibir preparación emocional por parte de los cuidadores y participar en un proceso de despedida— que enfrentarse a una muerte repentina por accidente o suicidio, sin posibilidad de anticipación. El conjunto de variables circunstanciales influye de manera significativa en la intensidad y forma de expresión de las reacciones emocionales, especialmente durante los primeros meses posteriores a la pérdida.

Los recursos o factores internos del niño o adolescente para afrontar la pérdida van a tener también un peso importante en la evolución de su duelo. Esta capacidad de respuesta depende, en gran medida, de la edad, el momento evolutivo en el que ocurre la muerte, así como de experiencias previas de duelo y del tipo de educación emocional recibida. Por ejemplo, si el niño es muy pequeño, probablemente no contará con el desarrollo cognitivo y emocional necesario para comprender plenamente lo ocurrido ni para elaborar un sentido sobre su experiencia de pérdida.

Los factores ambientales se refieren al entorno de apoyo disponible –cuidadores, familia extensa, tutores o redes sociales– y la calidad de los cuidados proporcionados. Niños y adolescentes dependen fuertemente de los adultos de referencia para procesar y afrontar la muerte de un ser querido, y su capacidad de adaptación positiva frente al duelo va a ser posible siempre que sus necesidades puedan ser atendidas por un entorno familiar y social que les brinde contención, estructura y seguridad (Lerner *et al.*, 2017). El contexto de cuidados del ambiente familiar se constituye como uno de los factores más relevantes en la promoción de un duelo adaptativo (Alvis *et al.*, 2020; Alvis *et al.*, 2023).

Múltiples estudios han aportado evidencias que respaldan la correlación entre determinadas prácticas parentales y las dimensiones del duelo infantil, así como su vínculo con la aparición de trastornos emocionales (Alvis *et al.*, 2020; Shapiro *et al.*, 2014). Paul Boelen sugiere que, aunque esta correlación no siempre es significativa, las implicaciones clínicas son muy relevantes porque apuntan a la importancia de integrar la dimensión familiar en nuestros modelos de intervención (Boelen y Spuij, 2024).

En resumen, aunque en el pasado se ha subestimado el papel fundamental que cumple el entorno de cuidado en el funcionamiento psicológico de los niños y adolescentes tras una pérdida significativa, las investigaciones realizadas en estas últimas décadas señalan cómo la familia, la red social y la escuela pueden actuar como un factor de protección o, por el contrario, como un factor de riesgo que condicione negativamente el proceso de duelo y su impacto en la vida adulta. Al terapeuta, evaluar las características del cuidado brindado por los adultos –la calidad de la comunicación, la cohesión familiar, el nivel de conflictividad o el estilo de crianza– le permitirá planificar intervenciones específicas dirigidas a los cuidadores que favorezcan procesos de duelo adaptativos en los niños.

2. LA AFECTACIÓN DEL ENTORNO FAMILIAR: CARACTERÍSTICAS DE LOS CUIDADOS

Los adultos del entorno inmediato representan figuras de apego centrales y cumplen un rol fundamental. Diversos estudios han identificado que la capacidad de los cuidadores para ofrecer un ambiente afectivo, estable y positivo, junto con una disciplina coherente, se configura como uno de los factores protectores más determinantes para facilitar un proceso de duelo adaptativo, llegando incluso a predecir la aparición de complicaciones de duelo durante la infancia o en la vida adulta (Alvis *et al.*, 2020; Alvis *et al.*, 2023; Dyregrov y Dyregrov, 2008; Haine *et al.*, 2008; Kaplow *et al.*, 2012; Winther-Lindqvist y Larsen, 2019).

Este ambiente de estabilidad y protección se da cuando los padres o cuidadores, con la calidad de su presencia, contribuyen significativamente a reducir el miedo, el enfado y otras emociones difíciles de sus hijos. Cuando favorecen la reanudación de rutinas y ellos mismos actúan como reguladores emocionales y conductuales. También facilitan el duelo de sus hijos, al promover conversaciones sobre la persona fallecida, sus recuerdos, los sentimientos asociados a su ausencia y las circunstancias de su muerte (Karydi, 2017; Saldinger *et al.*, 2004; Shear *et al.*, 2007). Varios estudios coinciden en que una comunicación abierta en el entorno familiar –tanto durante la enfermedad de un progenitor como tras su fallecimiento– puede reducir significativamente la aparición de consecuencias negativas como aislamiento social, conductas de riesgo o dificultades adaptativas en los niños y los jóvenes (Christ y Christ, 2006; Semple *et al.*, 2022).

Por el contrario, si el cuidador se encuentra absorbido por su propio dolor –con altos niveles de estrés, preocupación excesiva, ansiedad o depresión–, puede mostrarse menos sensible a las señales emocionales del niño, dificultando la comunicación abierta, la restauración de las rutinas, la disciplina y la percepción de seguridad. Los niños, al ser especialmente receptivos al estado afectivo de sus cuidadores, pueden interiorizar emociones como la ansiedad o la tristeza, lo que afecta negativamente a su ajuste emocional y a su desarrollo de habilidades de autorregulación. Por ejemplo, según el estudio realizado por Revet (Revet *et al.*, 2021), la forma en que el progenitor afronta la pérdida de su pareja, junto con la calidad del vínculo que es capaz de establecer con el hijo, son factores predictivos clave para la aparición de trastorno de estrés postraumático (TEPT) y duelo prolongado (PGD, por sus siglas en inglés) en los niños.

3. LOS PADRES COMO COFACILITADORES Y LA IMPORTANCIA DE LA INTERVENCIÓN PRECOZ

Autores como Luecken *et al.* (2009) y Dyregrov (2001) subrayan la importancia de una visión sistémica familiar del duelo, destacando la necesidad de intervenciones que prioricen la salud mental de los cuidadores para mejorar así la calidad del cuidado ofrecido a los hijos. Si los padres pueden atender las necesidades emocionales del niño, eso facilitará una disminución de los riesgos físicos y psicológicos, amortiguando así los síntomas propios del duelo infantil.

Autores como Sandler señalan que la intervención más eficaz no es necesariamente la atención psicológica directa al menor, sino el fortalecimiento de las capacidades parentales y del entorno familiar (Sandler *et al.*, 2003). Por ello, los profesionales del ámbito del duelo deberían orientar su intervención hacia el trabajo con los cuidadores principales, promoviendo una mejora funcional de la dinámica familiar.

La detección temprana de signos de malestar asociados al duelo en niños y adolescentes permite una intervención más efectiva que garantice recursos y apoyos adecuados a los cuidadores. Ofrecer ayuda inmediata puede mejorar significativamente la capacidad del cuidador para gestionar su propio duelo, permitiéndole convertirse en una figura de apoyo más sólida para sus hijos. Este enfoque de intervención temprana a través de los padres puede prevenir el desarrollo de trastornos emocionales más graves en etapas posteriores (Dyregrov, 2001; Dyregrov y Lytje, 2024).

4. EL IMPACTO DEL DUELO EN NIÑOS Y ADOLESCENTES: CONSECUENCIAS INMEDIATAS

El impacto del duelo en niños y adolescentes ha empezado a estudiarse con mayor profundidad en las últimas décadas, gracias a investigadores como Dyregrov y Dyregrov (2008), Layne *et al.* (2017), Luecken *et al.* (2009), Worden y Silverman (1996). Estas publicaciones son fruto de la investigación de datos aportados por adultos cuidadores y de relatos de los niños y adolescentes, junto con las valoraciones de los profesionales que los atienden.

La conclusión general es que, con la ayuda de la familia, el entorno social y los recursos personales, la mayoría de los niños y adolescentes logran adaptarse adecuadamente a la pérdida de un ser querido, manteniendo un funcionamiento personal e interpersonal óptimo a lo largo de sus vidas. Sin embargo, se estima que alrededor del diez por ciento experimentarán un duelo complicado o no adaptativo, lo que puede interferir en su desarrollo emocional e intelectual (Kaplow *et al.*, 2018; Melhem *et al.*, 2011).

Cuando un niño o adolescente atraviesa una pérdida importante, las consecuencias pueden hacerse visibles muy pronto. Aunque cada caso es único, muchos estudios han señalado una serie de efectos que pueden aparecer a corto plazo y afectar tanto al cuerpo como a las emociones y al comportamiento.

Entre las consecuencias inmediatas señaladas por las investigaciones recientes, destacamos:

- **Malestar emocional**
  Es común que experimenten ansiedad, tristeza profunda, estrés constante o una sensación de agotamiento emocional. Todo esto afecta a su bienestar psicológico general, y puede

hacer que se sientan desbordados, aunque por fuera parezcan seguir con su rutina (Cerel *et al.*, 2006; Keyes *et al.*, 2014).

- **Problemas físicos**
  El cuerpo también reacciona al estrés del duelo. Los niños o adolescentes pueden presentar reacciones físicas como dolores de cabeza, mareos, molestias digestivas, problemas para controlar la vejiga o una sensación de cansancio permanente. Estos síntomas no tienen una causa médica clara, sino que parecen consecuencia de la carga emocional que supone el impacto del duelo en sus vidas (Lytje y Dyregrov, 2019).
- **Síntomas de trauma**
  Si la muerte fue repentina, violenta o traumática (como en un accidente, suicidio o infarto), pueden aparecer síntomas de estrés postraumático. Por ejemplo: dificultades para dormir, recuerdos que invaden la mente de forma súbita, emociones muy intensas que cambian bruscamente, o comportamientos de evitación, como rehuir ciertos lugares o conversaciones que les recuerden lo ocurrido (Keulen, 2022).
- **Dificultades escolares**
  El duelo puede afectar a la concentración y el rendimiento escolar. A veces pueden mostrarse distraídos pensando en la persona que perdieron, y otras veces les preocupa el impacto de los cambios en el hogar, lo que dificulta su rendimiento académico. Aunque en algunos casos los niños se refugian en el estudio y rinden más, lo más habitual es que tengan mayores dificultades académicas (Dyregrov *et al.*, 2022; Høeg *et al.*, 2019; Lytje, 2016; Oosterhoff *et al.*, 2018).
- **Baja autoestima**
  Muchos niños o adolescentes sienten que han fallado a su familia, incluso cuando no tiene sentido pensarlo. Esto puede llevarlos a intentar hacer grandes esfuerzos para sobrecompensar o, al contrario, pueden encerrarse en sí mismos.

En ambos casos, su autoestima se ve afectada. También pueden tener dificultades para encontrarle sentido a su vida, reaccionando con respuestas de claudicación (Kaplow *et al.*, 2012; Layne *et al.*, 2017).

- **Problemas de conducta**
  Algunos niños o adolescentes responden a su duelo con comportamientos agresivos, desafiantes o incluso delictivos. Cuando creen que nada de lo que les ha ocurrido tiene sentido, pueden buscar experiencias extremas: empezar a beber, consumir drogas, autolesionarse, tener conductas sexuales de riesgo o conducir de forma temeraria. En algunos casos pueden convertirse en acosadores en el entorno escolar. Cuando todo a su alrededor se derrumba, pueden sentir el deseo de desafiar a la muerte como una manera de expresar su enfado con la vida (Cipriano *et al.*, 2020; Kaplow *et al.*, 2010).
- **Aislamiento social**
  El aislamiento puede tener distintas causas. Algunos adolescentes se alejan de los demás porque tienen miedo de volver a perder a alguien; evitan los vínculos profundos como una forma de protegerse del dolor. Otros sienten que ya no encajan: mientras que sus amigos hablan de cosas «superficiales», ellos sienten que se han hecho mayores de golpe, que ya no están en el mismo mundo emocional. Todo esto puede hacer que se sientan solos, raros o fuera de lugar (Dyregrov y Dyregrov, 2008; Dyregrov y Lytje, 2024; Saltzman *et al.*, 2017).

5. EL IMPACTO DEL DUELO EN NIÑOS Y ADOLESCENTES: CONSECUENCIAS NEGATIVAS EN LA VIDA ADULTA

La infancia y la adolescencia son etapas clave en la construcción de la identidad, la seguridad interior, la capacidad para tomar decisiones de forma autónoma y para establecer vínculos sanos con los demás. Cuando en medio de este proceso irrumpe una pérdida significativa –como la muerte del padre, la madre o un hermano–, este desarrollo puede verse afectado por la sintomatología del duelo, con consecuencias emocionales, cognitivas y sociales que se manifiestan en la vida adulta.

No pretendemos realizar una revisión exhaustiva de todo lo publicado en las últimas décadas (para una revisión más amplia, véase Lytje y Dyregrov, 2019), sino señalar algunas de las conclusiones más relevantes.

Así, el duelo en la infancia o adolescencia puede tener un impacto negativo en la vida adulta en aspectos como:

- Problemas emocionales y psicológicos (salud mental).
- Desarrollo emocional detenido o inmaduro.
- Dificultades académicas y laborales.
- Relaciones afectivas complejas.

Diversos estudios señalan que las personas que vivieron una pérdida importante en la infancia –ya fuera de un progenitor o de un hermano– en la edad adulta presentan un mayor riesgo de sufrir trastornos como depresión, ansiedad o trastorno bipolar (Agid *et al.*, 1999; Keyes *et al.*, 2014), así como trastornos de conducta o de la alimentación (Coffino, 2009), además de una mayor vulnerabilidad a las adicciones y al suicidio (Guldin *et al.*, 2015; Otowa *et al.*, 2014).

El impacto emocional del duelo puede afectar a la capacidad de concentración y al aprendizaje, lo que a menudo se traduce en bajo rendimiento escolar. Esto, a su vez, puede limitar el acceso a oportunidades profesionales y generar inseguridad frente a los desafíos del mundo laboral. Hay personas que, incluso siendo competentes, se sienten desbordadas o bloqueadas ante las exigencias del trabajo, lo que puede conducir a trayectorias profesionales inestables o al desempleo de larga duración (Høeg *et al.*, 2019; Oosterhoff *et al.*, 2018).

Layne y su equipo (Layne *et al.*, 2017) describen cómo, en algunos casos, el impacto del duelo puede congelar el desarrollo emocional en la etapa en que ocurrió la pérdida. Esto implica que, en la vida adulta, estas personas pueden comportarse de forma inmadura, rebelde o, por el contrario, mostrar una fuerte dependencia emocional. Les cuesta confiar en sí mismas, tomar decisiones importantes y relacionarse con seguridad con los demás. Pueden tender a buscar la aprobación externa de manera excesiva, mostrar una necesidad constante de complacer o experimentar un miedo persistente a perder nuevamente a alguien querido, lo que a menudo deriva en un distanciamiento emocional. Ese temor a la intimidad se traduce en un mecanismo de autoprotección —«si no me vinculo, no sufriré»— que, en la práctica, limita el acceso a relaciones saludables y a una vida emocional plena (Høeg *et al.*, 2018; Saltzman *et al.*, 2017; Shorer y Mahat-Shamir, 2025).

Esta dificultad para mantener relaciones afectivas estables interfiere también en la capacidad de proyectar un futuro con optimismo: hacer planes, consolidar una carrera o desear formar una familia. Además, se ha descrito una mayor incidencia de divorcio en la vida adulta, especialmente en aquellos casos en los que la pérdida infantil fue de un progenitor o de un hermano, y más aún si la muerte fue por suicidio (Høeg *et al.*, 2018).

6. EL IMPACTO DEL DUELO EN NIÑOS Y ADOLESCENTES: CONSECUENCIAS POSITIVAS EN LA VIDA ADULTA

Aunque la pérdida de un ser querido durante la infancia o la adolescencia es una experiencia profundamente dolorosa y potencialmente traumática, también puede dar lugar a procesos de transformación positiva, siempre y cuando el entorno del niño le proporcione apoyo emocional, estabilidad y escucha.

Muchos adultos que vivieron un duelo en su infancia manifiestan cómo esta experiencia les ha permitido realizar un desarrollo personal profundo y adquirir aprendizajes emocionales valiosos que los han acompañado durante el resto de su vida.

Este fenómeno, conocido como «crecimiento postraumático», ha sido estudiado por diversos autores, que coinciden en señalar que muchos niños, lejos de quedar marcados únicamente por el sufrimiento, si cuentan con un entorno que les permita procesar emocionalmente lo ocurrido, pueden desarrollar cualidades como la resiliencia, la empatía, la responsabilidad o el liderazgo, un fuerte sentido de propósito (Kaplow *et al.*, 2013; Tedeschi y Calhoun, 2004).

Según Lerner *et al.* (2017), «todos los jóvenes tienen el potencial para adaptarse positivamente tras una adversidad como es un duelo, especialmente cuando sus necesidades de desarrollo y fortalezas personales se alinean con apoyos contextuales, como un entorno familiar afectuoso y presente». Esto significa que no es tanto la pérdida en sí lo que determina el futuro del niño, sino cómo está acompañado en el proceso. La escucha, la validación emocional, la presencia afectiva de los adultos y el mantenimiento de una cierta rutina son factores clave que permiten que el niño convierta esa experiencia en una fuente de aprendizaje y crecimiento.

El duelo en la infancia o adolescencia puede tener un impacto positivo en la vida adulta en aspectos como:

- Mayor empatía y sensibilidad emocional.
- Desarrollo de la resiliencia.
- Habilidades de liderazgo y toma de decisiones.
- Mayor autonomía y autosuficiencia.
- Mejores habilidades sociales y prevención de conductas de riesgo.
- Desarrollo precoz de la identidad personal.
- Redefinición del sentido de la vida: vocación fuerte por ayudar a los demás.
- Escala de valores más humanitaria.

Una de las consecuencias positivas más frecuentes es la aparición de una mayor sensibilidad emocional. Muchos niños y adolescentes que han atravesado un duelo significativo desarrollan una conciencia más profunda de las emociones propias y ajenas. Esto se traduce en una capacidad aumentada para ponerse en el lugar del otro, conectar emocionalmente y ofrecer apoyo. La pérdida temprana les brinda un conocimiento íntimo del sufrimiento humano que, bien acompañado, se convierte en una fuente de empatía, compasión y vínculos más auténticos (Lytje y Dyregrov, 2019).

Asimismo, la resiliencia es otro efecto positivo ampliamente descrito. Lejos de ser una característica innata, la resiliencia se construye en el tiempo a través del afrontamiento de experiencias difíciles. Los niños que logran elaborar un duelo, especialmente si reciben el acompañamiento adecuado por parte de adultos significativos, pueden desarrollar una sensación de autoeficacia y confianza en sus recursos personales. Esto les permite afrontar nuevas adversidades con mayor fortaleza y creatividad (Layne *et al.*, 2017; Saltzman *et al.*, 2017).

Asumir responsabilidades desde una edad temprana puede fomentar la autodisciplina, la capacidad de análisis, el liderazgo y la toma de decisiones complejas. Esto se observa especialmente en adolescentes que, tras una pérdida, se convierten en una figura de apoyo para otros miembros de la familia (Kaplow *et al.*, 2012).

Cuando los niños se ven enfrentados a situaciones en las que deben hacerse cargo de aspectos prácticos de la vida cotidiana, desarrollan una independencia que puede beneficiarlos en la vida adulta. Esta capacidad de organización y acción también se ha relacionado con una mejor autoestima y una actitud más madura frente a los retos (Høeg *et al.*, 2019; Oosterhoff *et al.*, 2018).

El desarrollo de una mayor actitud de madurez está confirmado por varios estudios que señalan que algunos adolescentes en duelo muestran un mayor autocontrol, una conducta más reflexiva y menos impulsividad en áreas como la sexualidad, el consumo de drogas o la relación con grupos de pares, probablemente debido a una visión más profunda de la vida y de las consecuencias de determinados comportamientos (Kaplow *et al.*, 2013).

La elaboración del duelo también puede promover un desarrollo precoz de la identidad personal. El contacto temprano con la finitud de la vida y el dolor puede impulsar en algunos niños un proceso reflexivo profundo, poco habitual a esas edades, que los lleva a plantearse cuestiones existenciales, como el sentido de la muerte, la justicia o el propósito vital. Este trabajo interno les permite construir una identidad más sólida, auténtica y coherente, incluso en contextos difíciles (Hoppe *et al.*, 2024; Kaplow *et al.*, 2012).

Esta identidad más madura los lleva también a una redefinición del sentido de la vida. Algunos niños y adolescentes relatan que, tras la pérdida, adquieren una conciencia más clara de lo que es importante para ellos. En la vida adulta, este cambio puede manifestarse como una fuerte vocación de ayuda a los demás, por ejemplo, eligiendo profesiones como psicología, medicina, trabajo social o voluntariado, con el objetivo simbólico (o explícito) de «evitar que otros sufran como yo sufrí» (Alvis *et al.*, 2023).

Por último, algunos estudios sugieren que, en la vida adulta, muchas personas que han vivido un duelo infantil reportan una mayor capacidad para disfrutar de los pequeños momentos, una filosofía de vida más centrada en el presente y una escala de valores más humanista. El dolor no desaparece, pero se integra, y muchas veces se transforma en motor de vida (Dyregrov y Lytje, 2024).

7. EL CONCEPTO DE PARENTIFICACIÓN

Según Dariotis y su equipo (Dariotis *et al.*, 2023), la parentificación se da cuando los cuidadores esperan que los niños y adolescentes se conviertan en pseudopadres y pseudoadultos antes de estar cognitiva y fisiológicamente preparados para ello. Es importante señalar que cuando los padres piden a sus hijos que realicen tareas importantes y los acompañan, supervisan y apoyan en su desarrollo a fin de fomentar su madurez y formación del carácter, no hablamos de parentificación. La parentificación se da cuando se les pide que asuman tareas más allá de sus capacidades evolutivas y sin recibir apoyo adecuado. En la parentificación se da una inversión de roles y una sobrecarga de responsabilidades en los niños o adolescentes.

Los modelos clásicos de parentificación distinguen dos tipos según la función que cumple. La parentificación instrumental empuja a los niños o adolescentes a que asuman responsabilidades para mantener el hogar, como preparar comidas, hacer tareas domésticas o manejar las finanzas. La parentificación emocional describe aquellas situaciones en las que los hijos deben atender las necesidades emocionales de los miembros de la familia. Esto puede incluir convertirse en confidente de los padres, hacer de cuidador y supervisar a los hermanos, e incluso promover la armonía familiar. Ambos tipos de parentificación pueden darse simultáneamente.

La parentificación suele ser consecuencia de la renuncia, intencional o no intencional, de las responsabilidades parentales. Existen múltiples razones por las que los padres no pueden cumplir su rol o por las que los niños se ven forzados a asumir estas responsabilidades: enfermedad parental física o mental, muerte y duelo, divorcio, crisis económica, dinámicas disfuncionales en la familia o migración. Además, padres que fueron parentificados en su infancia pueden esperar lo mismo de sus hijos, perpetuando un patrón intergeneracional.

Mantener límites jerárquicos claros entre padres e hijos es clave para el desarrollo positivo de los niños. La disolución o alteración de estas estructuras —cuando los niños se convierten en padres, proveedores u ocupan roles con poder— tiene implicaciones importantes en su desarrollo moral y conductual. En adultos que fueron parentificados como niños se ha descrito mayor incidencia de depresión, ansiedad, consumo de drogas y adicción, desempleo o subempleo, mala salud física y menor nivel educativo.

Sin embargo, investigaciones teóricas también han señalado que la parentificación no es necesariamente patológica. Cuando los jóvenes asumen roles parentales de forma moderada y por tiempo limitado, y reciben reconocimiento por sus esfuerzos, la experiencia puede ser adaptativa al favorecer el desarrollo juvenil y proporcionar oportunidades para mejorar habilidades sociales, de afrontamiento, autonomía, identidad sana y autoestima.

8. LOS EFECTOS NEGATIVOS DE VIVIR EN UN ENTORNO FAMILIAR CAÓTICO Y LA IMPORTANCIA DE MANTENER LA RUTINA Y LAS ESTRUCTURAS

En familias sometidas a condiciones de estrés crónico, como problemas económicos, sobrecarga laboral, hacinamiento o falta de apoyo comunitario, las responsabilidades del cuidado y la gestión del hogar superan los recursos disponibles y entonces el entorno puede volverse caótico, algo que afecta al bienestar de todos sus miembros.

La revisión sistemática publicada por Marsh y sus colegas analiza el concepto de «caos doméstico» y su impacto en niños, padres y la dinámica familiar (Marsh *et al.*, 2020). El trabajo describe cómo este ambiente de caos genera en los padres altos niveles de estrés, agotamiento emocional y una disminución en la capacidad para ejercer una crianza sensible y coherente, lo que contribuye a una menor calidad en la relación afectiva con los hijos.

Los efectos negativos de vivir en un entorno de estas características son múltiples, especialmente para los niños. El caos en el hogar se asocia con dificultades en el desarrollo cognitivo, como problemas de atención, bajo rendimiento escolar y retrasos en el lenguaje (Evans *et al.*, 2005). También repercute en el área emocional, provocándoles síntomas de ansiedad, irritabilidad y problemas de regulación emocional. En el plano conductual, pueden aparecer conductas desafiantes, agresividad o desobediencia, así como dificultades en el sueño (Wachs y Evans, 2010).

Por el contrario, un entorno familiar estructurado y predecible favorece el desarrollo positivo en la infancia. Cuando el hogar ofrece rutinas estables, orden físico, límites claros y espacios tranquilos, los niños muestran mayor capacidad de autorregulación emocional, mejor adaptación escolar y relaciones familiares más sólidas (Hosokawa *et al.*, 2023). Además, en hogares organizados los padres tienden a ejercer una crianza más afectuosa, estable y presente.

Para evitar que el caos se instale en el hogar, se recomienda a las familias implementar rutinas diarias consistentes, especialmente en horarios de sueño, alimentación y tareas escolares. También es importante mantener los espacios comunes ordenados, limitar el exceso de estímulos y multitareas, y establecer normas claras y coherentes. Fomentar una comunicación serena y abierta, así como buscar apoyos externos cuando sea necesario, puede marcar una diferencia significativa en la calidad de la vida familiar (Coldwell *et al.*, 2006). Estas medidas contribuyen no solo a reducir el estrés cotidiano, sino también a crear un entorno seguro y emocionalmente nutritivo para niños y adultos por igual.

Las rutinas familiares tienen un impacto fundamental en el bienestar emocional y conductual de los niños. Actividades agradables y previsibles en el contexto familiar, como las comidas compartidas o los juegos cotidianos, fortalecen el vínculo afectivo entre padres e hijos y promueven la cohesión familiar (Haine *et al.*, 2008; Sandler *et al.*, 2003).

Investigaciones como las de Spagnola y Fiese (2007) destacan que estas rutinas no son solo estructuras organizativas, sino potentes herramientas para la regulación emocional y el desarrollo psicológico. Su función reguladora permite que los niños perciban el mundo como un lugar predecible y seguro, reduciendo así la ansiedad y el estrés diario. Además, estas prácticas también cumplen una función identitaria, al transmitir valores, creencias y cultura familiar a través de rituales como celebraciones o tradiciones religiosas. En resumen, y según estos autores, las rutinas y los rituales, cuando están bien implementados, no solo organizan el día a día, sino que proporcionan un contexto estable que puede prevenir trastornos emocionales, ansiedad o conductas desorganizadas.

9. LA IMPORTANCIA DE LA RED SOCIAL EN EL DUELO INFANTIL

El desarrollo de los niños y adolescentes tiene lugar en un entorno de interacciones con la red social constituida por padres, cuidadores, comunidad y sociedad (como la familia extensa, las amistades, la escuela o la guardería) de la que dependen, en gran parte, para comprender y gestionar emociones intensas y desconocidas. Las respuestas y el acompañamiento por parte de esta red van a influir significativamente en la capacidad del niño o adolescente para afrontar la vivencia de la muerte, siendo este factor social un predictor relevante en la evolución de su duelo (Alvis *et al.*, 2023; Dyregrov y Dyregrov, 2008; Winther-Lindqvist y Larsen, 2019; Wray *et al.*, 2022).

Para que la red social ofrezca un apoyo de calidad durante el duelo, investigaciones como las de LaFreniere y Cain (2015) y Parsons *et al.* (2021) identifican algunas de sus características clave. Muchos niños y adolescentes valoran especialmente a aquellos amigos que ofrecen apoyo emocional sin necesidad de hacer preguntas directas, simplemente estando presentes y disponibles. Estas relaciones de apoyo espontáneo –compañeros que se sientan a su lado, que juegan o que muestran empatía– son percibidas como fundamentales para su adaptación emocional. Asimismo, los niños manifiestan una fuerte necesidad de sentirse comprendidos y valoran muchísimo los espacios en los que pueden hablar sobre el ser querido fallecido sin sentirse juzgados ni tener que ocultar lo sucedido. Contar con un grupo de iguales que les brinde consuelo, apoyo emocional, distracción y normalización en momentos clave resulta de gran ayuda para atravesar el proceso de duelo. La compañía de los amigos les permite experimentar momentos en los que se sienten «como antes», lo cual representa un respiro emocional significativo (LaFreniere y Cain, 2015; Parsons *et al.*, 2021).

El estudio de Metel y Barnes (2011) destaca que, para muchos niños, poder expresarse sin miedo al juicio o a la incomprensión es una experiencia transformadora. Saber que no están solos en su dolor actúa como un potente factor de protección para su bienestar emocional. Los grupos de apoyo con otros niños en duelo ofrecen un entorno libre de juicios, en el que pueden compartir experiencias similares, lo que reduce el sentimiento de aislamiento, genera alivio emocional y fomenta un sentido de pertenencia que muchas veces no encuentran en su entorno cotidiano.

Por el contrario, carecer de un espacio social en el que hablar de lo sucedido puede provocar en los niños sentimientos de aislamiento, hacer que se sientan diferentes y dificultar el proceso de duelo. La ausencia de una red de apoyo externa agrava la carga emocional: padres e hijos sin respaldo de familiares, escuela o comunidad se enfrentan a mayores niveles de sobrecarga emocional (Lytje, 2016). Esta sobrecarga afecta especialmente al progenitor superviviente, quien a menudo debe asumir en solitario el sostén emocional y práctico del hogar. El aislamiento social se asocia directamente con mayor sufrimiento emocional: tanto adultos como menores tienden a experimentar más soledad, desconexión y dificultades para expresar sus necesidades (Weber *et al.*, 2019).

Existen varios aspectos que pueden representar obstáculos o experiencias negativas en la socialización de niños y adolescentes en duelo. El estudio de LaFreniere y Cain (2015) documenta que algunos niños y adolescentes se han sentido incomprendidos, evitados o estigmatizados por parte de sus compañeros. La falta de habilidades sociales para abordar el duelo por parte de los iguales puede provocar aislamiento. Tanto niños como adolescentes pueden experimentar sentimientos de discontinuidad en su identidad –como vergüenza o inseguridad– al percibirse diferentes debido a la ausencia de un ser querido (Brown y Larson, 2009).

Esta sensación de ser «distintos» es referida por muchos niños, que perciben que haber vivido la muerte de un ser querido los aleja emocionalmente de sus iguales. Además, manifiestan sentirse solos o desconectados si sus emociones no son validadas o si detectan que los demás no saben cómo hablarles de su pérdida. Esta percepción de «no pertenencia» puede llevarlos a evitar hablar del duelo, eludir grupos o actividades, y optar por el aislamiento como una forma de protección ante el juicio o la incomodidad (Metel y Barnes, 2011; Parsons *et al.*, 2021).

Otro obstáculo importante en la socialización es el miedo a establecer nuevas relaciones tras una pérdida significativa. Este temor funciona como respuesta protectora: después de la muerte de una figura cercana –especialmente si fue traumática, inesperada o repentina–, algunos adolescentes evitan formar nuevos vínculos emocionales por miedo a sufrir otra pérdida. Esta respuesta es comprensible desde una perspectiva adaptativa, ya que busca evitar el dolor emocional de un nuevo duelo. No obstante, si no se aborda, puede derivar en un aislamiento social crónico, limitando el desarrollo afectivo, la vida social y la capacidad de confiar en los demás (Saltzman *et al.*, 2017).

Por último, otro factor que obstaculiza la calidad del apoyo social es la retirada de la propia red. En la revisión sistemática realizada por Wray y su equipo, estos señalan como, tras la muerte del padre o la madre, el apoyo proveniente de la familia extensa, amistades y comunidad suele disminuir rápidamente, dejando al niño en una situación de alta vulnerabilidad emocional (Wray *et al.*, 2022).

10. EL CENTRO EDUCATIVO COMO ENTORNO DE APOYO

Muchos estudios realizados en estas dos últimas décadas señalan la importancia del centro educativo como espacio de apoyo para los niños y adolescentes en duelo, y describen cómo la reacción de la comunidad educativa puede aliviar o agravar el duelo. Si el niño tiene dificultades para integrarse después de la pérdida y se siente aislado en el aula y distinto de los demás, esto puede derivar en abandono escolar, problemas académicos, como un menor rendimiento escolar e incluso problemas de salud mental (Dyregrov *et al.*, 2022; Levkovich y Elyoseph, 2021; Lytje, 2013).

En algunas escuelas ya se están invirtiendo energía y medios para formar al equipo docente sobre cómo acompañar a los alumnos que afrontan pérdidas importantes en sus vidas. Autores como Dyregrov *et al.* (2013) subrayan que ser maestro también implica estar presente como modelo de atención al duelo y como proveedor de cuidados a los alumnos que lo necesitan. Sin embargo, lamentablemente esto no es así en todos los centros de enseñanza.

No todos los centros educativos están en condiciones de ofrecer ese apoyo: en muchos casos, tanto docentes como alumnos expresan dificultades para saber qué tipo de ayuda resulta útil y cómo conviene ofrecerla, y algunos niños en duelo no reciben comprensión por parte de sus compañeros y de los docentes. Por ello es fundamental que la comunidad educativa reconozca el impacto que la muerte tiene en los niños y cuente con la formación y las herramientas necesarias para brindarles el apoyo que necesitan para reintegrarse (Dyregrov *et al.*, 2020).

11. LA MANERA EN QUE LOS PADRES VIVEN EL DUELO Y SU IMPACTO EN LOS HIJOS

La manera en que los padres gestionan su propio duelo va a tener un importante efecto en el proceso de adaptación al duelo de los hijos. Estudios empíricos centrados en las conductas parentales en el contexto del duelo ayudan a explicar cómo los cuidadores, con sus actitudes, con el paso del tiempo pueden provocar en ellos reacciones de duelo desadaptativas o, por el contrario, pueden contribuir a reducir su malestar (Shapiro *et al.*, 2014; Wardecker *et al.*, 2017).

Por ejemplo, hay estudios que demuestran que, en la pérdida de la pareja, si el cuidador adulto superviviente interviene mediante una relación positiva, fortaleciendo la relación progenitor-niño y fomentando la expresión emocional, va a promover la resiliencia en sus hijos (Ayers *et al.*, 2014; Haine *et al.*, 2008).

Por el contrario, otros estudios muestran cómo en familias que viven la pérdida de un hijo, cuanto más afectada se muestra la madre por la pérdida, peor evolucionan el resto de los hijos. Es decir que hay una correlación directa entre las reacciones emocionales de duelo expresadas por la madre y las respuestas emocionales de los hermanos, sean niños o adolescentes (Connell y Goodman, 2002; Melhem *et al.*, 2007; Melhem *et al.*, 2008; Morris *et al.*, 2016). Esta conclusión parece sugerir la importancia de no mostrar estados emocionales desbordantes o desregulación –como llanto intenso, ira, ansiedad, desorganización, desánimo o apatía– delante de los hijos.

Kaplow y sus colegas, en su libro *Multidimensional Grief Therapy (Terapia de duelo multidimensional)*, utilizan el cuestionario GFI (Grief Facilitating Inventory) para trabajar con padres e hijos conjuntamente a fin de mejorar la comunicación en la familia. En este trabajo sugieren que actitudes como llorar delante de los hijos, mostrarse excesivamente preocupados, manifestar de forma explícita o implícita que se prefiere no hablar del ser querido fallecido, de su recuerdo, ni de la manera en que murió, o manifestar incomodidad cuando el niño expresa su aflicción, o cuando aparece el tema de la muerte, son algunas de las conductas de los cuidadores que pueden acrecentar respuestas desadaptativas en sus hijos (Alvis *et al.*, 2020; Kaplow *et al.*, 2023).

Otra característica de la manera en que los cuidadores viven su duelo que tiene un impacto negativo muy significativo en los hijos es el estilo evitativo. En un estudio realizado por Alvis y colegas se concluye que las respuestas evitativas del cuidador hacia su propio duelo obstaculizan respuestas más adaptativas por parte de los hijos, que acabarán también mostrando respuestas de evitación, lo que los hace más vulnerables a depresión, ansiedad y respuestas de estrés postraumático (Alvis *et al.*, 2020; Dodd *et al.*, 2020; Kaplow *et al.*, 2014).

En parejas que han perdido un hijo, si uno de los padres utiliza respuestas evitativas para manejar su duelo y para proteger al otro (por ejemplo: *«No comparto lo que siento para no hacerle daño»*), no solo aumentan las posibilidades de que su duelo se complique con el tiempo, sino que también aumenta esta vulnerabilidad en su pareja, independientemente de su estilo de afrontamiento. Esta correlación persiste en el tiempo. El equipo que realizó este estudio concluye que, cuando se ofrezca ayuda profesional, los terapeutas pueden –si es apropiado– guiar a las personas en duelo a dejar de utilizar respuestas más evitativas y acercarse a respuestas que expresan el dolor (Stroebe *et al.*, 2013).

En resumen, estos datos indican que ciertas conductas parentales tras la muerte de un ser querido pueden desempeñar un papel significativo en la forma en que los niños afrontan el duelo. Una comprensión más detallada sobre cómo los cuidadores viven su propio proceso de duelo y cómo esto afecta al ambiente familiar puede ayudar a identificar indicadores de riesgo para la evolución del duelo en los hijos. Esto permitirá a los terapeutas hacer una detección temprana del mismo y afinar las intervenciones terapéuticas a fin de minimizar el impacto negativo en los hijos.

12. EL IMPACTO DE LAS CIRCUNSTANCIAS DE LA MUERTE

Uno de los factores que tienen un peso importante en cómo el niño o adolescente vivirá su experiencia de duelo es la causa del fallecimiento de su ser querido y las circunstancias en las que ocurrió. Al igual que sucede con los adultos, el malestar relacionado con la manera en que tuvo lugar la muerte será más o menos intenso según el carácter trágico o traumático del suceso, como ocurre en casos de accidentes fatales, homicidios, suicidios o negligencia (Pynoos, 1992). En estos casos la sintomatología puede incluir imágenes angustiosas del suceso, emociones intensas (pena, rabia, miedo, vergüenza), recuerdos, pensamientos y creencias perturbadoras sobre la forma en que ocurrió, sentimientos de culpa (propia o hacia otros), incredulidad, confusión, aturdimiento y fantasías de venganza hacia el presunto causante (Layne *et al.*, 2017).

En una investigación realizada por Kaplow y sus colegas (2014), se estudió una muestra de sesenta y tres niños que habían perdido a uno de sus progenitores por diversas causas. La investigación concluyó que, cuando la muerte ha sido de naturaleza violenta —como en el caso de suicidios o asesinatos—, los niños y adolescentes presentan reacciones de duelo más complejas, incluyendo síntomas de estrés postraumático (Kaplow *et al.*, 2014). Esto se debe, en parte, a la aparición de imágenes traumáticas asociadas a la muerte del ser querido, reales, por haber presenciado el hecho, o fantaseadas, por haber recibido información inadecuada sobre lo ocurrido (Guldin *et al.*, 2015; Pynoos, 1992). Entre las consecuencias que pueden manifestarse a lo largo del tiempo, especialmente en adolescentes, se ha descrito también un aumento de los niveles de ansiedad, depresión y duelo desadaptativo (Dillen *et al.*, 2009). En los casos de muerte por suicidio, mucho más que en otros tipos de muerte, es común que los niños y adolescentes crean que han podido influir o ser la causa de la muerte del ser querido (Melhem *et al.*, 2008).

Las pérdidas anticipadas, como las relacionadas con enfermedades terminales (por ejemplo, el cáncer), también pueden resultar especialmente angustiantes para niños y adolescentes si conllevan una exposición prolongada a elementos potencialmente traumáticos, como presenciar procedimientos médicos invasivos o el deterioro progresivo del ser querido. Esto puede generar pensamientos intrusivos que interfieren en el proceso de duelo (Saldinger *et al.*, 2003). El mismo estudio de Kaplow y colaboradores demostró que los adolescentes que pierden a un cuidador tras una enfermedad prolongada presentan niveles más elevados de duelo desadaptativo y síntomas de estrés postraumático que aquellos cuya pérdida ocurrió de forma súbita y natural, como, por ejemplo, un infarto (Kaplow *et al.*, 2014).

Los niños tienen su capacidad cognitiva menos desarrollada que los adultos y dependen de estos para elaborar su experiencia de duelo y construir una narrativa que dé sentido a lo sucedido. Pero, a menudo, los adultos creen que proporcionar información sobre las circunstancias de la muerte puede causar un estrés añadido (Kaplow *et al.*, 2012). Por ejemplo, en la cultura euroamericana es común que los padres intenten proteger a sus hijos de oír, pensar o hablar sobre la muerte, creyendo que los niños pequeños no tienen la capacidad cognitiva o emocional para afrontarla (Rosengren *et al.*, 2014).

Cuando los niños no reciben información clara y adecuada sobre las circunstancias de la muerte, tienden a rellenar los vacíos con sus propias fantasías. Debido a su falta de experiencia vital y acceso limitado a la información, es más frecuente que tergiversen lo ocurrido. Si la información es incompleta, pueden desarrollar interpretaciones erróneas. En un estudio realizado con ochenta y tres familias con hijos en edad escolar en las que un progenitor había fallecido, Raveis y su equipo concluyeron que la ausencia de una comunicación abierta por parte del progenitor superviviente contribuía a la negación y la evitación de la realidad por parte del niño, lo que generaba sentimientos de culpa relacionados con la creencia de haber sido responsable de la muerte o de no haber podido evitarla (Raveis *et al.*, 1999).

Estas conclusiones coinciden con la abundante evidencia clínica que señala que una adaptación saludable a la pérdida de un ser querido en niños y adolescentes es más probable cuando las relaciones familiares se caracterizan por la expresión abierta de sentimientos sobre la persona fallecida y una comunicación clara sobre las circunstancias de su muerte.

13. LA IMPORTANCIA DE MANTENER VIVO EL VÍNCULO

Ante la ausencia física del ser querido, los niños y adolescentes responden con estrés de separación: extrañan a la persona fallecida, sienten tristeza o enfado al tomar conciencia de que la muerte es irreversible, y evocar recuerdos les despierta una profunda añoranza. Todas estas respuestas deben considerarse naturales y adaptativas, ya que ayudan al niño o adolescente a aceptar la realidad y a integrar la pérdida en su vida, de forma similar a como sucede en los adultos (Dyregrov y Lytje, 2024; Payàs, 2023; Wolfelt, 1996, 2004).

Uno de los factores que favorecen la evolución saludable del duelo en la infancia es la actitud sensible y de comunicación abierta acerca del ser querido fallecido que los padres puedan generar en el ambiente familiar. Cuando los cuidadores, o adultos de referencia, facilitan recuerdos positivos del ser querido, por ejemplo, al realizar visitas al cementerio, compartir objetos de recuerdo o mantener diálogos internos imaginarios con el ser querido, conmemorar fechas especiales o creer en la posibilidad de un reencuentro, a los hijos les resulta mucho más fácil sentir que, de algún modo, el vínculo con la persona fallecida sigue vivo. Esto puede convertirse en una fuente de consuelo, además de aportar la sensación de cohesión familiar que se produce al compartir, y un refuerzo de su identidad, al seguir vinculados a la figura de apego. Los recuerdos pueden incluso convertirse en una estrategia de seguridad ante futuras situaciones difíciles para ellos (por ejemplo: *«Sentir a papá presente en mi graduación»*) (Karydi, 2017; Wolchik *et al.*, 2009).

Si el niño o adolescente ha vivido la muerte de uno de los padres, pierde una de sus figuras de apego más significativas, lo que le genera un estrés añadido relacionado con su sentido de seguridad, tanto individual como familiar (Kaplow *et al.*, 2014). Algunos expertos destacan la importancia de mantener conversaciones sobre recuerdos positivos del progenitor, especialmente sus rasgos de carácter y también aquellas cualidades en las que los hijos se parecen al fallecido, ya sea el padre o la madre (o incluso un hermano). Esta disposición a compartir recuerdos y mantener el vínculo vivo, no solo los ayuda a elaborar el duelo, sino que les transmite la seguridad de que es aceptable y natural hablar del tema (Lytje y Dyregrov, 2023; Saldinger *et al.*, 2004; Shapiro *et al.*, 2014).

Con este mismo objetivo de investigar las características y los comportamientos de los cuidadores y su impacto en la evolución del duelo de los hijos, Alvis y su equipo estudiaron una muestra de cuatrocientos treinta y dos niños y sus familias en duelo. Las conclusiones del mismo señalan que las actitudes de los cuidadores que favorecen la evolución saludable del duelo de los niños y adolescentes a su cuidado son: mantener vivo el recuerdo del ser querido, facilitar su expresividad emocional y ofrecer un apoyo continuado en el tiempo (Alvis *et al.*, 2020).

Asimismo, adultos que fueron niños en duelo manifiestan que ser incluidos activamente en los rituales, como el funeral, las visitas a la tumba o la celebración de aniversarios, les permitió construir recuerdos satisfactorios de haber participado y contribuido a esos momentos (Saldinger *et al.*, 2004; Sandler *et al.*, 1988).

14. CUANDO LA CONEXIÓN ES EXCESIVA

Karydi realizó un interesante estudio con ciento treinta y cinco adultos que, siendo niños (entre 0 y 16 años), habían vivido la muerte de uno de los progenitores. El estudio confirmó que el papel del progenitor superviviente como facilitador del duelo de los hijos era un predictor del desarrollo de vínculos continuos saludables. Sin embargo, la autora también advirtió que no todos los vínculos continuos son beneficiosos: aunque pueden aportar consuelo y conexión simbólica, también pueden convertirse en una carga emocional si se mantienen de manera rígida o no se adaptan a las necesidades evolutivas del niño (Karydi, 2017).

Si el progenitor superviviente ejerce una presión excesiva para mantener vivo el recuerdo –ya sea a través de una idealización forzada, de silenciar los aspectos difíciles u obligar al niño o adolescente a «honrar» en exceso su memoria–, esto puede generar efectos negativos, como una detención en su desarrollo emocional y de autonomía, una inhibición de su capacidad de vincularse a nuevas figuras afectivas (como una nueva pareja del progenitor), y dificultades para individuarse y construir relaciones significativas maduras ancladas en la realidad presente.

La clave está en que los padres favorezcan que el vínculo con el fallecido vaya transformándose a lo largo del tiempo. Los hijos necesitan reconfigurar su relación interna con el ser querido conforme crecen y desarrollan sus capacidades cognitivas y emocionales. Si esta evolución no ocurre, el vínculo puede perder su valor simbólico o incluso volverse «una carga» que obstaculiza su crecimiento. El rol del progenitor superviviente es crucial para facilitar un vínculo flexible, abierto y transformable, que se convierta en un recurso para su desarrollo emocional, y no es un obstáculo.

Estas conclusiones han sido confirmadas por estudios posteriores, como el de Clabburn *et al.* (2021), que evalúan el impacto de mantener (o no) los vínculos continuos en contextos de duelo infantil y juvenil.

15. LA CALIDAD DE LA RELACIÓN

La calidad de la relación con el ser querido fallecido es también un factor relevante. Los estudios de las últimas décadas sugieren que, si la relación era muy cercana, afectiva y positiva, puede derivar en un duelo más intenso, especialmente durante los primeros meses, debido a la sensación de vacío que deja la pérdida. En estos casos, el vínculo ofrecía seguridad, identidad o propósito, y su ausencia provoca un impacto emocional significativo.

Por otro lado, cuando la relación ha sido ambivalente, conflictiva o traumática, el duelo tiende a ser más complicado o desorganizado (Smigelsky *et al.*, 2020). Las emociones contradictorias, como la culpa, el alivio, la rabia o la tristeza, dificultan la integración de la pérdida y pueden dar lugar a procesos de duelo más largos, especialmente si no es posible una reparación simbólica de la relación.

En resumen, haber tenido una relación fuerte, de cuidado y positiva con el ser querido fallecido está asociado a una mayor intensidad del duelo en la fase aguda, pero también a una mejor capacidad de adaptación a largo plazo. En cambio, los vínculos ambivalentes o conflictivos pueden generar menos intensidad emocional al inicio, pero suelen estar asociados a mayores dificultades en la adaptación a largo plazo.

16. EL MALESTAR EXISTENCIAL

El malestar existencial es un estado emocional de sufrimiento psicológico intenso que surge cuando una persona se enfrenta a preguntas fundamentales sobre el sentido de la vida, la muerte, la libertad, la soledad o la identidad personal (Boston *et al.*, 2011). Este tipo de sufrimiento no lo experimentan solo los adultos: también puede aparecer en niños y adolescentes, especialmente en contextos de enfermedad grave o duelo, cuando comienzan a enfrentarse –muchas veces por primera vez– a cuestiones existenciales (Weiss, 2002).

El malestar existencial en niños y adolescentes que viven una pérdida significativa, como es la muerte del ser querido, aparece como respuesta a múltiples disrupciones: en la identidad personal, las rutinas diarias, los proyectos de vida, la ausencia de fuentes de sentido o de experiencias gratificantes, y la pérdida de dirección vital. Este sufrimiento también puede verse exacerbado por pérdidas secundarias, como tener que asumir roles que antes desempeñaba la persona fallecida o enfrentarse a dificultades económicas e incertidumbre sobre el futuro (Kaplow *et al.*, 2013). Todo ello puede alterar su sentido del yo (identidad) y su propósito vital (sentido existencial), dando lugar a pensamientos y emociones que reflejan una visión del futuro sin esperanza ni rumbo (Layne *et al.*, 2017).

En la infancia y la adolescencia, el sufrimiento existencial suele ser más difícil de identificar y verbalizar que en los adultos. Como señalan Weiss (2002) y Kaplow *et al.* (2012), muchos niños no disponen aún de las herramientas cognitivas ni emocionales necesarias para comprender el origen de estos sentimientos ni para expresarlos con claridad. Por ello, suelen manifestarse de forma indirecta, a través de comportamientos disruptivos y emociones difíciles, con síntomas como aislamiento social, letargo, anhedonia o un enfado persistente, especialmente en los niños más pequeños. En adolescentes, el malestar puede expresarse como desesperanza ante un futuro incierto y carente de propósito, con vivencias subjetivas de vacío, apatía y desmotivación, y creencias como: *«No tengo nada por lo que levantarme»*, *«Yo debería haber muerto en su lugar»*, *«Nunca más volveré disfrutar de la vida»*. Estos sentimientos y creencias pueden ir acompañados de conductas de riesgo o desafío a la muerte: *«No me importa si vivo o muero»*, indiferencia hacia el propio bienestar o abandono del cuidado personal (Kaplow *et al.*, 2013; Layne *et al.*, 2017).

Esta crisis puede implicar también una pérdida de identidad: *«Una parte de mí murió con él»*, *«No sé quién soy sin ella»*, junto con una desconexión emocional de aquello que antes generaba satisfacción, como las amistades, las actividades de ocio, las relaciones familiares. Si estas vivencias no se reconocen ni se validan emocionalmente, el malestar existencial puede intensificarse, dificultando la elaboración del duelo y comprometiendo el desarrollo psicológico del niño o adolescente (Boston *et al.*, 2011; Weiss, 2002).

Aunque muchas teorías del duelo aluden al malestar existencial y a la necesidad de resignificar el sentido de la vida y la identidad como parte del proceso de recuperación, la pregunta sigue siendo cómo ocurre exactamente esta transformación, y las investigaciones al respecto aún son escasas.

Autores como Kaplow *et al.* (2012) indican que dos de los factores que parecen facilitar el bienestar existencial en niños y adolescentes en duelo son: encontrar formas significativas de mantener una conexión reconfortante con el ser querido fallecido – como honrar su memoria comprometiéndose a llevar una vida valiosa, adoptar un estilo de vida que lo hubiera hecho sentirse orgulloso o continuar su legado de alguna manera – y participar en actividades prosociales que transformen el dolor en algo con sentido, en beneficio de otros, como por ejemplo el servicio a colectivos vulnerables (Kaplow *et al.*, 2012, 2013; Saltzman *et al.*, 2017).

Cuando los niños y adolescentes pueden experimentar este bienestar existencial, la experiencia de duelo puede actuar como un acicate para el desarrollo personal. Autores como Tedeschi y Calhoun describen el crecimiento postraumático como una forma de adaptación positiva ante el trauma que ocurre cuando, tanto adultos como jóvenes, se ven impulsados a reconsiderar sus creencias básicas sobre la vida, su identidad y sus relaciones con los demás (Tedeschi y Calhoun, 1996, 2004).

El estudio longitudinal de seis años realizado por Wolchik *et al.* (2009) examinó el crecimiento postraumático en una muestra de cincuenta adolescentes y adultos jóvenes que habían experimentado la muerte de uno de sus progenitores durante la infancia o adolescencia. Los resultados mostraron que buscar apoyo en el progenitor superviviente se asociaba significativamente con diversas dimensiones del crecimiento postraumático, como «nuevas posibilidades», «relaciones con los demás» y «fortaleza personal». Sin embargo, buscar apoyo en pares –amigos o compañeros de clase– o hermanos no mostró relación significativa con ninguna de estas dimensiones.

Estos hallazgos subrayan la importancia del apoyo parental en el proceso de adaptación tras la pérdida: la presencia protectora y sensible de los cuidadores –que brindan un espacio seguro para expresar preocupaciones, validan emociones difíciles, ayudan a dar sentido a lo ocurrido y actúan como modelos de afrontamiento– puede ser fundamental para que niños y adolescentes crezcan, reconstruyan su sentido vital y eviten que el sufrimiento existencial se cronifique de manera desadaptativa.

REFERENCIAS BIBLIOGRÁFICAS

Agid, O., B. Shapira, J. Zislin, M. Ritsner, B. Hanin, H. Murad, T. Troudart, M. Bloch, U. Heresco-Levy y B. Lerer (1999), «Environment and vulnerability to major psychiatric illness: A case-control study of early parental loss in major depression, bipolar disorder, and schizophrenia», en *Molecular Psychiatry*, 4 (2), 163-172, <https://doi.org/10.1038/sj.mp.4000473>.

Alvis, L. M., C. G. Dodd, B. Oosterhoff, R. M. Hill, B. Rolon-Arroyo, T. Logsdon y J. B. Kaplow (2020), «Caregiver behaviors and childhood maladaptive grief: Initial validation of the Grief Facilitation Inventory», en *Death Studies*, 44, 1-9.

Alvis, L., N. Zhang, I. N. Sandler y J. B. Kaplow (2023), «Developmental manifestations of grief in children and adolescents: Caregivers as key grief facilitators», en *Journal of Child & Adolescent Trauma*, 16, 447-457, <https://doi.org/10.1007/s40653-021-00435-0>.

Ayers, T. S., S. A. Wolchik, I. N. Sandler, J. L. Twohey, J. L. Weyer, S. Padgett-Jones y G. Kriege (2014), «The Family Bereavement Program: Description of a theory-based prevention program for parentally bereaved children and adolescents», en *Omega: Journal of Death and Dying*, 68 (4), 293-314.

Boelen, P. A., y M. Spuij (2024), «Individual and systemic variables associated with prolonged grief and other emotional distress in bereaved children», en *Plos one*, 19 (4), e0302725, <https://doi.org/10.1371/journal.pone.0302725>.

Boston, P., A. Bruce y R. Schreiber (2011), «Existential suffering in the palliative care setting: An integrated literature review», en *Journal of Pain and Symptom Management*, 41 (3), 604-618, <https://doi.org/10.1016/j.jpainsymman.2010.05.010>.

Brown, B. B., y J. Larson (2009), «Peer relationships in adolescence», en R.

M. Lerner y L. Steinberg (eds.), *Handbook of adolescent psychology*, vol. 2, John Wiley & Sons, 74-103, <https://doi.org/10.1002/9780470479193.adlpsy002004>.

Cerel, J., M. A. Fristad, J. Verducci, R. A. Weller y E. B. Weller (2006), «Childhood bereavement: Psychopathology in the 2 years postparental death», en *Journal of the American Academy of Child & Adolescent Psychiatry*, 45 (6), 681-690.

Christ, G. H., y A. E. Christ (2006), «Current approaches to helping children cope with a parent's terminal illness», en *CA: A Cancer Journal for Clinicians*, 56 (4), 197-212, <https://doi.org/10.3322/canjclin.56.4.197>.

Cipriano, A., L. Claes, A. Gandhi, S. Cella y P. Cotrufo (2020), «Does anger expression mediate the relationship between parental rejection and direct and indirect forms of non-suicidal self-injury?», en *Journal of Child & Family Studies*, 29 (12), 3575-3585, <https://doi.org/10.1007/s10826-020-01844-9>.

Clabburn, O., K. Knighting, B. Jack y M. R. O'Brien (2021), «Continuing bonds with children and bereaved young people: A narrative review», en *Death Studies*, 45 (9), 735-749, <https://doi.org/10.1177/0030222819853195>.

Coffino, B. (2009), «The role of childhood parent figure loss in the etiology of adult depression: Findings from a prospective longitudinal study», en *Attachment & Human Development*, 11 (5), 445-470, <https://doi.org/10.1080/14616730903135993>.

Coldwell, J., A. Pike, y J. Dunn (2006), «Household chaos: Links with parenting and child behaviour», *Journal of Child Psychology and Psychiatry*, 47 (11), 1116-1122, <https://doi.org/10.1111/j.1469-7610.2006.01655.x>.

Connell, A., y S. Goodman (2002), «The association between psychopathology in fathers versus mothers and children's internalizing and externalizing behavior problems: A meta-analysis», en *Psychological Bulletin*, 128 (5), 746-773, <https://doi.org/10.1037/0033-2909.128.5.746>.

Dariotis, J. K., F. R. Chen, Y. R. Park, M. K. Nowak, K. M. French y A. M. Codamon (2023), «Parentification vulnerability, reactivity, resilience, and thriving: A mixed methods systematic literature review», en *International Journal of Environmental Research and Public Health*, 20 (13), Artículo 6197, <https://doi.org/10.3390/ijerph20136197>.

Dillen, L., J. R. Fontaine y L. Verhofstadt-Denève (2009), «Confirming the distinctiveness of complicated grief from depression and anxiety among adolescents», en *Death Studies*, 33 (5), 437-461, <https://doi.org/10.1080/07481180902805673>.

Dodd, C. G., R. M. Hill, L. M. Alvis, E. E. Rooney, C. M. Layne, T. Logsdon, I. N. Sandler y J. B. Kaplow (2020), «Initial validation and measurement invariance of the Active Inhibition Scale among traumatized and grieving youth», en *Journal of Traumatic Stress*, 33 (5), 843-849, <https://doi.org/10.1002/jts.22529>.

Dyregrov, A. (2001), «Early intervention: A family perspective», en *Advances in Mind-Body Medicine*, 17 (1), 9-17.

Dyregrov, A., K. Dyregrov y M. Lytje (2020), «Loss in the family – A reflection on how schools can support their students», en *Bereavement Care*, 39 (3), 95-101, <https://doi.org/10.1080/02682621.2020.1828722>.

Dyregrov, A., K. Dyregrov y T. Idsoe (2013), «Teachers' perceptions of their role in facing children in grief», en *Emotional and Behavioural Difficulties*, 18 (2), 125-134, <https://doi.org/10.1080/13632752.2012.754165>.

Dyregrov, A., M. Lytje y S. R. Christensen (2022) The price of loss – how childhood bereavement impacts education», en *Bereavement*, 1, <https://doi.org/10.54210/bj.2022.14>.

Dyregrov, A., y K. Dyregrov (2008), *Effective grief and bereavement support: The role of family, friends, colleagues, schools, and support professionals*, Jessica Kingsley Publishers.

Dyregrov, A., y M. Lytje (2024), *A handbook of children's grief: For adults supporting children*, Jessica Kingsley Publishers.

Evans, G. W., C. Gonnella, L. A. Marcynyszyn, L. Gentile y N. Salpekar (2005), «The role of chaos in poverty and children's socioemotional adjustment», en *Psychological Science*, 16 (7), 560-565, <https://doi.org/10.1111/j.0956-7976.2005.01575.x>.

Guldin, M.-B., J. Li, H. S. Pedersen, C. Obel, E. Agerbo, M. Gissler, S. Cnattingius, J. Olsen y M. Vestergaard (2015), «Incidence of suicide among persons who had a parent who died during their childhood: A population-based cohort study», en *JAMA Psychiatry*, 72 (12), 1227-1234, <https://doi.org/10.1001/jamapsychiatry.2015.2094>.

Haine, R. A., T. S. Ayers, I. N. Sandler y S. A. Wolchik (2008), «Evidence-based practices for parentally bereaved children and their families», en *Professional Psychology: Research and Practice*, 39 (2), 113-121, <https://doi.org/10.1037/0735-7028.39.2.113>.

Høeg, B. L., C. Johansen, J. Christensen, K. Frederiksen, S. O. Dalton, A. Dyregrov y P. E. Bidstrup (2018), «Early parental loss and intimate relationships in adulthood: A nationwide study», en *Developmental Psychology*, 54 (5), 963-974, <https://doi.org/10.1037/dev0000466>.

Høeg, B. L., C. Johansen, J. Christensen, K. Frederiksen, S. O. Dalton, P. Bøge, A. Dencker, A. Dyregrov y P. E. Bidstrup (2019), «Does losing a parent early influence the education you obtain? A nationwide cohort study in Denmark», en *Journal of Public Health*, 41 (2), 296-304, <https://doi.org/10.1093/pubmed/fdy070>.

Hoppe, R., M. A. Winter, C. D. Williams e I. Sandler (2024), «When a parent dies: A scoping review of protective and risk processes for childhood bereavement», en *Death Studies*, 49 (5), 546-556, <https://doi.org/10.1080/07481187.2024.2340729>.

Hosokawa, R., R. Tomozawa y T. Katsura (2023), «Associations between Family Routines, Family Relationships, and Children's Behavior», en *Journal of Child and Family Studies*, 32, 3988-3998, <https://doi.org/10.1007/s10826-023-02687-w>.

Johnson, S. M. (2009), «The drama triangle and emotional dynamics in family therapy», en *Family Therapy Review*, 5 (3), 44-58.

Kaplow, J. B., C. Layne, B. Oosterhoff, H. Goldenthal, K. Howell, R. Wamser-Nanney y R. Pynoos (2018), «Validation of the Persistent Complex Bereavement Disorder (PCBD) Checklist: A developmentally informed assessment tool for bereaved youth», en *Journal of Traumatic Stress*, 31 (2), 244-254.

Kaplow, J. B., C. Layne, R. S. Pynoos y W. Saltzman (2023), *Multidimensional grief therapy: A flexible approach to assessing and supporting bereaved youth*, Cambridge University Press.

Kaplow, J. B., C. M. Layne, R. S. Pynoos, J. Cohen y A. Lieberman (2012), «DSM-V diagnostic criteria for bereavement-related disorders in children and adolescents: Developmental considerations», en *Psychiatry*, 75 (3), 242-265.

Kaplow, J. B., C. M. Layne, W. R. Saltzman, S. J. Cozza y R. S. Pynoos (2013), «Using multidimensional grief theory to explore the effects of deployment, reintegration, and death on military youth and families», en *Clinical Child and Family Psychology Review*, 16 (3), 322-340, <https://doi.org/10.1007/s10567-013-0143-1>.

Kaplow, J. B., J. Saunders, A. Angold y E. J. Costello (2010), «Psychiatric symptoms in bereaved versus non-bereaved youth and young adults: A longitudinal epidemiological study», en *Journal of the American Academy of Child and Adolescent Psychiatry*, 49 (11), 1145-1154, <https://doi.org/10.1016/j.jaac.2010.08.004>.

Kaplow, J. B., K. H. Howell y C. M. Layne (2014), «Do circumstances of the death matter? Identifying socioenvironmental risks for grief-related psychopathology in bereaved youth», en *Journal of Traumatic Stress*, 27 (1), 42-49, <https://doi.org/10.1002/jts.21877>.

Karpman, S. (1968), «Fairy tales and script drama analysis», en *Transactional Analysis Bulletin*, 7 (26), 39-43.

Karydi, E. (2017), «Childhood bereavement: The role of the surviving parent and the continuing bond with the deceased», en *Death Studies*, 42 (7), 415-425, <https://doi.org/10.1080/07481187.2017.1363829>.

Keulen, J., M. Spuij, M. Deković y P. A. Boelen (2022), «Heterogeneity of posttraumatic stress symptoms in bereaved children and adolescents: Exploring subgroups and possible risk factors», en *Psychiatry Research*, 312, Artículo 114575, <https://doi.org/10.1016/j.psychres.2022.114575>.

Keyes, K. M., C. Pratt, S. Galea, K. A. McLaughlin, K. C. Koenen y M. K. Shear (2014), «The burden of loss: Unexpected death of a loved one and psychiatric disorders across the life course in a national study», en *American Journal of Psychiatry*, 171 (8), 864-871, <https://doi.org/10.1176/appi.ajp.2014.13081132>.

LaFreniere, L., y A. Cain (2015), «Peer interactions of parentally bereaved children and adolescents: A qualitative study», en *Omega: Journal of Death and Dying*, 72 (2), 91-118, <https://doi.org/10.1177/0030222815574829>.

Layne, C. M., J. B. Kaplow, B. Oosterhoff, R. M. Hill y R. S. Pynoos (2017), «The interplay between posttraumatic stress and grief reactions in traumatically bereaved adolescents: When trauma, bereavement, and adolescence converge», en *Adolescent Psychiatry*, 7 (4), 266-285, <https://doi.org/10.2174/2210676608666180306162544>.

Lerner, R. M., C. D. Brindis, M. Batanova y R. W. Blum (2017), «Adolescent health development: A relational developmental systems perspective», en N. Halfon, C. B. Forrest, R. M. Lerner y E. M. Faustman (eds.), *Handbook of life course health development*, 109-121, Springer, <https://doi.org/10.1007/978-3-319-47143-3_7>.

Levkovich, I., y Z. Elyoseph (2021), «"I don't know what to say": Teachers' perspectives on supporting bereaved students after the death of a parent», en *Omega: Journal of Death and Dying*, 86 (3), 945-965, <https://doi.org/10.1177/0030222821993624>.

Luecken, L. J., A. Kraft, B. M. Appelhans y C. Enders (2009), «Emotional and cardiovascular sensitization to daily stress following childhood parental loss», en *Developmental Psychology*, 45 (1), 296-302, <https://doi.org/10.1037/a0013888>.

Lytje, M. (2013), «Handling bereavement in Danish schools – A system at a crossroad?», en *Bereavement Care*, 32 (3), 131-139, <https://doi.org/10.1080/02682621.2013.854547>.

Lytje, M. (2016), «Voices we forget – Danish students' experience of returning to school following parental bereavement», en *Omega: Journal of Death and Dying*, 78 (1), 24-42, <https://doi.org/10.1177/0030222816679660>.

Lytje, M., y A. Dyregrov (2019), «The price of loss – A literature review of the psychosocial and health consequences of childhood bereavement», en *Bereavement Care*, 38 (1), 13-22, <https://doi.org/10.1080/02682621.2019.1580854>.

Lytje, M., y A. Dyregrov (2023), «When young children grieve: Perspectives from day care staff on supporting parents and children through illness and loss», en *Omega: Journal of Death and Dying*, <https://doi.org/10.1177/00302228231166803>.

Marsh, S., R. Dobson y R. Maddison (2020), «The relationship between household chaos and child, parent, and family outcomes: A systematic scoping review», en *BMC Public Health*, 20, 513, <https://doi.org/10.1186/s12889-020-08587-8>.

Melhem, N. M., G. Moritz, M. Walker, M. K. Shear y D. Brent (2007), «Phenomenology and correlates of complicated grief in children and adolescents», en *Journal of the American Academy of Child and Adolescent Psychiatry*, 46 (4), 493-499, <https://doi.org/10.1097/chi.0b013e31803062a9>.

Melhem, N. M., G. Porta, W. Shamseddeen, M. W. Payne y D. A. Brent (2011), «Grief in children and adolescents bereaved by sudden parental death», en *Archives of General Psychiatry*, 68 (9), 911-919, <https://doi.org/10.1001/archgenpsychiatry.2011.101>.

Melhem, N. M., M. Walker, G. Moritz y D. A. Brent (2008), «Antecedents and sequelae of sudden parental death in offspring and surviving caregivers», en *Archives of Pediatrics & Adolescent Medicine*, 162 (5), 403-410, <https://doi.org/10.1001/archpedi.162.5.403>.

Metel, M., y J. Barnes (2011), «Peer-group support for bereaved children: A qualitative interview study», en *Child: Care, Health and Development*, 37 (5), 733-742, <https://doi.org/10.1111/j.1475-3588.2011.00601.x>.

Morris, A. T., C. Gabert-Quillen, S. Friebert, N. Carst, y D. L. Delahanty (2016), «The indirect effect of positive parenting on the relationship between parent and sibling bereavement outcomes after the death of a child», en *Journal of Pain and Symptom Management*, 51 (1), 60-70, <https://doi.org/10.1016/j.jpainsymman.2015.08.011>.

Oosterhoff, B., J. B. Kaplow y C. M. Layne (2018), «Links between bereavement due to sudden death and academic functioning: Results from a nationally representative sample of adolescents», en *School Psychology Quarterly*, 33 (3), 372-380.

Otowa, T., T. P. York, C. O. Gardner, K. S. Kendler y J. M. Hettema (2014), «The impact of childhood parental loss on risk for mood, anxiety and substance use disorders in a population-based sample of male twins», en *Psychiatry Research*, 220 (1-2), 404-409, <https://doi.org/10.1016/j.psychres.2014.07.053>.

Parsons, A., J. Botha y R. Spies (2021), «Voices of middle childhood children who lost a mother», en *Mortality*, 26 (1), 1-16, <https://doi.org/10.1080/13576275.2019.1696291>.

Payàs, A. (2015), *The bereaved sibling interview*, en R. A. Neimeyer (ed.), *Techniques of grief therapy: Assessment and intervention* (vol. 2), Routledge.

Payàs, A. (2020), *Intervención en duelo normal y duelo prolongado* [material docente no publicado], Instituto IPIR.

Payàs, A. (2023), *El mensaje de las lágrimas: Una guía para superar la pérdida de un ser querido*, Paidós.

Payàs, A., y A. Chaurand (2019), «Unfolding meaning from memories: An integrative meaning reconstruction method for counseling the bereaved», en *Illness, Crisis & Loss*, 27 (3), 209-225, <https://doi.org/10.1177/1054137316687954>.

Pynoos, R. S. (1992), «Grief and trauma in children and adolescents», en *Bereavement Care*, 11 (1), 2-10, <https://doi.org/10.1080/02682629208657280>.

Raveis, V. H., K. Siegel y D. Karus (1999), «Children's psychological distress following the death of a parent», en *Journal of Youth and Adolescence*, 28 (2), 165-180.

Revet, A., A. Suc, F. Auriol, A. A. A. M. J. Djelantik, J. P. Raynaud y E. Bui (2021), «Peritraumatic distress predicts prolonged grief disorder symptom severity after the death of a parent in children and adolescents», en *European Journal of Psychotraumatology*, 12 (1), 1936916, <https://doi.org/10.1080/20008198.2021.1936916>.

Rosengren, K. S., P. J. Miller, I. T. Gutierrez, P. I. Chow, S. S. Schein y K. N. Anderson (2014), «Children's understanding of death: Toward a contextualized and integrated account», en *Monographs of the Society for Research in Child Development*, 79 (1), 70-77.

Saldinger, A., A. Cain y K. Porterfield (2003), «Managing traumatic stress in children anticipating parental death», en *Psychiatry: Interpersonal and Biological Processes*, 66 (2), 168-181, <https://doi.org/10.1521/psyc.66.2.168.20613>.

Saldinger, A., K. Porterfield y A. C. Cain (2004), «Meeting the needs of parentally bereaved children: A framework for child-centered parenting», en *Psychiatry: Interpersonal and Biological Processes*, 67 (4), 331-352, <https://doi.org/10.1521/psyc.67.4.331.56562>.

Saltzman, W. R., C. M. Layne, R. S. Pynoos, E. Olafson, J. B. Kaplow y B. W. Boat (2017), *Trauma and grief component therapy for adolescents: A modular approach to treating traumatized and bereaved youth*, Cambridge University Press, <https://doi.org/10.1017/9781316676349>.

Sandler, I. N., J. C. Gersten, K. Reynolds, C. Kallgren y R. Ramirez (1988), «Using theory and data to plan support interventions: Design of a program for bereaved children», en B. Gottlieb (ed.), *Marshalling social support: Formats, processes, and effects*, Sage, 53-83.

Sandler, I. N., T. S. Ayers, S. A. Wolchik, J.-Y. Tein, O.-M. Kwok, R. A. Haine, J. Twohey-Jacobs, J. Suter, K. Lin, S. Padgett-Jones, J. L. Weyer, E. Cole, G. Kriege y W. A. Griffin (2003), «The Family Bereavement Program: Efficacy evaluation of a theory-based prevention program for parentally bereaved children and adolescents», en *Journal of Consulting and Clinical Psychology*, 71 (3), 587-600, <https://doi.org/10.1037/0022-006X.71.3.587>.

Semple, C. J., E. McCaughan, R. Smith y J. R. Hanna (2022), «Parents with incurable cancer: 'Nuts and bolts' of how professionals can support parents to communicate with their dependent children», en *Patient*

Education and Counseling, 105 (3), 775-780, <https://doi.org/10.1016/j.pec.2021.06.032>.

Shapiro, D. N., K. H. Howell y J. B. Kaplow (2014), «Associations among mother-child communication quality, childhood maladaptive grief, and depressive symptoms», en *Death Studies*, 38 (3), 172-178.

Shear, K., T. Monk, P. Houck, N. Melhem, E. Frank, C. Reynolds y R. Sillowash (2007), «An attachment-based model of complicated grief including the role of avoidance», en *European Archives of Psychiatry and Clinical Neuroscience*, 257 (8), 453-461, <https://doi.org/10.1007/s00406-007-0745-z>.

Shorer, S., y M. Mahat-Shamir (2025), «Echoes of loss: An interpretive phenomenological study of the expressions of childhood bereavement after the death of a parent, in bereaved adults' spousal and parental relationships», en *Death Studies*, avance de publicación en línea, <https://doi.org/10.1080/07481187.2025.2454510>.

Smigelsky, M. A., J. S. Bottomley, G. Relyea y R. A. Neimeyer (2020), «Investigating risk for grief severity: Attachment to the deceased and relationship quality», en *Death Studies*, 44 (7), 402-411, <https://doi.org/10.1080/07481187.2018.1548539>.

Spagnola, M., y B. H. Fiese (2007), «Family routines and rituals: A context for development in the lives of young children», en *Journal of Child and Family Studies*, 16 (4), 433-446, <https://doi.org/10.1007/s10826-007-9146-1>.

Stroebe, M., C. Finkenauer, L. Wijngaards-de Meij, H. Schut, J. van den Bout y W. Stroebe (2013), «Partner-oriented self-regulation among bereaved parents: The costs of holding in grief for the partner's sake», en *Psychological Science*, 24 (4), 395-402, <https://doi.org/10.1177/0956797612457383>.

Tedeschi, R. G., y L. G. Calhoun (1996), «The posttraumatic growth inventory: Measuring the positive legacy of trauma», en *Journal of Traumatic Stress*, 9 (3), 455-472, <https://doi.org/10.1002/jts.2490090305>.

Tedeschi, R. G., y L. G. Calhoun (2004), «Posttraumatic growth: Conceptual foundations and empirical evidence», en *Psychological Inquiry*, 15 (1), 1-18, <https://doi.org/10.1207/s15327965pli1501_01>.

Wachs, T. D., y G. W. Evans (2010), «Chaos in context», en G. W. Evans y T. D. Wachs (eds.), *Chaos and its influence on children's development: An ecological perspective* (3-13), American Psychological Association, <https://doi.org/10.1037/12057-001>.

Wardecker, B. M., J. B. Kaplow, C. M. Layne y R. S. Edelstein (2017), «Caregivers' positive emotional expression and children's psychological functioning after parental loss», en *Journal of Child and Family Studies*, 26 (12), 3490-3501, <https://doi.org/10.1007/s10826-017-0835-0>.

Weber, M., A. Alvariza, U. Kreicbergs y J. Sveen (2019), «Communication in families with minor children following the loss of a parent to cancer», en *European Journal of Oncology Nursing*, 39, 41-46, <https://doi.org/10.1016/j.ejon.2019.01.005>.

Weiss, R. S. (2002), *Loss and recovery: How children and adolescents cope with grief*, Temple University Press.

Winther-Lindqvist, D. A., e I. O. Larsen (2019), «Grief and best friendship among adolescent girls», en *Omega: Journal of Death and Dying*, <https://doi.org/10.1177/0030222819856146>.

Wolchik, S. A., S. Coxe, J. Y. Tein, I. N. Sandler y T. S. Ayers (2009), «Six-year longitudinal predictors of posttraumatic growth in parentally bereaved adolescents and young adults», en *Omega: Journal of Death and Dying*, 58 (2), 107-128.

Wolfelt, A. (1996), *Healing the bereaved child* (1.ª ed.), Routledge, <https://doi.org/10.4324/9781315798424>.

Wolfelt, A. D. (2004), «*Consejos para niños ante el significado de la muerte*, Ediciones de Bolsillo.

Worden, J. W., y P. R. Silverman (1996), «Parental death and the adjustment of school-age children», en *Omega: Journal of Death and Dying*, 33 (2), 91-102.

Wray, A., B. Pickwell-Smith, S. Greenley, S. Pask, O. Bamidele, B. Wright, F. Murtagh y J. W. Boland (2022), «Parental death: A systematic review of support experiences and needs of children and parent survivors», en *BMJ Supportive & Palliative Care*, publicación en línea, <https://doi.org/10.1136/spcare-2022-003793>.

BIBLIOGRAFÍA COMPLEMENTARIA

Asociación Española Contra el Cáncer (s. f.), *Aprende a cuidarte: Guía descargable*, <https://www.contraelcancer.es/es/ebooks/aprende-cuidarte-guia-descargable>.

Camacho Regalado, D. (2021), *La pérdida inesperada: El duelo por suicidio de un ser querido*, Feps Editorial.

Cruz Quintana, F., Fernández Alcántara, M. y Pérez Marfil, M. N. (coords.) (2025), *Las pérdidas y sus duelos: Nuevas perspectivas en el estudio, evaluación e intervención*, Ediciones Pirámide.

Duthie, E., Juan Cantavella, A. y Antinori, A. (2023), *¿Así es la muerte? 38 preguntas mortales de niños y niñas*, Wonder Ponder Lab.

Esquerda, M. y Agustí, A. M. (2009), *El nen i la mort: Acompanyar els infants i els adolescents en la pèrdua d'una persona estimada*, Pagès.

Fundación Mario Losantos del Campo (FMLC) (2016), *Guía de duelo infantil*, <https://www.fundacionmlc.org/uploads/media/default/0001/01/guia-duelo-infantil-fmlc.pdf>.

Kroen, W. C. (2002), *Cómo ayudar a los niños a afrontar la pérdida de un ser querido: Un manual para adultos*, Oniro.

Miret, À. (2016), *El centre educatiu de dol: Guia per afrontar la mort, el dol i les pèrdues en els centres educatius*, Tarannà.

Miret, À. (2020), *El centro educativo de duelo: Guía para afrontar la muerte, el duelo y las pérdidas en los centros educativos*, Tarannà.

Olshaker, B. (1991), *¿Cómo se lo decimos a los niños?*, Ediciones Medici.

Payàs Puigarnau, A. (2010), *Las tareas del duelo: Psicoterapia de duelo desde un modelo integrativo-relacional*, Paidós.

Romero Mariño, S. y Cabassa, M. (2024), *El maravilloso libro de la muerte*, Litera Libros.

Serra Llanas, X. (2014), *I jo, també em moriré?: Com es pot ajudar els infants i els adolescents a conviure amb la pèrdua i la mort de qui estimen*, Columna.

Societat Catalano-Balear de Cures Pal·liatives (SECPAL) (s. f.), *Guia per a familiars en dol*, <https://www.bdv.cat/sites/default/files/common/Salut/guia_per_a_familiars_en_dol.pdf>.

Wolfelt, A. (2001), *Consejo para jóvenes ante el significado de la muerte*, Diagonal.

Escanee este código QR para contactar directamente con las autoras y acceder a material complementario: cursos, webinars, vídeos ilustrativos e información sobre encuentros.